Colonia Dignidad

Dieter Maier

Colonia Dignidad

Auf den Spuren eines deutschen Verbrechens in Chile

Schmetterling Verlag

Bibliografische Informationen der Deutschen Nationalbibliothek
Die Deutsche Nationalbibliothek verzeichnet diese Publikation in der Deutschen Nationalbibliografie; detaillierte Daten sind im Internet über http://dnb.d-nb.de abrufbar.

Dieses Buch widme ich Carlos Liberona.

Schmetterling Verlag GmbH
Lindenspürstr. 38b
70176 Stuttgart
www.schmetterling-verlag.de
Der Schmetterling Verlag ist Mitglied von aLiVe,
der assoziation Linker Verlage.

ISBN 3-89657-157-5
2., aktualisierte Auflage 2017

Printed in Poland
Satz und Reproduktionen: Schmetterling Verlag
Druck und Binden: Sowa, Piaseczno

Inhalt

Vorwort

Wie hat es Paul Schäfer, der Führer der Colonia Dignidad, geschafft, fast 50 Jahre lang über die Seelen und Körper seiner Anhänger zu herrschen? Wie konnte diese deutsche Sektensiedlung im Süden Chiles viele Jahre länger bestehen als die Diktatur General Pinochets, die sie beschützte? Warum war Schäfer noch in Freiheit, als Pinochet 1998 in London verhaftet wurde? Und dann die Frage, die sich bei diesem Thema immer wieder stellt und die sich nur an Einzelbeispielen beantworten lässt: Wie wird ein Mensch zum Folterer und Mörder?

In diesem Buch versuche ich, Antworten zu finden. Allerdings fehlt bis heute die historische Distanz zum Thema. Zwar haben sich die alten Misstöne der Colonia Dignidad zu einem Dreiklang von Vergangenheit, Gegenwart und Zukunft geordnet. Harmonie will sich aber nicht einstellen. Die historische Colonia Dignidad besteht in den Köpfen der früheren und heutigen Bewohner der Siedlung weiter und macht durch immer neue Enthüllungen und Skandale von sich reden. Die Villa Baviera – wie die Siedlung heute heißt – hat bereits ihre eigene Geschichte von einem Vierteljahrhundert hinter sich, aber Ereignisse wie die Flucht des Siedlungsarztes Hartmut Hopp vor der chilenischen Justiz nach Deutschland 2011 tragen zukünftige Entwicklungen in sich. Was geschieht mit den Tätern? Wird die Justiz über sie richten, und wenn ja, welche Justiz, die chilenische oder die deutsche?

Und wann ist die Geschichte der Colonia Dignidad abgeschlossen und kann verlässlich geschrieben werden? Wenn dieses Buch erscheint, ist es noch zu früh. Zu viel Aktualität schiebt sich vor eine abschließende Beurteilung. Wenn ein System unerwartet immer komplexer wird, sollte man eine Zwischenbilanz ziehen. Dem Anschein nach gehört die Colonia Dignidad in Chile der Geschichte an, aber bis kurz vor Drucklegung dieses Buches gelangten große Bestände neuer Informationen ans Tageslicht, und das könnte so weiter gehen. Deshalb unternehme ich hier eine Analyse auf dem derzeitigen Wissenstand.

2015 verurteilte ein chilenischer Richter in einem Menschenrechtsprozess den chilenischen Staat dazu, vor dem Siedlungsgelände ein Museum zu errichten, das an die historische Colonia Dignidad erinnern soll. Parallel dazu improvisierte die Villa Baviera auf dem Gelände ihr eigenes Museum. Der Kampf um die Deutungshoheit ist in vollem Gang, während einige der dort begangenen Verbrechen noch nicht aufgeklärt sind, Täter noch am Tatort wohnen und niemand weiß, wie es mit der

Siedlung weitergeht. Die Zukunft prallt bei diesem Kampf unvermittelt auf die Vergangenheit.

Dies Buch führt mein in vier Auflagen im Schmetterling Verlag unter dem Pseudonym Friedrich Paul Heller erschienenes Buch *Lederhosen, Dutt und Giftgas: Die Hintergründe der Colonia Dignidad* weiter. Mein erstes Buch zum Thema *Friedrich Paul Heller: Colonia Dignidad: Von der Psychosekte zum Folterlager*. Schmetterling Verlag, Stuttgart 1993 und die vierte Auflage von *Lederhosen* geben jeweils den damals aktuellen Wissenstand wieder. Seit der vierten Auflage der *Lederhosen* erhielten Jan Stehle, mit dem ich das Thema zusammen bearbeite, und ich derart viele neue Informationen, dass wir sie bis zur Drucklegung dieses Buches nicht vollständig durcharbeiten konnten. Einiges von Gewicht haben wir gefunden, und ich konnte es hier aufnehmen. Das vorliegende Buch ist also ein weiterer (und großer) Schritt in der Arbeit am Thema Colonia Dignidad. *Colonia Dignidad: Von der Psychosekte zum Folterlager* ist nun in zweiter Auflage lieferbar und sei als Hintergrund empfohlen. *Lederhosen* ist in dem vorliegenden Buch aufgegangen. Das Pseudonym war ursprünglich zu meinem Schutz gewählt. Das ist nun nicht mehr nötig. Es waren und sind vor allem zivilgesellschaftliche Akteure, die immer wieder die Colonia Dignidad thematisieren. Ich bin seit 1976 einer davon.

Ich habe in diesem Buch neben den inzwischen zugänglichen Dokumenten auch neu eingesehene Archivalien und eine Fülle von Informationen ehemaliger Colonia-Mitglieder aufgenommen. Dabei habe ich eine Reihe von Fußnoten meiner vorigen Bücher weggelassen, da es aktuellere Quellen gibt und die alten Fußnoten nachgelesen werden können.

Mittlerweile kann ich einige Namen nennen, die ich bisher als Quellen und Mitarbeiter ungenannt lassen musste. 2009 starb mein Freund Carlos Liberona, der die Colonia Dignidad seit 1970 im Blick hatte. Ich verdanke ihm ungezählte Informationen und wertvolle Analysen. Er wollte aus politischen Gründen nie in Erscheinung treten. Er ist der «Jaime Lagos», mit dem zusammen ich 1988 das in Chile erschienene Büchlein *Laberinto: Colonia Dignidad: Una Pista sobre los Desaparecidos* schrieb. An Carlos erinnern Lucia Sepúlveda Ruís (Hg.): *Memorias de un Labrador de Futuro: Carlos Liberona, el amor y la lucha. Edition Ayun, Santiago 2010*, und ein Anhang, den ich diesem meinem Buch anfüge.

Dieter Maier, Januar 2016

Kommentar zur zweiten Auflage

Fast 60 Jahre nach ihrer Gründung gibt es so viel Neues zur Colonia Dignidad, dass eine stark erweiterte Neuauflage dieses 2016 erschienenen Buches notwendig wurde. Die Quellenlage ist so gut wie nie. In dieser zweiten Auflage ist einiges von dem aufgenommen, was das kleine Rechercheteam, zu dem ich gehöre, bereits aufarbeiten konnte. An einigen Stellen sind keine Quellen angegeben, da uns die Informanten darum gebeten hatten. Zur gegebenen Zeit werden all diese Materialien öffentlich zugänglich sein. Belege aus dem 2005 in der Colonia Dignidad gefundenen Karteikartenarchiv werden mit «Karteikarte» und dem entsprechenden Namen zitiert.

Der kritischen Leserin Gesa Rosenbusch danke ich für Korrekturen und Anmerkungen, die in dieser zweiten Auflage berücksichtigt sind.

Dieter Maier, Mai 2017

Die Vorgeschichte

Wie aus einer Sekte ein Folterlager wurde

Die deutsche Sektensiedlung Colonia Dignidad in Südchile ist zum Inbegriff von Missbrauch, Folter und Mord geworden. Wie konnte der Sektengründer Paul Schäfer fast 50 Jahre lang seine Gemeinde an sich binden? Und wie konnte seine verschrobene Sekte zum Folterlager werden? Die Colonia Dignidad ist so gut dokumentiert, dass sie zum Lehrbeispiel dienen kann, wie ein Unterdrückungskollektiv entsteht. Die Anfänge der Sekte in Deutschland geben einige Fingerzeige.

Der Versager

Begann alles mit Schäfers unglücklicher Kindheit und Jugend? Er wurde am 4.12.1921 in Troisdorf geboren. Die Familie war arm. Seine Eltern ließen sich scheiden, als er zehn Jahre alt war. In der Schule blieb er zweimal sitzen. Er war schon als Kind jähzornig und stach sich in einem Wutanfall ein Auge aus. Das trug ihm den Spitznamen «Glasauge» ein und eignete sich später für die Selbststilisierung als verwundeter Wehrmachtsoffizier. Als Mitglied der evangelischen Jugendorganisation «Eichenkreuz» stand er der Hitlerjugend fern. Als Vierzehnjähriger arbeitete er in der Dynamit Aktiengesellschaft, ehemals Alfred Nobel AG, die ihren Hauptsitz in Troisdorf hatte.

Der Zweite Weltkrieg ließ eine Generation von Männern zurück, die für ihr ganzes Leben durch die Erfahrung der Niederlage, Schuldgefühle und Traumata gezeichnet war. Schäfer war einer davon. «Ihr wisst ja gar nicht, was Krieg bedeutet», pflegte er in der Colonia Dignidad zu sagen. Wegen seines fehlenden Auges wurde Schäfer, der zu Kriegsbeginn 18 Jahre alt war, nur als Sanitäter eingezogen. Was er während dieser Dienstzeit getan und erlebt hatte, wissen wir nicht. Seine beiden Brüder fielen im Krieg. Falls ihm seine Homosexualität damals schon bewusst war, musste er darunter gelitten haben, denn dafür hätte er ins KZ kommen können. Homosexuelle mussten in dieser Zeit ihre sexuelle Identität hinter einer Fassade der heterosexuellen Normalität verstecken – eben das, was Schäfer sein Leben lang tun würde.

Nach Kriegsende war Schäfer ein Versager wie viele Männer seiner Generation. Er assistierte einem Jahrmarktgaukler. 1948 wurde er Jugendpfleger in einer Baptistengemeinde in Gartow. Dort wurde ihm 1951 wegen seiner Homosexualität fristlos gekündigt. 1952 wurde er Erzieher in einem diakonischen Fürsorgeheim in Heidenheim an der Brenz, wurde aber auch dort schon 1953 aus dem gleichen Grund fristlos entlassen. Homosexualität war auch noch in der Bundesrepublik Deutschland verboten. 1953/1954 absolvierte Schäfer einen Lehrgang zum Heimleiter und war 1955 kurze Zeit stellvertretender Leiter eines Männerwohnheims in Mönchengladbach.

Nach dem verlorenen Krieg und dem moralischen Absturz der Judenvernichtung suchten die meisten Deutschen nach Orientierung. Missionare und Laienprediger jedweder Couleur tauchten auf. Sekten entstanden. Einer dieser Prediger war Schäfer. 1954 spaltete er sich mit einigen Anhängern, die er in freikirchlichen Gemeinden gefunden hatte, vom Bund evangelisch-freikirchlicher Gemeinden (bekannt als «Baptisten») ab und gründete die *Private Sociale Mission.* Zu den Mitbegründern gehörten Hugo Baar, ein Laienprediger, und Hermann Schmidt, ein ehemaliger Offizier der deutschen Luftwaffe. Die so entstandene Sekte lebte in Gronau, Siegburg, Hamburg und anderen Orten ihrem Anspruch nach als christliche Urgemeinde. Die Sekte hing einem fundamentalistischen, theologisch unreflektierten, formlos-unmittelbaren Christentum an, das viel vom muffigen protestantischen Milieu der fünfziger Jahre hatte. Diese diffuse Sektiererei formte sich im Laufe der Jahre zu Schäfers Privatreligion.

Die Gruppe um Schäfer kaufte vom Geld ihrer Mitglieder, von Unterhaltskosten aus Ehen, deren Scheidung Baar betrieben hatte, und ausgezahlten Erbteilen eine Baracke in Siegburg. Hier findet sich ein erster Hinweis auf personelle Verbindungen aus der Nachgeschichte der Hitlerzeit. Der Verkäufer der Baracke war der Kölner Rechtsanwalt Dr. Dr. Otto Nelte, der bei den Nürnberger Kriegsverbrecherprozessen den Feldmarschall Wilhelm Keitel verteidigt hatte. Die Zentralisierung der abgespaltenen Gemeindemitglieder in der Siegburger Baracke verschaffte Schäfer eine Vormachtstellung, denn bis dahin waren Baar und Schmidt mitverantwortlich für die verstreuten Gläubigen.

Schäfer war keine eindrucksvolle Figur. Er war 1,68 m groß, im Alter dick, ungebildet, grob und herrisch, ein berufsloser Langschläfer. Er las wenig, konnte nur mit Schwierigkeiten schreiben und nicht rechnen. Aber er war ein genialer Manipulator. Er verteilte Zuckerbrot und Peitsche, stellte sich auf die Züge anderer ein und plante die Gegenzüge.

Er spielte gern Schach mit dem Architekten der Siedlung, Hans Wieske, der ihn dabei vorsichtshalber gewinnen ließ.

Schäfer gab gerne an, er sei Psychologe. Das stimmt insofern, als er virtuos jedweden Missbrauch der Psychologie beherrschte. Mit bloßer Gewalt hätte er die Siedlung so lange auch gar nicht unter Kontrolle behalten können. Er installierte sich als Über-Ich in den Seelen seiner Anhänger und spielte dann alle Tricks einer Trivialpsychologie aus, wie sie autoritäre Regimes in ihrem Repertoire haben. Er zerstörte Identitäten und bot dann neue an. Er band und löste, strafte und begnadigte in einem. Er löste alle Gewissheiten in einem Seelenraum mit verzerrten Koordinaten auf. Er gab den guten Onkel, er setzte ein besserwisserisches Grinsen auf, legte einen beschwörenden Ton in seine Stimme, parlierte sakral und polterte mittendrin auf einmal wüst los.

Schäfers Schwächen lagen auf der Hand. Aber er hatte das Zeug zum charismatischen Führer. Wenn er es sich in Chile auf seinem «Thron» bequem machte, dann brauchte er keine Zäune und verborgenen Mikrophone und keine beschützende Pinochet-Diktatur, um seine Gemeinde an sich zu binden. Sie hing an seinen Lippen.

Flucht und Massenentführung

1960 reisten Schäfer, Baar und Schmidt zwei Monate lang durch Ägypten, einige weitere arabische Länder und Israel. Diese Reise sollte wohl die Flucht aus Deutschland vorbereiten, denn die Staatsanwaltschaft ermittelte gegen Schäfer wegen Kindesmissbrauchs. Die Reise brachte kein Ergebnis. Die *Private Sociale Mission* verkaufte ihr Siegburger Haus für 900.000 DM an die Bundeswehr. Schäfer erzählte seiner Gemeinde, der Russe sei dabei, mit seinem Stiefel Westdeutschland zu zertreten. Insgesamt reisten etwa 300 Sektenmitglieder 1960 und 1961 in mehreren Gruppen nach Chile aus. Viele wussten nicht, dass die Reise eine Flucht Schäfers war. Den Eltern der Kinder sagte man, es sei eine Chorfahrt. Sie unterschrieben Vollmachten. Ehen wurden aus fadenscheinigen Gründen getrennt und Kinder von den Behörden dem ausreisewilligen Elternteil zugesprochen. Viele Kinder wurden faktisch nach Chile entführt. Es dürfte die größte Massenentführung in der Geschichte der BRD gewesen sein, eine Art Gründungsverbrechen. Die Colonia Dignidad war von Anfang an auf Betrug begründet. Von drei oder vier Ausnahmen abgesehen, bestand die Gruppe aus Menschen mit geringer

Bildung, die die Zusammenhänge nicht verstanden. Sie stammten aus sozial schwachen Verhältnissen und brachten die Bereitschaft mit, sich unterdrücken zu lassen.

Die *Private Sociale Mission* blieb mit einigen Schäfer-Getreuen als Nachhut in Deutschland. Sie betrieb in Siegburg eine Kette von Lebensmittelläden und regelte von deutscher Seite aus die Geschäfte der Sekte. Sie organisierte den Transport von Waffen und – oft ersteigerten – Geräten für Landwirtschaft und Krankenhäuser. Eine Frau berichtet, sie habe Kleider aus Kleidersammlungen, in denen etwas versteckt war, in Container und Autoreifen packen müssen. Als sich einmal eine Inspektion ankündigte, musste alles schnell wieder ausgepackt werden. Die Container wurden geschlossen zur Spedition gegeben.

Schäfer verließ Deutschland nicht einfach als einsamer Justizflüchtling, er nahm vielmehr seine kleine, falsche, von ihm geschaffene Welt mit und transplantierte sie in die chilenischen Vor-Anden. Die Gruppe kaufte ein abgelegenes und unbebautes Stück Land, das als Colonia Dignidad bekannt wurde. Der offizielle Titel war *Sociedad Benefactora y Educacional Dignidad* (Wohltätigkeits- und Erziehungsgesellschaft Würde). Bei der Auswanderung halfen der damalige chilenische Botschafter in Bonn, Arturo Maschke, der kurz nach dem großen chilenischen Erdbeben 1960 die *Private Sociale Mission* besucht hatte, und der in Santiago für Einreiseformalitäten zuständige Guillermo Osorio. Osorio wurde später Agent des chilenischen Geheimdienstes DINA und starb 1977 durch angeblichen Selbstmord, der aber wohl Mord war, weil er zu viel wusste (Heller 1993 S. 181). Das Erdbeben war ein willkommener Vorwand, um sich in Chile als Wohltätigkeitsorganisation einzurichten.

In Chile entwickelte die Sekte im Laufe der Jahre einen inneren Zusammenhalt, ohne den sie nicht zum Folterlager hätte werden können. Sie wurde zu einer eigenen Welt mit eigenen Begriffen von Raum und Zeit, einer eigenen Sprache, eigenen Heiratsbräuchen, religiösen Riten, Kleidungssitten, einer eigenen Sozialstruktur und einem hohen Maß an wirtschaftlicher Selbstversorgung. Vieles war Abklatsch des muffigen deutschen Protestantismus der fünfziger Jahre, bekam aber ein verfestigtes und einmaliges Eigenprofil.

Einer der Auswanderer, Dr. Gerd Seewald, gehörte zu den wenigen Akademikern in der Colonia Dignidad. Er beschreibt in einem Bericht (Die Heimkehr), wie das Flugzeug die Anden überfliegt und dann erste Siedlungen sichtbar werden. «Ein wunderschönes Land.» Am ersten Tag in Santiago sehen sie Palmen und Apfelsinenbäume. Das Deutschland, das sie hinter sich gelassen hatten, steht für Entfremdung: «Unter den Erwachsenen ist jegliche Bindung und Gemeinschaft über die Familieninteressen hinaus zerbrochen. Sie fragen nur noch nach der Arbeitskraft, nach dem nackten Nutzen, der sich in Geld ausdrücken lässt. Von ihm und für ihn leben sie, jeder auf sich selbst angewiesen. Sie kennen die Geborgenheit nicht mehr, in der man noch um das ‹Gnadenbrot› weiß, für den alten Menschen oder das alte Tier, das treu gedient hat. Sie haben keine Kraft und keinen Halt mehr, der es ihnen erlaubte, barmherzig zu sein. Die Not zwingt sie. Das Leben ist hart und hat sie verhärtet. Die Stimme des Herzens ist verstummt. Die Mahnung des Alten ist lästig und wird fortgeschoben, mit angeblicher Unmöglichkeit verbrämt, aber unerbittlich.» Vor den Auswanderern lag die Utopie einer totalen Gemeinschaft, oder, wie sie hofften, die Heimkehr zu Geborgenheit.

In einem zwei Jahre später entstandenen Gedicht wird die Colonia Dignidad zum gelobten Land, in das Gott sein wanderndes Volk geführt hat, und der Fluss Lavadero («auserkoren») zu einem stellvertretenden Jordan:

Bessre Heimat gabst du mir,
Lavadero, auserkoren,
als durch Willkür, Krieg und Hass
ich im Osten einst verloren.
Dir, dem Werk und Gott allein
gehört mein Herz, mein Sinn, mein Sein.
(Eva Schaak, 1963)

«Totalaufbau»

Der mit der Gründung der Colonia Dignidad verbundene Totalitätsanspruch und Schäfers Machtmechanismen geben eine erste Antwort auf die Frage, wie ein Folterkollektiv entstehen kann.

Das Gut war nach außen abgeschlossen und wurde zu Schäfers kleinem Königreich, in dem er unumschränkt herrschte. «Da habt ihr euren kleinen Diktator», pflegte Schäfer mit gespielter Selbstironie zu sagen. In der Colonia Dignidad lebten an die 350 Menschen, darunter einige adoptierte Chilenen. Der Name «Colonia» (Kolonie) war bewusst gewählt. Die Sekte spricht vom «Totalaufbau» (Brief Frida Boschs vom 8.3.1970) und dem «Willen aufzubauen, zu kolonisieren». Viele der Bauern, die auf dem Gelände oder in der Nähe wohnten, wurden mit

Schikanen und Gewalt vertrieben. Da es in dem entlegenen Landstrich keine Besitzurkunden gab, hatten die Bauern keine Nachweise, dass ihnen das Land gehörte. Die Deutschen sperrten Wege, trieben das Vieh weg, räucherten aus, schossen und schlugen. Schäfer erschoss das Vieh der Anwohner, das ins Siedlungsgelände gelaufen war, und der Verlust musste finanziell ersetzt werden. Meist aber waren die Anwohner den Machenschaften der Sektensiedlung hilflos ausgeliefert. Sie gingen wie selbstverständich davon aus, dass es in der Colonia Dignidad ein «Konzentrationslager» gebe, wo sie hingebracht würden, wenn sie sich nicht fügten. (Karteikarte Lino Rivas Rivas)

Die Siedler rodeten Wälder, bauten Wege und Dämme, Wohngebäude, eine Mühle, ein Krankenhaus, vor allem aber einen Zaun. Dieser Zaun war Schäfers Lieblingsprojekt, er fasste – ganz gegen seine Gewohnheit – beim Bau sogar manchmal selbst mit an. Der Zaun bestand am Ende aus 8.000 Betonpfählen und war 2,80 m hoch. An der Krone war Stacheldraht gespannt. Die Spitzen der Pfeiler wiesen nach innen, er sollte also eher die Flucht als das Eindringen verhindern. In jedem fünften Pfahl war ein Licht- und Bewegungssensor. An Wegen und Toren waren Überwachungskameras. Die Kosten für diesen Zaun rechtfertigte Schäfer mit den «Kommunistenschweinen», die draußen nur darauf warteten, auf das Gelände vordringen zu können. Schäfer ließ Brücken bauen, die im Falle einer Invasion um die eigene Achse geschwenkt werden konnten (Vedder 2005 S. 97ff). Innerhalb des Geländes gab es Signaldrähte, Mikrofone und Lichtschranken in Baumstämmen, Pfählen und Büschen, in einem Bienenkorb und in einem ausgehöhlten Stein. Auch in den Gebäuden waren Mikrofone zur Bespitzelung der Bewohner versteckt. Wenn Schäfer mit jemandem sprach oder einen Lockvogel schickte, der eines seiner Schäfchen in aufrührerische Gespräche verwickelte, ließ er ein Mikrofon unter dem Tisch anbringen und zeichnete das Gespräch auf. Briefe der Verwandten aus Deutschland wurden nicht ausgehändigt, sondern auszugsweise vor der Gemeinde vorgelesen. Briefe an die Verwandten wurden vorformuliert und von den Absendern nur unterschrieben. Private Telefongespräche gab es nicht.

Das Haus der Colonia Dignidad in Santiago war eine wohlgerüstete Kommandozentrale. Von außen sah man nur eine ungewöhnlich große Antenne. Das Gebäude verfügte über versteckte elektronische Sicherheitsanlagen. Im Innenhof gab es unter einer Einfahrt einen unterirdischen Raum, den man erst bemerkte, wenn man mittels eines verborgenen Knopfes im Gebäude eine unterirdische Hydraulikanlage betätigte, die einen Teil der Einfahrt anhob. Sichtbar wurde dann eine unterirdische Garage für den Mercedes 600, den die Colonia Dignidad Pinochet geschenkt hatte. Ob Pinochet sich je von diesem ihm gewidmeten Bauwerk hatte beeindrucken lassen, ist nicht bekannt. Eine unscheinbare Tür an der überirdischen Garage führte zu Räumen, in denen mehr als ein Dutzend Menschen in übereinanderstehenden Betten übernachten konnten.

Nach Allendes Amtsantritt 1970 ließ Schäfer die Colonia Dignidad zum Wehrdorf ausbauen. Vor allem fürchtete die Siedlung eine Besetzung durch landlose Bauern. Schäfers Verfolgungswahn führte zur Gründung einer Heimwehr. Wenn beim «Herrenabend» Verteidigung auf dem Programm stand, kam Schäfer, grüßte mit «Guten Abend, Kameraden!», und die Männer antworteten mit «Guten Abend, Herr General!». Dann prüfte Schäfer, ob die Pistolen durchgeladen waren. Er trug immer ein Köfferchen mit sich herum, in dem eine schussbereite Maschinenpistole lag.

Vor Attentaten und Verfolgern schützte sich Schäfer durch zwei fast baugleiche Mercedes-Benz-Jeeps, von denen einer, der illegal eingeführt wurde, Panzerscheiben und eine Klimaanlage hatte. Selbst seinen eigenen Leuten gegenüber tat Schäfer so, als ob er nur diesen gepanzerten Jeep hätte. Wenn er damit fuhr, musste der andere in der Garage stehen. Wenn er von seiner Person ablenken wollte, schickte er den einen Wagen offiziell los und konnte dann mit dem anderen unbehelligt herumfahren.

Als die Colonia Dignidad nach dem Putsch 1973 zum Militärstützpunkt wurde, ließen Schäfer und die Armee unterirdische Bunker, Waffenarsenale, eingegrabene Container und Verbindungstunnels bauen. Offenbar begannen diese Bauarbeiten im August 1974. Im Karteikartenarchiv sind entsprechende Briefe und ein geplanter Besuch der Colonia Dignidad des für die Infrastruktur zuständigen Generals Víctor López vermerkt (Karteikarte Víctor López). Schäfers Leute bastelten eine Konstruktion aus Maschendraht, die anfliegende Panzerabwehrraketen vorzeitig explodieren lassen sollte. Im Restaurant in Bulnes wurde ein versteckter Bombendetonator installiert, der Attentäter abwehren sollte. Die Siedler, die dort arbeiteten, trafen notgedrungen auf die Außenwelt. Sie durften mit den Restaurantbesuchern nur das Notwendigste besprechen. Schäfer erklärte seinen Schäfchen mit einem Bibelwort (Psalm 23,5), dass dort die böse Welt bewirtet werde.

Der Zaun um die Siedlung wurde oft fotografiert und galt als Beweis, dass die Colonia Dignidad ein KZ war. So sehr er dazu da war, Flucht und Eindringen zu verhindern, verdeckte er doch nur die unsichtbaren Fluchthindernisse wie Sensoren, Lichtschranken, verborgene Kameras,

Mikrophone und Meldedrähte, die die Siedlung durchzogen. Die Bindung der Siedler an Schäfer, ein Beichtzwang und das ausgeprägte Spitzelwesen ergänzten diese materiellen Kontrollen. Derjenige, dem es dennoch gelang, all dies zu überwinden, stand vor dem Nichts. Einige Geflohene gerieten an Freunde der Siedlung, die sie zurückkomplimentierten. Ohne Geld und Sprachkenntnisse war es kaum möglich, sich die 400 km nach Santiago durchzuschlagen. Dort angekommen, konnten die Geflohenen zwangsläufig nur zur deutschen Botschaft gehen, da sie keine Pässe bei sich trugen. Dort fing die Colonia Dignidad die Ausreißer ab und steckte sie zur Zwangsbehandlung in ihr Krankenhaus. Nach dem Putsch 1973 fingen Polizei und Militär Fliehende schon unterwegs ab. Auch nach Ende der Diktatur kamen «Abgefallene» (im Jargon der Sekte für Geflohene) oft mit hängendem Kopf zurück, weil sie «draußen» nicht zurechtgekommen waren.

Das Tor der Colonia Dignidad erinnert mit seinem geschwungenen Bogen an das Tor von Auschwitz, nur dass darauf statt «Arbeit macht frei» «*Benefactora Dignidad*» stand. «Hier beginnt Deutschland», sagte ein Siedler in einer Tonbandaufzeichnung an diesem Tor. Es konnte von außen fotografiert werden und wurde emblematisch. Es gewann sogar so sehr an Symbolhaftigkeit, dass die Siedler es viele Jahre nach Ende der Diktatur abrissen. Zaun und Tor enthielten eine verzwickte Logik: Sie tarnten nach dem Putsch auch noch das, was sie symbolisierten. Innerhalb des Sektenlagers gab es ab 1974 ein zweites, geheimes Lager, das des Geheimdienstes DINA. Es war der einzige Stützpunkt der DINA, der auf einem Gelände lag, das schon vor dem Putsch von einem für ländliche chilenische Verhältnisse monströsen Zaun umgeben war. Über den mochte man sich die Köpfe heiß reden – dass er als Tarnung für etwas Schlimmeres diente, merkte bis zu den Folterberichten von 1977 kaum jemand, nicht einmal viele der deutschen Siedler. Der Ruf der verschrobenen Abgeschlossenheit machte sich für die Colonia Dignidad nach dem Putsch bezahlt.

Die Abgeschlossenheit führte dazu, dass die Kolonisten nur eine begrenzte Erfahrung von Raum und Zeit hatten. Auf dem eigenen Gelände kannten sie sich aus, aber außerhalb fehlte ihnen das Gefühl für Entfernungen. Ländernamen sagten ihnen wenig, und sie verwechselten sie leicht mit Städtenamen. Landkarten, Stadt- und Fahrpläne waren ihnen fremd. Die Zeit war ein gleichmäßiger Strom, in dem sich Tag und Nacht und Jahreszeiten abwechselten. Geburtstage und andere Familienfeste gab es nicht. Todesfälle wurden auch den nächsten Verwandten verheimlicht, sodass keine markanten Zäsuren in der eigenen Biographie entstehen konnten. Ausnahmen waren Fluchtversuche und spektakuläre Unfälle, die aber keinen Jahreszahlen zugeordnet werden konnten. Die Organisation des Tagesablaufs war durch die Führung vorgegeben. Lautsprechersignale riefen zum Ausrücken oder Zurückkommen. Uhren hatten nur wenige Privilegierte. Die Gruppenführer mussten Uhren haben, um die Arbeit zu organisieren. Später durften die «Sprinter» (s. u.) Uhren tragen. Wenn Schäfer eine Uhr genehmigte, schickte er den so Ausgezeichneten zum «Bagger» (Erwin Fege), der den Uhrenvorrat verwaltete. Wer in der Endphase die Siedlung verließ, hatte Mühe mit der Zeit- und Terminplanung und konnte wichtige Ereignisse nicht der entsprechenden Jahreszahl zuordnen. Wer in einem geschlossenen Kollektiv über Raum und Zeit herrscht, hält die Mitglieder im Stand der Infantilität. So veranstalteten die übriggebliebenen Sektenmitglieder noch 2007 ein Kaffeekränzchen für «alle Kinder über 60».

Individualität durfte sich nicht entwickeln. Eine Frau hat einen Berufswunsch geäußert. Schäfer macht sie vor der Gemeinschaft fertig: (ironisch) «Mein liebes Kind, ich will dir was sagen, du warst von allen zu sehr geliebt, das ist dir schlecht bekommen, das ist dir schlecht bekommen. (macht eine Kunstpause) Du hast diese Liebe nicht erwidert. Du hast schnöde für dich in Anspruch genommen, für dich selber zu sorgen (?). Und daher kommt das Defizit. Was du jetzt machst, ist mir egal. Ich geb dir 14 Tage Zeit. (brüllt) 14 Tage! Und keine Minute mehr. (ironisch) Die arme Schwester, das arme Kind. So geschunden von dieser Sekte. Du kommst mir vor wie'n Mädchen, das Unkraut ausreißt, nur die Blätter ... Wenn du mit der Hacke rangehen würdest, das Unkraut gründlich mit der Hacke bekämpfen ... Du bist ja auch nicht fähig, das Unkraut auszureißen mit der Wurzel ... mit der Materie deines Ichs und deines Dienstes. Wenn wir so'n Spleen hätten, so'n Geltungsbedürfnis, wie du, dann wär'n wir längst in alle Winde zerstreut, mein Kind.» (Tonbandaufzeichnung, z. T. schlechte Qualität) Individuelle Zukunft musste radikal, eben mit der Wurzel, beseitigt werden.

Neben Raum und Zeit ist die Kausalität eine Grundlage menschlicher Erkenntnis. Auch hier dachte Schäfers Gemeinde anders als der Rest der Welt. Die Ursache von allem war Gott. Die mittelalterliche Prädestinationslehre lebt in der Colonia Dignidad fort. Auch das größte Missgeschick war Gottes Wille, um die Glaubenstreue der Siedler auf die Probe zu stellen. Alte Gefolgsleute Schäfers deuten heute dessen Unzucht nach diesem Schema. Auf Erden aber war Schäfers Wille der Grund dafür, dass etwas geschah, gemacht oder unterlassen wurde.

Es gab auch kein stichhaltiges Wahrheitskriterium. Heutige Besucher der Siedlung wundern sich, dass die Bewohner ohne böse Absicht lügen. Sie sind damit aufgewachsen, immer das zu sagen, was ihnen in einer gegebenen Situation den geringsten Ärger einbringt. Unter Schäfer wurde nicht argumentiert, sondern befohlen und gehorcht. Die Logik war ausgesetzt. Schäfer hielt fünf Finger hoch und sagte, es seien vier. Dann fragte er, wieviel Finger es seien. Jede Antwort war falsch. Schäfer hatte die Deutungshoheit. Die Siedler sangen Lieder, deren Text durch Wortumstellungen unverständlich gemacht worden war. Überlieferung galt nicht. Der einzige Sinnstifter war Schäfer.

Schäfer und seine Führungsmannschaft dehnten ihren Machtbereich auch über den Zaun hinaus aus. Die Colonia Dignidad band die Bevölkerung der Umgebung mittels des Krankenhauses an sich. In der Umgebung war das Krankenhaus beliebt. Als die Sekte ab 1985 in die Defensive geriet, bildete sie Patientenkomitees, die Kundgebungen veranstalteten. Dann konnte es passieren, dass – wie bei den Protesten der Angehörigen verschwundener politischer Gefangener 1997 – vor dem Tor der Siedlung Chilenen mit Chilenen aneinandergerieten. Den früheren Patienten wurde gesagt, wenn die so weitermachten, müsste das Krankenhaus geschlossen werden. «Wie viele der hier Anwesenden oder eines ihrer Familienmitglieder hatten nicht an diesem modernen Hilfsdienst teil. Und alles ohne Kosten für den Kranken. Was für eine wunderbare Großherzigkeit», sagte der Landwirt Juan Sepúlveda, ein Freund der Colonia Dignidad, bei einer Ansprache 1989. Was der Mann wohl nicht wusste: Die Siedlung rechnete jede einzelne Behandlung mit dem Nationalen Gesundheitsdienst ab. Sepúlveda zählt auf: 15.000 gesund gepflegte Kinder, 2.000 Entbindungen, 766 Operationen, 16.000 ambulante Behandlungen, 40.000 Laborexamen, 2.150 Röntgenaufnahmen in fünf Jahren und 17.240 Tage Krankenhausaufenthalt jährlich. Das Krankenhaus war eine Goldgrube. Die Siedler hatten es mit ihrer unbezahlten Arbeitskraft gebaut und arbeiteten ohne Lohn. Die *Private Sociale Mission* stattete es mit medizinischen Geräten aus, die sie gespendet bekam oder billig erwarb und zollfrei nach Chile brachte. In «Junge Ehepaare aus Villa Baviera erklären» (s. Anhang) wird die Ambivalenz des Krankenhauses so gefasst: «Und wenn man auch sagen muss, daß selbst das Krankenhaus eine Tarnung für Paul Schäfer war; für die, die sich Tag und Nacht um die kranken Kinder und Erwachsenen bemühten, die aus der Nachbarschaft wie aus weit abgelegenen Orten der Kordillere kamen, für sie war ihre Arbeit ein Dienst am Nächsten. Das werden auch heute noch sehr viele Patienten bezeugen können. Wer diese Wohltätigkeit leugnen wollte, wird unser Leben nie verstehen können. Gutes und Schlechtes lag verhängnisvoll nebeneinander – und oft im gleichen Menschen – und beides gehörte zur Lebenswirklichkeit in Villa Baviera.»

Dennoch wurde bei der Gesundheit gespart. Aus Geiz oder Geldmangel wurden medizinische Operationen verschoben oder unterlassen und Gehhilfen nicht angeschafft. Die Zahnpastaration, die aus der Tube in kleinere Gefäße gepresst wurde, musste für eine Woche reichen, so dass die Bewohner heute Zahnprobleme haben. Für schwierige Operationen fehlten Fachärzte. Sie wurden dennoch durchgeführt, denn eine Überweisung nach Santiago oder Concepción wäre zu teuer gewesen. Falsch ausgeführte Behandlungen und Operationen führten zu Dauerschäden. Krebserkrankungen, die wohl auf die Vergiftung des Geländes zurückgehen, sind bis heute auffallend häufig. Einige der Erkrankten wurden zu spät überwiesen, denn die Behandlung war teuer und hätte regelmäßiges Verlassen der Siedlung bedeutet. Das Krankenhaus hatte einen extremen Verbrauch von Psychopharmaka. Kurz: Es war eine sehr betriebsame ländliche Ambulanz. Das Foto in der Festschrift der Colonia Dignidad von 1976, in dem mehrere Männer und Frauen mit weißen Kitteln und Mundschutz über einen Operationstisch gebeugt sind, ist gestellt.

Der Siedlungsarzt Hopp durfte in den USA studieren. Er begann dort 1971 ein Medizinstudium und belegte auch Fächer wie «Piano für Anfänger». Promoviert hat er während dieses Studienaufenthaltes nicht. Er brach das Studium in den USA ab, schrieb sich in Chile neu ein, hatte aber als Verbindungsmann zwischen der Siedlung und der Diktatur kaum noch Zeit zum Studieren. Das Abschlusszeugnis bekam er in der Pinochetzeit ohne Mühe. Wie er zu dem Doktortitel, den er trägt, kam, ist nicht nachweisbar. Er war, wie Kollegen sagten, dennoch ein fachkundiger Arzt. Hopps Übermaß an Beschneidungen und seine Operationen an männlichen Genitalien, die später zu Impotenz führten, dürften mit der Bewertung der Sexualität in der Sekte zusammenhängen. Renitenten Sektenmitgliedern verabreichte Hopp Überdosen an Psychopharmaka.

Neben ihm wirkten die Ärztin Gisela Seewald, eine Kurpfuscherin, die ihre Behandlungen mit Teufelsaustreibungen durch Elektroschocks und anderen Quälereien verband, und einige Krankenschwestern, die aus demselben Holz geschnitzt waren. Giesela Seewald stand nach dem Ende des Schäfer-Regimes zu ihrer Schuld: «Ich habe es getan, wenn auch auf den Befehl von Paul Schäfer, der diese Idee von Austreibung der Dämonen durch Strom hatte. Der aber auch diesen Befehl wie alle seine Befehle leugnet.»

Das Krankenhauspersonal infizierte Menschen, wenn verhindert werden sollte, dass sie oder ihre Partner(innen) die Siedlung verließen. Eine Karteikarteneintragung zu dem DINA-Agenten Eduardo Neckelmann lautet: «Sie haben seine Frau krank gemacht, als er mit ihr weg wollte. Er durfte sie nicht besuchen.» (Eduardo Neckelmann 2)

Das Krankenhaus wurde auch von den Siedlern selbst benutzt. Dort wurden Siedler, die nicht gefügig waren, mit Elektroschocks misshandelt. Der Tablettenkonsum war unmäßig. Für Erkältungskrankheiten verordnete Hopp sieben verschiedene Tabletten. Viele spätere Aussteiger berichten über Zwangsmedikationen. Sie hatten die Taschen voller unnützer Tabletten. Hohe Medikamentendosen sollten Individuen zerbrechen und moralische Hemmungen abbauen. Schäfer nutzte diesen Effekt z. B. bei den Leiterinnen der Kindergruppen («Gruppentanten»), damit sie mit den Kindern strenger umgingen. Für renitente Mitglieder lagen in einer Schublade der Küche mit Namen versehene Packungen mit Valium. Wer am Ende der Woche seine Portion nicht genommen hatte, wurde ins Krankenhaus geschickt und dort ruhig gestellt. Wenn eine Blutuntersuchung zeigte, dass der oder die Betreffende beim Tablettennehmen gemogelt hatte, bekamen sie ein Psychopharmakon gespritzt. Bei den Razzien in den 90er-Jahren wurde die Schublade versteckt. Während einer dieser Razzien fand die chilenische Polizei in einer Müllkippe beim Kinderhaus eine Unmenge leerer Schachteln Valium. Die Langzeitschäden (Abhängigkeit, Gedächtnisverlust, organische Schäden) sind gravierend.

Mit Kontrollen ging die Colonia Dignidad auf ihre Weise um. Eine Notiz im Karteikartenarchiv (ohne Datum, offenbar 1976) nennt Fragen und Beanstandungen von René Jara, einem Mitarbeiter des staatlichen pharmazeutischen Dienstes und «DC» («democristiano», dt. Christdemokrat), an die CD, darunter: «In welchen Fällen geben wir Luminaletten? Indikation sei nur Epilepsie.» (Das Medikament beruhigt, hat aber in falscher oder zu starker Dosierung starke Nebenwirkungen und macht abhängig). Und: «Wiederholte Fragen, wer die Medikamente für Poliklinik, Station und Kinderzimmer bestellt.» Dann: «Die Meldung ist unterblieben, weil wir [die Colonia Dignidad] sie nicht abgeben wollten.» «Wenn er kam, wollte er direkt ins Krankenhaus. Warten: Dann war er sehr pikiert und er verbreitete dicke Luft.» Eine spätere Notiz bezieht sich offenbar auf denselben Jara, der mittlerweile für den deutschen

Pharmahersteller Boehringer arbeitete. Er kam mit zwei örtlichen Firmenvertretern in die Siedlung. Sie besuchten das Krankenhaus und aßen dann im Freihaus. Dort wurde offenbar folgendes Gespäch aufgenommen: «Ah, dir [Jara] geht ein schlechter Ruf voraus ... Die wissen hier einiges über dich.» Beim Rausgehen sagt eine «Kathi» zu ihm: «Wir kennen Sie schon lange, wir erinnern uns sehr gut an Sie.» «Haben Sie mich in guter Erinnerung?». Da bricht Kathi das Gespräch mit «auf Wiedersehn» ab. Die beiden Begleiter [mit Fotos] haben verstanden und lachen. Offensichtlich hatte die Colonia Dignidad eine staatliche Kontrolle durch Erpressung oder Korruption umgangen.

Viele der Siedler waren selbstmordgefährdet. Ihre Selbstmordversuche waren dilettantisch, denn sie hatten keine Informationen darüber, wie man sich umbringt. Efraín Vedder berichtet in «Weg vom Leben» von mehreren Selbstmordversuchen, die er selbst begangen hat. Statt therapeutischer Hilfe gab es Tabletten und Elektroschocks, die mit einem medizinischen Gerät und mit einem Viehtreiber verabreicht wurden. Zeitweilig war die Ernährung so schlecht und die Arbeitsbelastung so groß, dass die Siedler busweise zu Ärzten in der Nachbarschaft gefahren werden mussten. Es gab Epidemien. Die psychischen Schäden der Siedler sind kaum abzuschätzen.

Bei der Scheinveräußerung der Colonia Dignidad an Einzelpersonen 1991 wurde das Inventar des Krankenhauses auf 500.000 US-$ geschätzt, für ein angeblich gut und modern ausgestattetes Krankenhaus nicht viel. Seitdem die chilenischen Behörden nach Ende der Pinochet-Diktatur endlich die Landesgesetze durchgesetzt haben, ist das Krankenhaus geschlossen. Nur im Obergeschoss vegetierten die Alten vor sich hin. Sie hatten sich ihr Leben lang von Schäfer ausbeuten lassen und waren nun zu nichts mehr fähig. Besucher wurden lange Zeit nicht zu diesen Alten gelassen, und Angehörige mussten sich den Zugang erzwingen. Das ist von Schäfers Totalaufbau übriggeblieben.

Herrschaftssprache

Schäfers Schöpfung hat ihr eigenes Sprachuniversum hervorgebracht. Es ist, wie die Seelen der Sprecher, gespalten. In der Colonia Dignidad herrschte ein Harmoniegebot: Wir sind «wie eine Harfe», wenn eine Saite verstimmt ist, ist das ganze Instrument verstimmt, sagte die Führung, um die Bewohner bei der Stange zu halten. Eine der Mädchengruppen hatte eine Harfe im Wimpel, die genau so viele Saiten hatte wie die Gruppe Mitglieder. An der Sprache der Siedlung zeigt sich, wie diese aufgezwungene Harmonie Herrschaftsstrukturen innerhalb der Sektengemeinschaft verdeckte. Der Ton untereinander war rüde. Höflichkeitsfloskeln waren oft nicht geläufig. Die späteren Aussteiger mussten lernen, in der Welt außerhalb des Zaunes nicht mit allem herauszuplatzen. Die Siedler bedienten sich einer Mischung aus Infantilismus und Herrschaftssprache, blödelnd, befehlerisch-knapp, diskriminierend und pathetisch-schrill. Sie benutzten gleichermaßen Wörter der Liebe und militärische Begriffe wie «Gehorsamsverweigerung». Schäfer kommandierte fast wortlos. Wenn er Milch für seinen Kaffee wollte, klopfte er an die Tasse und rief «Milch». Wenn jemand ihm ins Glas eingoss und er genug hatte, ruckte er das Glas nach oben, das es klickte. Das war der Befehl, mit dem Einschenken aufzuhören.

Schäfers Sprache war standardisiert. Da er keine Vielfalt, sondern die Einförmigkeit anstrebte, wurde auch die Sprache formelhaft vereinfacht. Für bestimmte Situationen wurden entsprechende Bezeichnungen geprägt, und diese Schlagworte wurden von ihm und anderen als feste Formeln gebraucht, um jedes eigene, d. h. kritische Denken abzuwürgen. Anstelle eines Gesprächs, einer klärenden Auseinandersetzung wurde der, der eine abweichende Meinung vertrat oder etwas für sich erbat, sofort ins Unrecht gesetzt. (Junge Ehepaare aus Villa Baviera erklären, s. Anhang). Wie wenig Schäfers Sprache zur Kommunikation taugte, zeigt seine ständige Rede: «Wer hört, ist schuldig.»

Auf regelmäßigen nächtlichen Versammlungen wurden die in den Tagen davor gesammelten Denunziationen und Selbstbezichtigungen der Reihe nach vorgelesen, etwa: «Ich habe mich aufgelehnt und war unaufmerksam. Bitte vergebt mir.» Oder jemand hatte sich unerlaubt eine Flasche abfüllte. In den hinteren Reihen zu sitzen galt als Gottesferne, denn Gottes Sprachrohr – Schäfer – thronte vorne. Dann fragte Schäfer «Wer will was sagen?» und hielt seine Monologe. Er setzte seine Stimme dramaturgisch ein. Er säuselte sanft, um abrupt loszubrüllen. Nach einem einschmeichelnden «Ich will dir nichts tun, ich bin nicht dein Feind» wurde er ironisch. Die angesprochene Frau setzte an mit «Ich denke ...», dann Schäfer: «Du dachtest ... ‹ich denke›. Du bist gar nicht Herr deiner Gedanken, deine Gedanken sind Herr über dich. Alle Sonderung von Gott kommt von den Gedanken her ... Wenn du nicht denken würdest, dann würde der Impuls Gottes schon zu dir gekommen sein.» Nach dem Denkverbot kommt der Vorwurf: «vollkommen schizophren». Denken ist bei Schäfer Krankheit, und Krankheit ist Schuld. Die bloße Existenz eines Sektenmitglieds wurde zum Vorwurf («dein feistes Dasein»; «feist» ist das Gegenteil der verlangten Askese).

Auf die ironische Passage konnten plötzliche Brüllereien folgen wie: «Du Arschloch, du kommst in die Hölle» oder «umlegen» und «mit dem Maschinengewehr reinhalten».

Schäfer ließ selten jemanden ausreden. Ein Siedler berichtete stockend: «‹Es wurde ein Teil meines Verhaltens beanstandet.› Diesen Satz sollte ich aufschreiben.» Schäfer herrschte ihn an: Es geht um einen «Teil deines Gesamtverhaltens». Der Mann sollte etwas sagen, aber Schäfer unterbrach ihn sofort, «um die Wahrheit festzuhalten». Der Mann gab zu, «Quatsch» geredet zu haben, aber Schäfer unterbricht ihn wieder, unterstellt ihm «dämonische Raffinesse». Schuldbekenntnisse sind zwecklos. Ein Siedler: «Ich seh das ein.» Schäfer: «Was du einsiehst, ist mir scheißegal.» Es gab Fälle, in denen Menschen, die auf diese Art vor der ganzen «Gemeinde» niedergemacht wurden, hinterher kaum noch sprechen konnten und zu Stotterern wurden.

Schäfers eingespielte Pointen wurden mit kontrolliertem Lachen beantwortet, kurz und knapp. Lachen und Beifall, auch verwundertes Missfallen, kamen wie auf Kommando und hörten abrupt auf. Es klingt wie eine Lachmaschine, die an- und abgeschaltet wird. Der Grund ist die Angst: Wer nicht sofort mitmachte, wurde hinterher bestraft, wer über die Zeit lachte, buhte, Beifall murmelte, machte sich des Individualismus schuldig.

Schäfer erzeugte ständige Ambivalenzen. Er sagte in beleidigendem Ton etwas wie: der «ganze Sauhaufen, hätte ich beinahe gesagt, die ganze edle Gemeinde». Der Grundton seiner Redeweise war Erniedrigung («kulturloses Miststück», «Satansbolzen» oder: «Du schreibst hier einen Scheißdreck zusammen, da kann einem das Kotzen kommen. Da krieg ich Brechreiz.»

Die Gemeinde nannte diese Monologe «Predigten». Es waren aber eher Reden eines pädagogisch unfähigen Schulmeisters, der sich zu Höherem berufen fühlte. Die Bibel und Gott kommen kaum vor, und wenn, dann als Über-Ich: «So stehts geschrieben, so wird's gemacht». Gott ist Drohinstanz: «Gott im Schaukenstuhl: So ist das nicht». Die totale Hingabe, die Schäfer verlangte, schaltete den eigenen Willen aus. Nach der Unterwerfung war der Weg frei zur permanenten Gehirnwäsche.

Schäfer, der ämterlose Führer, gab sich Namen wie «tío» (Onkel) und «tío permanente» (Daueronkel), denn alle Erwachsenen in der Siedlung waren Onkel oder Tanten. Nur der Daueronkel schwebte darüber. Er hieß auch noch «Pius», nach dem damaligen Papst, «heiliger Vater» oder «Professor». Der zurückklappbare Sessel, in dem er in bequemer Haltung predigte, war der «heilige Stuhl» oder «Thron». Wenn er innerhalb der Colonia Dignidad etwas bewilligen musste, unterzeichnete er mit einem «Krückstock», einem Schnörkel, der ein «S» bedeuten sollte. Ohne diesen Krückstock ging nichts.

Zwangsadoptierte chilenische Kinder erhielten deutsche Namen. Die Koloniebewohner hatten ausnahmslos Spitznamen, und oft mehrere, die anstelle der Eigennamen gebraucht wurden. Auch das löschte Vergangenheit und Individualität aus. Schäfer und seine Helfer waren dabei so gründlich, dass die verbliebenen Siedler bis heute Mühe haben, die wirklichen Namen, Geburtsorte und -daten der teilweise schon verstorbenen Bewohner herauszufinden. Auch auf das Gedächtnis ist kein Verlass. Frühere Siedler beklagen immer wieder, Gisela Seewald und ihre Helferinnen hätten bei ihnen durch Elektroschocks und Medikamente Gedächtnislücken verursacht. Wenn Schäfer Jungen vergewaltigt hatte, mussten sie direkt danach ins Krankenhaus, wo ihnen die Erinnerung daran genommen werden sollte. Dieses aufgezwungene Vergessen war Teil der Identitätsvernichtung. Für die engeren Kreise um Schäfer gab es politische Decknamen und -bezeichnungen wie «Konradshausen» (für Schäfer), ein «großes» und ein «kleines Lager», «Rathaus» für die deutsche Botschaft und vieles mehr.

Spontane Gespräche zwischen Siedlern wurden geahndet. Versteckte Mikrofone, Kameras und Lichtschranken sorgten dafür, dass die Führungsclique sofort erfuhr, was in den Räumen gesprochen wurde und wer sich mit wem auf dem offenen Gelände traf. Um nächtliche konspirative Gespräche im Flur auszuschließen, wurden die Zimmer abgeschlossen, und die Jungen und Männer bekamen «Enten» oder «Bettvasen» zum Pinkeln. Der Colonia-Sinnspruch «mit der Ente ins Bett, mit dem Hahn aufstehen» geht darauf zurück. Gemeinsame Fluchtpläne oder ein paar belanglose geflüsterte Wörter konnten durch Beichten bekannt und dann bestraft werden.

Die Colonia-Mitglieder schnauzten sich gegenseitig an und äfften sich nach. Ihre Sprache war zu funktional, zu abwertend und zu gebieterisch, um für die Kommunikation mit Andersdenkenden zu taugen. «Wir sprechen nicht» und «Es ist sehr schwierig mit uns zu reden» sagten Hopp und Schäfer, als 1982 einige Nonnen, die in der Nachbarschaft der Siedlung wohnten und von ihr schikaniert wurden, ein Gespräch mit ihnen anknüpfen wollten.[1] Die Colonia Dignidad war ihre eigene, sprachlose Botschaft: ein Dorf von Hinterwäldlern, in dem Abgründiges geschah.

Der Tonfall gegenüber der chilenischen Gesellschaft war verächtlich. Über eine Messeveranstaltung außerhalb der Colonia Dignidad schreibt ein Siedler: «Schrecklich, diese Menschen, sie sind besessen von Mode, Fressen, Saufen und schön sein Wollen, dabei sinds geknechtete, hohle Fratzen.» Die Colonia Dignidad sammelte in Deutschland Altkleider und verkaufte sie in Chile als «Lumpenverkauf». Über die so ausstaffierten Chilenen («Eingeborene», aus Tonbandaufzeichnungen) machten die Siedler sich anschließend lustig. Die Landbevölkerung der Umgebung trug zum Ausgehen die deutsche Mode vergangener Jahrzehnte.

Die Siedler litten unter kollektiven Entwicklungsdefiziten, von denen später die Rede sein wird. Deshalb gediehen Infantilismen der Erwachsenensprache wie:

Wo die Schwarzen und die Weißen
sich mit Käsekuchen schmeißen

oder Verse von «Himpelchen und Pimpelchen» und vom «Nashorn und vom Trockenhorn». Es gab eigene Redensarten wie «vom Teller ziehen», d. h. einen Vorteil haben (das mag von den Brotspielen in der Colonia Dignidad stammen. Das begehrte Weißbrot lag unter dem Schwarzbrot, und der Wettbewerb bestand darin, derartige Leckerbissen von einem Teller zu ziehen). «Den Fetten machen» bedeutete obenauf sein.

Die Colonia Dignidad war eine linguistische Käseglocke, unter der das Deutsch der fünfziger Jahre konserviert wurde und merkwürdige Sprachbildungen hervorbrachte. Die Siedler benutzten angestaubte Wörter wie «Halbstarke» und Wendungen der Lutherbibel («die Zeit auskaufen», «trachten nach ...»). Die Dialekte gingen bei der zweiten Generation durcheinander. In ein und demselben Satz konnten ein plattdeutscher Ausdruck und eine bayrische oder rheinische Betonung

---

1 1977 hatten sich vier katholische Nonnen in dem Örtchen San Manuel in Sichtweite der Colonia Dignidad niedergelassen. Eine von ihnen war die Schwester des Bischofs Carlos Camus, einer der kritischen Köpfe unter den chilenischen Bischöfen und Gegner der Colonia Dignidad. Schäfer duldete diesen Beobachtungsposten nicht und vertrieb die Nonnen mit nächtlichen Schüssen und Lärm, Scheinwerfern und seinen Rechtsanwälten. Nachdem er sich in den Besitz des Grundstücks gebracht hatte, ließ er aus Deutschland bleigefasste Kirchenfenster kommen, um die Kapelle der Nonnen in eine richtige Kirche zu verwandeln. Eine Kirche brauchte die Sekte aber nicht, denn sie hielt keine Gottesdienste ab. Schäfer wollte ein weiteres Trugbild aufbauen, und dafür war ihm, der seine Anhänger Kaffee aus zweitem Aufguss trinken ließ, nichts zu teuer. Am Ende wurde die Kapelle dann doch zur Lagerhalle (Heller 1993 S. 192f).

auftauchen. Aussteiger mussten die Sie-Form erst lernen. Da Verwandte oft nicht einmal voneinander wussten, waren Verwandtschaftsbezeichnungen (außer Tante und Onkel) nicht geläufig und mussten nach Schäfers Abtauchen erst gelernt werden. Wörter aus Bereichen wie der Geldwirtschaft und viele Abstrakta fehlten.

Ständestaat und Geschlechterverhältnis

So funktional und herrisch wie der Sprachkosmos war die Mikrogesellschaft der Siedlung. Der Hierarchie der Wörter entsprach die der Ämter. Die Colonia Dignidad war nach dem Muster eines Ständestaates mit Elementen einer Sklavenhaltergesellschaft aufgebaut. Nur Schäfer hatte kein formales Amt inne. Seine Macht war gleichsam in sich selbst begründet: «Alle Fäden laufen beim tío zusammen, weil sie ja auch von dort kommen», schreibt ein Mitglied in beredter Unlogik (Heller 1993 S. 12).

Die Colonia Dignidad bestand aus zwei parallelen Strukturen – einer männlichen und einer weiblichen –, die streng getrennt waren und kaum voneinander wussten. Sie hatten jeweils eigene Bezeichnungen und Wimpel. Durch dieses Teile-und-Herrsche sicherte Schäfer seine Allmacht. Die Bezeichnung der einzelnen Geschlechter- und Altersgruppen ist altertümelnd und sollte vielleicht Vertrauen in Bewährtes signalisieren.

Die Männer:
Kleine Jungen
Edelweiser (0–5 J)
Keile (6 – ca. 12)
Heilsarmee und Moritze (darunter die «Grünen». Die «Grauen» entsprachen den Grünen, waren aber älter.)
Askaris (auch: «die Grauen»)
Mittlere Knappen
Große Knappen
Komalos/Comalos
Herren

Der Ausdruck «Askaris» bezeichnet ursprünglich militärische Hilfstruppen von Schwarzen, die an der Seite der deutschen Kolonialherren in den afrikanischen Kolonien des Kaiserreiches kämpften. Er gehörte zum

Wortschatz der deutschen Pfadfinder, die sich mit den gegen die Briten kämpfenden Buren in Südafrika identifizierten und dürfte auf diesem Weg in die Sprache der Colonia Dignidad eingegangen sein.

Der «Herrenabend» oder «Herrenclub» war übergreifend und schloss je nach Thema und Situation einige oder alle männlichen Mitglieder ab etwa 30 Jahren ein. Der «Herrenclub» war die pervertierte Form einer patriarchalischen Stammesdemokratie. Die «Herren» und Schäfer als ihr spiritueller Führer regelten in ihren Versammlungen die alltäglichen Geschäfte und verhängten Strafen. Beim Prügeln und Foltern ließ Schäfer meist andere die Schmutzarbeit machen. Die «Herren» waren meist als Familienväter nach Chile gekommen und älter als Schäfer. Da sie ihre moralischen Maßstäbe vor der Schäfer-Zeit gebildet hatten, misstraute Schäfer ihnen und vertraute ihnen die operationalen Vorgänge nicht an.

15—20 Männer um Schäfer hatten mit ihm zusammen die reale Macht inne. Die Sicherheitsgruppe, die aus den «Grünen» und den «Komalos» bestand, war für die Verhängung der Strafen, die Sicherheitssysteme, die Waffen und die oft in legalen Grauzonen oder der Illegalität operierende Geschäftsführung zuständig. Hier galt illusionslose Bindung an den Führer. Schäfer schloss mit dieser Kerntruppe einen Blutpakt: Jeder war Komplize, wenn einer fiel, fielen alle, und so geschah es nach Schäfers Verhaftung 2005. Schäfer duldete keinen Kronprinzen neben sich. Als untergeordnete zweite Männer konnten am ehesten Albert Schreiber, dann Gerhard (Gerd) Mücke und später Hans Jürgen Riesland gelten. Die oppositionellen Siedler nannten diese Kernmannschaft in der Spätphase *jerarquas* (Hierarchen, Oberste). Für diese Führungsclique waren die einfachen Siedler «Ochsen» und «Kühe». Sie wussten, dass deren Lederhosen und Haardutts Attrappen waren.

Die «Grünen» waren in etwa mit der Führungsclique identisch und der «Heilsarmee» zugeordnet. Zu ihnen konnten aber auch Mitglieder der Askaris usw. gehören. Sie trugen, wohl zur Tarnung, grüne Kleidung. Es waren von Schäfer herausgesuchte, besonders loyale oder intelligente Männer. Aus den «Grünen» rekrutierte sich die «Einsatzgruppe» oder «Bereitschaftsgruppe» als operativer Arm der «Herren». Sie war an der Waffe ausgebildet, trug ständig Waffen und verfügte über Fahrzeuge und Schäferhunde. Wenn der *pito* (Pfeifton über Lautsprecher, s. u.) mit einem bestimmten Signal ertönte, rückte diese Gruppe mit den Hunden aus, um jemanden an der Flucht zu hindern oder Fremde zu kontrollieren. Hugo Baar kaufte in Deutschland einen besonders scharfen Schäferhund «Hasso», der «Spuren suchen und Menschen stellen sollte», denn die Gegend in Chile sei unsicher. Eine polizeiliche Hundestaffel half ihm – sicher arglos – bei der Suche.

Die Frauen:
Die Frauen waren den Männern in diesem imitierten Ständestaat untergeordnet. Sie waren «der letze Dreck», wie Anna Schnellenkamp in einem Gespräch mit mir sagte. Einige Frauen hatten zwar wichtige Funktionen in der Gesamtorganisation wie die Ärztin Giesela Seewald und einige Krankenschwestern, die medizinische Folter und Zwangsverabreichung von Psychopharmaka betrieben, oder Schäfers Adoptivtochter Rebeca Schäfer, aber sie handelten dennoch als Anhängsel der Männer. Sie unterwarfen andere, nachdem sie sich selbst den Männern unterworfen hatten. Gisela Seewald war, wie eine frühere Sektenangehörige berichtet, in Siegburg eine liebevolle Mutter gewesen. In Chile zwang Schäfer sie zu ihren Untaten, bedrohte sie auch mit einer Pistole. Diesen Zwang verinnerlichte sie und wurde zur Bestie.
Die Frauenhierarchie war gegliedert in:

Spechte
Falken
Vögel
Feuerwache
Halalis
Schranzen
Dragoner (Krankenschwestern, Gruppentanten, entsprachen den Komalos)
Frauengruppe
Omagruppe

Weitere Bezeichnungen waren Feldmäuse, Wasserflöhe. Diese Bezeichnungen wechselten.

Die «Dragoner» entsprachen hierarchisch der männlichen Heilsarmee/Grüne und waren hauptsächlich mit Bespitzelung beschäftigt. Man rekrutierte besonders loyale Frauen, die man bei Gebetsstunden, die oft um 23 Uhr nachts stattfanden), an devoten Beichten erkannten. Eine «lila Gruppe» bestand aus Mädchen und wohl einigen Jungen, die in die Pubertät kamen oder pubertierten. Dieser Vorgang wurde mit Medikamenten und harten körperlichen Maßnahmen zu unterdrücken versucht. Den Mädchen wurde die Brust fest zugeschnürt, um ihr Wachstum zum weiblichen Busen zu verhindern. Vaginale Elektroschocks waren Routine. Mädchen und jungen Frauen, die masturbiert hatten, wurde der nackte Hintern zerschlagen. Der Name «lila» kam von den Spuren der dauernden Schläge. Die Schläge und die Bezeichnung «lila Gruppe» stigmatisierten gleichermaßen. Die Mädchen sollten von den anderen nicht gesehen werden. Sie mussten vor Sonnenaufgang zur Arbeit auf die Felder und durften erst nachts zurück. Trinken war auch bei härtester Arbeit verboten. Eine der Mädchengruppen hieß auch «Rollkommando», weil sie zu den jeweils schwersten Arbeiten ausrücken musste.

Parallel zu der herrschaftssichernden Doppelhierarchie gab es funktionale Berufsstände wie «Bäcker», «Gärtner», «Bauern», «Metzger», «Architekten», «Melker» usw. Jeder in der Siedlung sollte fünf Berufe haben, um die Autarkie sicherzustellen.

Der Aufstieg von einer Gruppe in die nächste war anfangs vom Alter, danach aber nur noch von Schäfers Gunst abhängig. Deshalb blieben die Gruppen nach seinem Abtauchen 1998 konstant. Es gab keine Autorität, die sie hätte verändern können.

Das Teile-und-Herrsche durchdrang die gesamte Struktur der Colonia Dignidad. Die strikte Trennung von Männern und Frauen, von jung und alt, die unsichtbaren Grenzen, die innerhalb der Wohngebiete der Siedlung verliefen, sorgten dafür, dass jeder Einzelne nur über ein Teilwissen verfügte. Auch Schäfers engste Mitarbeiter wussten nicht alles. Schäfer verstand sich auf das «Departamentieren»: Nur diejenigen aus dem engsten Kreis wussten jeweils etwas. Bei einer der polizeilichen Durchsuchungen der Siedlung 1998 sagte Schäfer in einem Versteck zu seinen Leuten: «Erwin weiß ein bisschen was, Rudolf auch was, Hering weiß fast nichts.» (Es geht wohl um Erwin Fege, Rudolf Cöllen und Reinhard Döring (Hering)).

Die Siedler bewegten sich tagtäglich in völlig entgegengesetzen sozialen Organisationsformen. Es herrschte strikte Hierarchie, aber wenn Schäfer in Versammlungen sprach, versammelte sich eine «Gemeinde», in der es scheinbar keine Unterschiede zwischen Geschlechter, Alter und Rang gab. Dieses Wir, in dem das individuelle Ich aufgehen sollte, enthielt ununterscheidbar Geborgenheit und Terror. Es bot keinen Schutz und keine Orientierung. Das dauernde Ineinandergreifen von Unvereinbarem erzeugte eine weitere schäfersche Ambivalenz

Selbst der Bau vieler unterirdischer Anlagen blieb den meisten Siedlern verborgen. Nur bei Schäfer selbst durfte Wissen zur Macht werden. Wenn hohe Geheimdienstoffiziere die Colonia Dignidad besuchten, empfing Schäfer sie persönlich und ließ sich von jeweils anderen Siedlern begleiten (*El Mercurio* 01.04.05). Schäfer pflegte schulterklopfende Männerfreundschaft mit den Spitzen des staatlichen Terrorapparats, aber deren Kontakte zu seinen Vertrauten sollten funktional und austauschbar bleiben.

Arbeit und Wirtschaft, Geld und Gold

Die Einnahmen der Colonia Dignidad setzten sich zusammen aus deutschen Rentenzahlungen (bis zu 50.000 DM monatlich, n-tv, 11. Mai 2016), die auf ein Sammelkonto gingen, dem Erlös einer Steinbrechanlage und aus Bauvorhaben (auch Straßenbau) und dem Verkauf landwirtschaftlicher Produkte, der so gut lief, dass die Siedlung Schweinelenden und Schinken zukaufte, um sie zu verarbeiten. Auch der Holzverkauf brachte Gewinn. Die in Deutschland gesammelten Altkleider wurden sortiert, in der Nähstube aufgearbeitet und über die chilenische Ladenkette «Paris» verkauft. Wie erwähnt, betrog die Colonia Dignidad den Staat mit den Abrechnungen des Krankenhauses. Später kamen die Einnahmen des Restaurants *casino familiar* in Bulnes dazu. Mit Nachdruck oder Erpressung eingeforderte Spenden füllten die Kasse. In der Pinochetzeit und darüber hinaus schmuggelte die Sekte im großen Stil. Der illegale Waffenhandel lief über die wegen der Gemeinnützigkeit zollfreien Einfuhren der Colonia Dignidad und warf hohe Gewinne ab, die Schäfer auf seine schwarzen Auslandskonten überwies. Viel Geld der Colonia Dignidad ging an die Chemical Bank, USA, wo auch Pinochet seine schwarzen Gelder unterbrachte. Oft waren Waffen und andere Schmuggelgüter in Altkleidercontainern mit doppeltem Boden versteckt. Dazu nutzte die Colonia Dignidad Verbindungen zum Zoll. Sie schrieb von einem «besseren Zollbeamten, der uns schon jahrelang hilft, unsere Container ungeöffnet aus dem Zoll zu bekommen. Den letzten Container hat er uns auch persönlich freigeboxt, ohne Rücksicht auf die jahrelangen Skandale.» (JIPOL)

Da die Sekte keine Löhne zahlte, waren die Ausgaben gering. Erzwungene unentgeltlich Arbeit ist Sklavenarbeit. Sklavenarbeit war die wirtschaftliche Grundlage für das jahrzehntelange Bestehen der Colonia Dignidad. Die führenden Männer der Siedlung waren sich dieses unzeitgemäßen Verbrechens sogar bewusst. Eine der sehr frühen Karteikarten zitiert einen Arzt, der 1966 nach einem Besuch in der Colonia an die Zeitung *La Crónica* (Concepción, 15.04.1966) geschrieben hatte:

«Die Arbeitsanforderungen waren inhuman. Mit 150 Sklaven hätte er (der Arzt, D. M.) dasselbe erreicht.» (Karte Manlio Caffarena)

Im Laufe der Zeit kam durch die verschiedenen Einnahmen ein Millionenbetrag in Dollar zusammen. Schäfer bunkerte einige Millionen in Brasilien, um, wie er sagte, nach einer Ausweisung der Sekte aus Chile woanders wieder anfangen zu können. Es war keine Seltenheit, dass Schäfers Vertraute Hunderttausende von Dollars in bar transportierten.

Durch Landkäufe wuchs die Colonia Dignidad auf ihre jetzige Größe von 17.000 qkm. Weitere Ländereien kaufte die Sekte über Strohmänner. Schäfers kleines Reich vergrößerte sich unter Pinochet um ein Vielfaches. Wenn die armen Landarbeiterfamilien der Umgebung nicht verkaufen wollten, ließ Schäfer ihre Häuser planieren.

Mitglieder der Colonia Dignidad hoben große Summen von den Konten des Geheimdienstchefs Manuel Contreras ab und bedienten die millionenschweren schwarzen Konten Pinochets auf den Kayman-Inseln.

Die Colonia Dignidad genoss eine Reihe von faktischen und formalen Vorrechten, die sich zum Teil bezahlt machten:

- Steuer- und Zollfreiheit wegen ihrer Gemeinnützigkeit
- Betrieb einer nicht genehmigten Schule durch nicht zugelassene Lehrer
- Unterhaltung eines nicht genehmigten Friedhofs
- Arbeit nicht ausgebildeter und nicht zugelassener Krankenschwestern und Ärzte im Krankenhaus
- Faktische Befreiung von technischen Sicherheitsüberprüfungen durch die chilenische Entsprechung des TÜVs
- Befreiung vom Wehrdienst durch gefälschte Wehrdienstbescheinigungen
- Befreiung von der Pflicht, an Volkszählungen teilzunehmen
- Keine Beachtung der Arbeitsgesetze

Insgesamt bedeutete dies einen rechtsfreien Raum.

Eine weitere Einnahmequelle waren Minen. Die Colonia Dignidad baute Molybdän und Titanium ab, beides strategische Metalle. Sie hatte eine wenig ergiebige Uranmine. Über die Gewinne aus diesen Minen ist wenig bekannt. Im Zusammenhang mit einer Mine in Mexiko floss, wie ein Aussteiger sagt, «viel Geld». Diese Mine gehörte dem Waffenhändler Gerhard Mertins, von dem noch die Rede sein wird.

Die Goldgrube der Colonia Dignidad[2]

Eine der Minen lag in der Nähe von Tirua in Südchile und wurde im Tagebau betrieben. Die Siedler mussten wie Sklaven arbeiten. Efraín Vedder schuftete dort als Zehnjähriger. Manchmal führte Schäfer persönlich die Aufsicht. Die in Bussen mit zugeklebten Fenstern herbeigefahrenen Deutschen gruben so tief, dass eine 200 m lange und 20 m hohe Wand entstand. Damit sie nicht einbrach, sangen die Colonia-Leute statt teurer Absicherungen ein Lied:

20 Meter tief die Grube
Ständig droht die steile Wand
jeder die Gefahr erkannt
doch geführt von sichrer Hand.
Wir gehen den Weg einer bessren Zeit
Jugend im Goldrausch voran!

Dann brach die Wand doch ein. Entsetzt stürmte alles zu der Stelle. Zum Glück war niemand verletzt worden. Es gab in der Goldmine weitere Gefahren und Unfälle. Nach einer unsachgemäß von einem Pionier «aus der Hitlerzeit» (so ein früherer Siedler) durchgeführten Sprengung schlug ein großer Brocken durchs Zeltdach. Der Junge Andreas Schmidtke, der als Strafe müdemachende Tabletten (vermutlich Valium) nehmen musste, wich zu spät einem Bagger aus und erlitt schwere Rückgratverletzungen.

Die Mine gehörte einem Chilenen, dessen Frau ab und an vorbei kam und nach dem verabredeten Anteil schaute. Sie vertraute auf die deutsche Redlichkeit, doch die Schäfer-Leute warfen, wenn sie kam, Schutt auf das Förderband und behielten das Gold. Ein großes Geschäft war diese Mine dennoch nicht, und wäre sie professionell ausgebeutet worden, hätte sich das Projekt wegen der Löhne und teuren Absicherungen wohl nicht gelohnt.

Der Erlös aus den Goldgruben dürfte in Schäfers schwarze Kassen geflossen sein. Schwember (2009) erwähnt Schmuggel von Gold in Honiggläsern. Schäfer, der alles Geschäftliche vor den niederen Siedlern geheim hielt, türmte einmal Goldbarren auf und ließ jede und jeden

---

2 Offenbar gab es drei Orte, an denen die Colonia Dignidad Gold schürfte. (http://www.elmostrador.cl/noticias/pais/2015/08/27/el-escalofriante-testimonio-del-conejillo-de-indias-de-colonia-dignidad-i/)

gucken. Warum er Menschen, die dem Geld entsagt hatten, Gold zeigte, ist ungeklärt. Ein Dreiecksgeschäft könnte dahinter gesteckt haben, von dem er ablenken wollte. Insgesamt soll die Goldsuche wenig ergiebig gewesen sein.

Da die Colonia Dignidad beanspruchte, eine urchristliche Gemeinde zu sein, war Geld unbekannt. Sein Besitz galt als Sünde. Efraín Vedder fand als Kind einmal einige Münzen nahe der Mühle, in der die Bauern der Umgebung gegen Bares ihr Getreide mahlten. Er steckte sie in ein Stofftier mit Sparschlitz, das er in der Altkleidersammlung gefunden hatte, und wurde deshalb zur Rede gestellt.

Gemäß Schäfers Wort «Arbeit ist Gottesdienst» wurde Tag und Nacht gearbeitet. Eines der Lieder der Colonia Dignidad berichtet über einen nächtlichen Ernteeinsatz in einem der Täler:

Talaktion auf vollen Touren,
Trecker fahrn die ganze Nacht,
«Bringt die Saaten in die Fluren,
sechs Uhr ist die Schicht vollbracht»

Schäfers notorischer Geiz sorgte dafür, dass die Sachausgaben gering blieben. Der Kaffeesatz und die Teebeutel aus dem *casino familiar* wurden in die Siedlung gebracht und noch einmal aufgebrüht («Kaffebrütt»), bis ein Arzt dagegen einschritt. Immer wieder hungerten Kolonisten und begingen Delikte wie Kartoffeldiebstähle. Die Siedler trugen Sachen aus deutschen Altkleidersammlungen. Die Nähstube verwahrte die Altkleider und reparierte sie. Ersatzkleidung bekamen die Siedler nur, wenn sie das alte Stück zerschlissen ablieferten. Nur bei besonderen Anlässen wie dem gemeinsamen Unterschreiben von Vollmachten für die Pässe, die dann die Botschaft in Santiago en bloc verlängerte, durften sie Sonntagskleider anziehen. Danach spazierten sie noch etwas über die Wiesen, um gleich danach die guten Sachen wieder abzugeben. Einmal in der Woche gab es frische Unterwäsche und im Abstand von vielen Wochen frische Bettwäsche. Die Siedler stanken. Schäfer dagegen liebte den Luxus. Er duschte mehrfach am Tag, trug seidene Hemden und ließ sich im Mercedes 300 kutschieren. Seine Anhänger akzeptierten es.

Vergiftung der Umwelt

Die Colonia Dignidad gab sich als Mustergut aus. Sie wurde nicht müde, ihr gesundes Leben jenseits der verdorbenen und verschmutzten Städte zu preisen und zu vermarkten. Die Supermarktkette Jumbo, deren Besitzer der Deutsche Horst Pollmann ist, vermarktete Produkte der Colonia Dignidad, und die Käufer mochten gedacht haben, sie kauften unberührte Natur. Die Siedlung setzte hemmungslos Agrargifte ein. Die Kolonisten spritzten mit freiem Oberkörper in kurzen Hosen und bestenfalls mit einem Taschentuch als Atemschutz ein als «Abustox» bezeichnetes Entlaubungsmittel, um Brombeersträucher zu entfernen. In der Siedlung erzählte man sich, mit diesem Mittel habe das US-Militär in Vietnam Wälder entlaubt. Die Siedler verbrannten ganze Felder mit Chemikalien. Die Bäume waren gelb von irgendeinem Schwefelpräparat. Die Siedlung übernahm gegen Bezahlung Altöl der Tankstellen in der Region, die wohl glaubten, es werde mit deutscher Technologie sachgemäß entsorgt, und spritzte es auf die Wege, «damit es nicht so staubt».

Das Wasser der Siedlung war hochgradig mit Giftstoffen belastet, wurde aber zur Lebensmittelproduktion und als Trinkwasser auch im Krankenhaus und in der öffentlichen Schule der Siedlung benutzt. In einer Lagerhalle standen viele Fässer mit hochgiftigen Chemikalien. Die Fässer waren so verrostet, dass es riskant war, sie zu bewegen. 2003 besprach der «Herrenabend» das Thema drei Stunden lang. Drei Siedler bekamen den Auftrag, das Problem wie auch immer zu lösen. Kurz darauf waren die Fässer weg. Welche von den auffällig häufigen Krebserkrankungen und anderen Schäden in der Colonia Dignidad auf Vergiftungen zurückgehen, wird kaum je zu ermitteln sein. Es gibt zu denken, dass der von Schäfer missbrauchte Angel Rodrigo Salvo Fuentes, der in der Siedlung gelebt hatte, mit 24 Jahren an Krebs starb.

Gegen die Kaninchenplage setzte die Colonia Dignidad säckeweise vergifteten Weizen ein. Die Adler fraßen die Kaninchen und verendeten. Einmal machten die Siedler einen Ausflug und bewunderten einen weißen Adler. Schäfer riss das Gewehr hoch und schoss ihn ab. «Macht euch die Erde untertan», sagte er dann. Schäfer war das Angeln zu umständlich. Er ließ seine Leute elektrische Kabel ins Wasser legen und tötete die Fische durch Strom. Ein paar Siedler, die noch im Wasser waren, zitterten wegen der Stromstöße. Einer, der mit dieser

Methode nicht einverstanden war, schickte unter einem Vorwand «Onkel Heinrich» an die Stelle. «Onkel Heinrich» war Heinrich Schlüter, ein pensionierter Bundeswehrmusiker, der als Gast Chor und Orchester der Colonia Dignidad einübte. «Onkel Heinrich» wollte einmal einen Termin bei Pinochet, und Hopp schrieb einen Bittbrief an den General. Pinochet beauftragte ihn, die chilenischen Militärkapellen zu verbessern. Auf diese Weise geriet er an Schäfers Siedlung. Sensibel war auch er nicht. Es gibt Videoaufnahmen von ihm, wie er Chor und Orchester der Siedlung mit starrem Blick in die Noten dirigiert. Für Schäfers Untertanen war das Musizieren mit Schlüter ein Freiraum. «Onkel Heinrich» wurde zu einem emotionalen Gegengewicht zu Schäfer. Blickkontakte zu den anderen Spielerinnen und Spielern waren aber immer noch verboten und konnten später bestraft werden. Immerhin konnte Schlüter Schäfer Schlüter konnte Schäfer widersprechen. Er missbilligte Methoden wie das Fischen mit Stromstößen und stellte Schäfer zur Rede. Schäfer rechtfertigte sich damit, der Fisch sei für die Patienten des Krankenhauses.

Der Tagesablauf

Der Tagesablauf richtete sich nicht nach der Sonne, wie man es in der Landwirtschaft erwarten sollte, sondern nach Schäfers Bedürfnissen. Ein typischer Tag in der Colonia Dignidad begann für die «Heilsarmee» um 7.30 Uhr. Ungewaschen gingen die Heilsarmisten die 20 Minuten zum mitten in der Siedlung gelegenen «Zippelhaus», wo sie sich anfangs in einem Graben und später im Bach wuschen. Dann wurde im «Zippelsaal» gefrühstückt. Danach begann im gleichen Saal, auf drei bis vier Gruppen verteilt, der Schulunterricht in der internen Zwergschule. Ein Teil der «Grünen» arbeitete vormittags in den Wirtschaftsbetrieben. Das dauerte bis etwa 12 Uhr. Um 12.30 Uhr trafen sich (für die Männerstimmen) die Heilsarmee, die Askaris, die mittleren Knappen und ein Teil der großen Knappen zum Singen. Dieses Singen wurde durch Predigten und Gebet unterbrochen. Prediger war meist Schäfer, der um 12 Uhr gerade aufgestanden war. Wenn Schäfer irgendetwas während dieses Singens am Mittag nicht passte, mussten sich die Betreffenden zum Beten zurückziehen anstatt weiterzusingen. Die Jungen und die Männer aßen dann später in der Küche, während Schäfer im Saal aß.

Von 15 bis mindestens 21 Uhr mussten sie arbeiten. Um 18 Uhr gab es Kaffee und Schnitten, die aber neben der Arbeit zu sich genommen wurden. Kuchen gab es nur sonntags. Die Arbeit konnte, wenn z. B. Erntezeit war oder Baumaßnahmen anstanden, bis tief in die Nacht dauern. Falls nötig, wurden Scheinwerfer aufgestellt. Für Einzelne konnte die Arbeit durch Musikunterricht unterbrochen werden. Ab 21 Uhr gab es, wenn nicht gearbeitet wurde, Sport, Instrumentalmusik und Proben der einzelnen Chorstimmen. Das Einstudieren besorgte «Onkel Heinrich». Schäfer, der von Musik nichts verstand, studierte nach dem Gehör bestimmte Stellen mit den Musikern ein, bis sie so klangen, wie er es wollte. Er liebte lange Ritardandi.

Jahrzehnte später schrieben Bewohner der Villa Baviera: Von Anfang an bis 1996 standen Gesang und Musik in *Heide* und Villa Baviera unter dem diktatorischen Zwang und Druck Paul Schäfers, der sich im Laufe der Jahre immer mehr verschärfte. Für ihn waren Singen und Musizieren nur Mittel zum Zweck, zur Sicherung seiner Herrschaft bestimmt, und «Beschäftigungstherapie» für die Sänger und Spieler, die sie am Nachdenken hindern sollte. Das bis auf die Minute kontrollierte Üben wurde zur Quälerei, und das tägliche Singen, bei dem das gestern Angeordnete heute nicht mehr galt, zum grausamen Schreckgespenst für die Jungen. Alle öffentlichen Konzerte, Weihnachts- und Neujahrsaufführungen mit der dahinterstehenden Dressur dienten dem Schutz des Diktators.

Einschnitte im Tagesablauf waren der von Lautsprechern in die ganze Siedlung übertragene Signalton (*pito*, spanisch für «Pfiff»). Es gab folgende Pitos:

- Herren-Pito: Er rief die «Herren» zusammen.
- Bereitschafts-Pito: Die «Bereitschaftsgruppe» plante Fluchtvereitelung (s.u.).
- Hunde-Pito: Die Hundehalter sprangen mit scharfen Hunden in den Geländewagen oder kamen zu einem angewiesenen Punkt, um eine Flucht zu vereiteln oder dies zu üben.
- Pifke-Pito: Höchster Alarm bei Flucht.

Bei Einbruch der Dunkelheit konnte der Pito zu einer Versammlung rufen oder Schäfer ging jagen. Wenn weder das eine noch das andere geschah, ging die Arbeit weiter.

Der Feierabend konnte tief in der Nacht beginnen. Am Anfang wurde gebetet. Dann aßen die Siedler nach Geschlechtern getrennt im Saal. Das konnte um 23 Uhr, aber auch um drei Uhr nachts sein. Nach dem gemeinsamen Essen spielten Rebeca Schäfer oder Maria Schnellenkamp

Geige, und danach wurden Briefe vorgelesen, die die Verwandten aus Deutschland geschrieben hatten, die aber den Empfängern nicht ausgehändigt wurden. Gelegentlich durften die Siedler harmlose deutsche Filme sehen, darunter Schnulzen mit Heinz Rühmann, wobei auch dort Szenen, die irgendetwas mit Liebe zu tun hatten, im sekteneigenen Studio herausgeschnitten worden waren.

Schäfer hatte bis dahin geruht und einen Jungen missbraucht, während die anderen gearbeitet hatten, und war um 18 Uhr ein zweites Mal aus seinem Schlafzimmer gekommen. Dann aß er in der Küche. Für ihn wurde extra gekocht. Und nun, als alle gegessen hatten, predigte er. Auch die Männer um ihn herum durften predigen. Wenn Schäfer diese Predigten nicht passten, unterbrach er und erniedrigte den Prediger. Nach der Predigt mussten sich die Zuhörer zum Inhalt äußern. Schäfer ging in sie: «Möchte noch jemand was sagen?» Wenn jemand irgendein banales Vergehen beichtete, wurden sie oder er verurteilt mit Sätzen wie: «Ich kann kaum glauben, dass so jemand unter uns rumläuft.» Schäfer fragte: «Wer bin ich für euch?», und bekam Antworten wie «Führer, Helfer, Wundertäter». Je nach Schäfers Laune waren die Siedler «Engel oder Arschlöcher». Wenn eines der völlig übermüdeten Gemeindemitglieder bei der Predigt fast am Einschlafen war, sah Schäfer den «Deibel» am Werk. Die Versammlungen konnten bis lange nach Mitternacht dauern.

Wenn Schäfer auf Jagd gehen wollte, gab es keine Versammlung. Das konnte in der Jagdsaison bis zu fünf Mal in der Woche geschehen. Auch die Jagd begann mit Einbruch der Dunkelheit. Da die Füchse abgeschossen wurden, gab es auf dem Gelände eine Kaninchenplage. Die Jäger fuhren mit dem «Jawo» (Jagdwagen Opel), einem umgebauten Geländewagen, los, der gelegentlich für einen Panzer gehalten wurde. Vorne saßen der Fahrer und Schäfer mit dem Schnellfeuergewehr, daneben ein Mann (meist Alvear) zum Nachladen oder Patronen-Anreichen. Die Jagdgesellschaft bestand weiter aus zwei «Leuchtern», die die Kaninchen mit Scheinwerfern blendeten, zwei «Läufern», die die toten Kaninchen einsammelten, zwei «Einsackern» und zwei «Hundehaltern». Die «Läufer» und die «Einsacker» waren Jungen. Die Hundehalter gehörten zu Schäfers Elite. Wenn jagdlustige Besucher wie Geheimdienstchef Manuel Contreras, Jorge Marín oder Victor Santa Maria zu Gast waren, schossen sie mit. Bei einer solchen Jagd konnten bis zu 200 Kaninchen geschossen werden. Die Jugendlichen mussten sie sofort abhäuten und säubern, damit sie am nächsten Tag im *casino familiar* gebraten werden konnten.

Unterdrückte Sexualität als Herrschaftsmittel

Die sexuelle Unterdrückung ist eine zentrale Bedingung für das ungewöhnlich lange Bestehen der Sekte. Derjenige, dem es gelingt, einen so elementaren Trieb wie die Sexualität durchgängig zu manipulieren, verfügt über einen Schlüssel zur Macht. Die Siedlung war nach außen strikt privat, während es im Inneren keine Privatsphäre gab außer der von Schäfer. Solche Widersprüche führen zu dauernder emotionaler Desorientierung. Schäfer legitimierte die Kontrolle der Sexualität damit, dass ein paar Kinder hinter den Büschen die Hosen runter und die Röcke hoch gezogen hatten. Nun setzte er in einer Versammlung den «Weg der Härte» durch. Die Eltern waren einverstanden. Jüngeren Siedlern wurden alle Informationen über Sexualität, Fortpflanzung und Familie vorenthalten. Schwangere Frauen wurden vor den Blicken der Kinder versteckt. In den Schulbüchern wurde alles, was mit Familien zu tun hatte, überklebt. Was sich nicht ausfiltern ließ, wurde verteufelt. Eines von Schäfers Lieblingswörtern war «Familienpest». Damit meinte er alles, was mit Liebe, Zuneigung, Vertrauen in andere zu tun hatte. Die Ehe stellte er als unrein dar. Geschlechter, Altersgruppen und Familien waren in der Colonia Dignidad getrennt. Sie wohnten in verschiedenen Gebäuden, aßen an getrennten Tischen und schliefen durch Mauern, Drähte und Kameras auf Distanz gehalten. Nur bei hohem Besuch durften sie «bunte Reihe» machen. Über Lautsprecher wurde dann «Partnerwahl» erlaubt. Schon die Kinder wurden auf Geschlechtertrennung getrimmt. Im «Spielgarten» war ein Zaun zwischen Jungen und Mädchen. Wenn chilenischer Besuch kam und die Colonia Dignidad damit angeben wollte, wie sie sich der chilenischen Waisen annahm, wurden die Kinder in einen gemeinsamen Sandkasten gesetzt. Geschlechtertrennung und rigide Kleiderordnung sorgten dafür, dass die Siedler, die als Kinder in die Sekte gekommen waren, nur vage Vorstellungen vom Körperbau des anderen Geschlechts hatten.

Schäfer duldete keine Selbstbefriedigung. Die Bettdecke musste bis ans Kinn hochgezogen sein, und die Arme mussten auf der Decke liegen. «War heute was?» war eine seiner häufigsten Fragen an die Jungen. Das sollte heißen: Hast du onaniert? «Guck mir in die Augen!» ging es weiter. Zum Beweis, dass «heute nichts war», mussten die Jungen dann zu ihm ins Bett und eine Erektion vorweisen. Erektionen waren «Anfechtungen», gegen die die Jungen Spagat machen mussten. Schäfer dürfte sich dabei erregt haben. Die Ejakulationen, zu denen Schäfer den Jungen verhalf, waren gleichzeitig Übergriff und doppelte Entlastung. Sie entlasteten vom Trieb und vom schlechten Gewissen, denn was Schäfer tat, galt als Vollzug göttlicher Liebe.

Heimliche sexuelle Beziehungen waren unmöglich. Schäfer untersagte auch alle erotischen Kontakte, Annäherungen und Liebesbriefe und machte dann wohldosierte Zugeständnisse. Auch hier funktionierte seine Methode der Ausforschung, Züchtigung und Privilegierung. Das zeichnete sich bereits in Deutschland ab, aber erst in Chile, wo es keine korrigierende Außenwelt mehr gab, konnte Schäfer die Unterdrückung der Sexualität zu einem fast perfekten Machtinstrument ausfeilen.

Schäfers psychologische Kontrollen reichten sogar über den Atlantik. In der nach der Ausreise weiterbetriebenen Niederlassung der Colonia Dignidad in Siegburg herrschte eine muffige Atmosphäre sexueller Scheinheiligkeit und peinlicher Spielchen. Alle waren krank. Es gab keine Abgrenzung zwischen den Tante-Emma-Läden und dem Privatbereich, Schäfers Gesandtschaft arbeitete im Morgenrock, nahm Akten mit ins Schlafzimmer, diktierte Briefe auf der Bettkante und telefonierte unter der Bettdecke.[3]

Schäfer hätte so etwas nie geduldet. Aber er war weit weg, und Sozialämter, Journalisten und Verwandte, die den Ausstieg ermöglicht und dem Spuk ein Ende hätten bereiten können, waren greifbar nahe, aber das Siegburger Häuflein blieb per Fernbeichte und gegenseitige Spitzelei seinem Führer treu. Einer nur, Alfred Schaak, wollte offenbar aussteigen und zahlte dafür mit dem Leben (s. u.).

Selbst Ehepaare, die in den ersten Jahren ihrer Sektenzugehörigkeit oder als späteres Zugeständnis geheiratet hatten, mussten getrennt leben. Auf diese Weise entstand eine Generationslücke, die teilweise dadurch wettgemacht wurde, dass Siedlerehepaare chilenische Kinder adoptierten oder Kinder aus der Umgebung, die von ihren Eltern in die Schule oder das Krankenhaus der Colonia Dignidad geschickt worden waren, nicht wieder herausgaben. Schäfer, der der Form halber mit Maria Strebe verheiratet war, adoptierte das Mädchen Rebeca. Offenbar war es der Kinderwunsch, der zu folgendem Traumbericht führte: «Während wir da draußen waren, kam ein Flugzeug über uns geflogen.

---

3 Heller 1993 S. 51. Die internen Akten der Colonia Dignidad, die vor allem nach der Flucht Baars angelegt wurden, schildern dieses Milieu in vielen Einzelheiten. Sie liegen im Archiv des Hamburger Instituts für Sozialforschung. Siehe hierzu auch Heller 1993.

Wir wussten, dass das Flugzeug bei uns gelandet ist. Die da drin waren, wurden auf eine lustige Art und Weise empfangen. Wie, das weiß ich nicht mehr. Sie wurden empfangen, als wenn es Deutschländer[4] wären. Als sie auf der Bühne standen und begrüßt wurden, sahen wir, dass es alles Kinder waren, kleine und auch größere Kinder. Als ich dann auf die Bühne ging und sie begrüßte, fragte ich sie, wie sie denn heißen. Als sie mir ihre Namen sagten, kamen mir die Namen bekannt vor, als wenn sie verwandt wären mit uns hier.» Ein Siedler kommentierte die Verlesung dieses Traumes: «Ähnliche Offenbarungen haben wir früher schon gehabt.» Träume galten als göttliche Offenbarung.

Der Sexualtrieb ist zu elementar, als dass er sich vollständig unterdrücken ließe. In der Colonia Dignidad bildete sich eine strikte Hierarchie sexuell Unterdrückter und Privilegierter heraus. Schäfer selbst besaß ein homosexuelles Monopol. Mehr als eine Generation von Jungen musste mit Schäfer unter die Dusche und ins Bett. Schäfer bestellte je zwei Jungen zu sich, die «Sprinter». Einer fungierte als Adjutant, der andere als Sexualobjekt. Es war ein Privileg, zu den «Sprintern» zu gehören. Sie durften mit Schäfer im Auto fahren, fernsehen oder bekamen kleine Geschenke wie Kosmetikartikel. Efraín Vedder, den Schäfer oft dreimal in der Woche zu sich holte, zog damit den Neid der anderen Jungen auf sich (Vedder 2005 S. 82, 79).

Der alternde Schäfer machte einen chilenischen Jungen, der gegen Ende der Diktatur begeistert als Freiwilliger an der «Dauerwache» (s. u.) teilnahm, zum Sprinter. Als Erwachsener beschreibt das Opfer diese Rolle: «Es war, als ob man sein persönlicher Adjutant oder Sklave war. Schäfer hatte ein Glasauge und brauchte eine Lupe um zu sehen. Wenn du einen Jungen mit Lupe gesehen hast, konntest du sicher sein, dass er Sprinter war. Ich war es viele Male. Der Sprinter musste Schäfers Schlaf bewachen, ihn auf seinen Reisen und täglichen Ausgängen begleiten, in einem Büchlein alles aufschreiben, was zu erledigen war, ihm seine Medikamente zur richtigen Uhrzeit im Tablettenkasten geben, sein Frühstück, Mittagessen und Abendessen koordinieren usw. ... Er fasste mich an, dieser Chef des großen Werkes, von dem alle nur Gutes sagten. Ich war auserwählt, lernte Deutsch, es war für mich ein Traum. Deshalb habe ich den Missbrauch in meinem Kopf als normal empfunden. Schäfer hat mich immer wieder in dem Maße missbraucht, wie er

4 in der Sprache der Sekte Deutsche aus Deutschland

konnte. Er hat mich befingert, masturbiert, verlangte, dass ich ihn oral befriedigte, und mehr als ein Mal versuchte er mich zu penetrieren.»[5]

Mit Schäfer im Bett gewesen zu sein erzeugte eine ambivalente Mischung aus Ekel und Zuneigung (Vedder 2005 S. 89). Sexualität, Gewalt und Erniedrigung gehörten für diese Jungen unauflöslich zusammen. Ihre Eltern, die noch die Moral des deutschen Protestantismus mit nach Chile gebracht hatten, standen in dem Konflikt, ihre Kinder der Lust des Führers geopfert und dann geschwiegen zu haben. Entlastung für diese Schuldgefühle hätte es nur im Sektenkollektiv geben können, und das beherrschte Schäfer.

Der enge Führungskreis um Schäfer durfte verheiratet sein, oder – wie im Fall des Arztes Hartmut Hopp – außerhalb der Siedlung sexuell freizügig leben. Hochzeiten bedurften der Erlaubnis Schäfers. Die Sektenleitung suchte die Paare füreinander aus. Nur die «Gereiften», in der Regel diejenigen über 40 Jahre, durften heiraten. Bis dahin waren die Frauen «Mädchen», die Männer «Jünglinge». An die Stelle von Pubertät, Reife und erster Liebe trat ein kollektiver Infantilismus, eine Welt der Onkel und Tanten. Um den Trieben ein Ventil zu öffnen, erlaubte Schäfer 1966 eine Massenhochzeit. Offenbar sollten damit auch die Turbulenzen nach der Flucht Wolfgang Müllers 1966 (s. u.) beigelegt werden. Hopp bekam nach einem Fluchtversuch die Ehe gewährt; mit einer Frau allerdings, die nach Einschätzung damaliger Mitbewohner durchaus nicht nach seinem Geschmack und neun Jahre älter war. Es war Dorothea Witthahn («Dorchen»). Sie war vom Typ der herumkommandierenden Stationsschwester der fünfziger Jahre und war in der Kolonie unbeliebt, weil sie als Krankenschwester ein williges Instrument für Schäfers Machtambitionen war. Die Ehen wurden im engsten Kreis geschlossen und blieben den meisten Siedlern verborgen. Da Schäfer die Ehen erlauben musste, ihren Vollzug aber kontrollierte, entstand eine weitere ambivalente Situation. Der Gewährende war zugleich der Einschränkende. Der Bedroher war auch der Retter, – Schäfer hetzte Schäferhunde auf Kinder und pfiff sie wieder zurück. Es gab keine orientierenden Maßstäbe.

Missbrauchte Jungen leiden später unter der Angst schwul zu sein. Für die von Schäfer missbrauchten Männer war die Ehe die einzige Möglichkeit sich selbst zu beweisen, dass sie es nicht waren (manche gestanden sich schließlich das Gegenteil ein). Schwulsein war mit Miss-

---

5 COLONIA DIGNIDAD: NUEVE VÍCTIMAS RECLAMAN INDEMNIZACIONES POR MÁS DE $800 MILLONES, http://ciperchile.cl/2015/10/19/lideres-de-villa-baviera-niegan-validez-de-acuerdo-para-indemnizar-a-victimas-de-schafer/

brauch assoziiert und konnte in der Siedlung, außer von Schäfer, nicht ausgelebt werden. Die Ehe als Ausbruch aus dieser Zwangslage bedurfte aber der Genehmigung dessen, der diese Lage verursacht hatte. Schäfer hatte das Recht der ersten Nacht mit den Jungen und gleichzeitig die Kontrolle über deren erste heterosexuelle Nacht. Die verheirateten Männer hatten Mühe, das Stigma des Vergewaltigten zu überwinden, und ein sexuell erfülltes Eheleben bahnte sich auch bei Aussteigern nur mühsam oder überhaupt nicht an.

Die Verheirateten unterschieden sich in diejenigen, die ein gemeinsames Zimmer bewohnen durften, und die, die zum allenfalls geduldeten Geschlechtsverkehr auf Schuppen, Ladeflächen von LKWs und im Gebüsch angewiesen waren. Die Familie des Ehepaares Wieske schickte aus Deutschland ein Ehebett, das Schäfer umgehend für sich selbst konfiszierte: Selbst dieses Bett, der Inbegriff von Missbrauch, wird ambivalent wahrgenommen. Heute schläft ein Siedlerehepaar darin und ist stolz darauf (Florian Gallenberger am 26.4.2016 im AA, s.u.). Ehepaare, die 1961 nach Chile gekommen waren, bekamen erst 1979 ein Zimmer. Das Privileg eines eigenen Zimmers brachte manchmal eine große Zahl kurz hintereinander geborener Kinder hervor. Selbst das zugestandene Ehebett wurde noch kontrolliert. Ein Paar, das in der liberalisierten Endphase heiraten wollte, musste vorher unterschreiben, dass der Mann die Frau nicht unbekleidet sehen durfte. Nur im Dunkeln durften beide nackt sein. Als das Paar zum ersten Mal alleine war, weinte sie und sagte, das sei doch Sünde. In der Spätphase der Colonia Dignidad schloss das Privileg der Verheirateten einen Fernsehapparat ein. Das band sie noch an die Sekte, als Schäfer schon weg war, denn der Fernsehapparat war Eigentum der Colonia Dignidad.

Unterhalb der Verheirateten standen die ledigen Männer, die, wenn sie jung zu Schäfer gestoßen waren, von ihm in ihrer emotionalen Entwicklung gründlich beeinträchtigt worden waren.

Nach den Männern kamen die zeitweise bis zu 150 Frauen. In der *Privaten Socialen Mission* der deutschen Sektenphase und in der Auswanderergruppe gab es mehr Frauen als Männer. Sie waren zu passiven, geschlechtslosen Arbeitswesen geworden. Solange die Sekte in Deutschland war (und vielleicht auch in Chile), wurden nur die Mädchen mit «Teufelsblamieren» und «Schinkenklopfen» (Exorzismus durch Schläge) misshandelt, um ihnen die «Hurengeister» auszutreiben (Heller 1993 S. 49). Die Frauen mussten die Haare zu einem Dutt nach hinten binden, und sie trugen Schürzen und Kopftücher. Bezeichnend für die Einstellung der Colonia Dignidad zu Frauen ist die Verurteilung Lotti Packmors nach deren Flucht im Februar 1985 als «heilloses Weib». Ihr wurden alle nur möglichen Laster angedichtet (Heller 1993 S. 47ff). Schäfer verachtete die Frauen als «die Langhaarigen». Als Heranwachsender hatte er seine Mutter gescheucht, beleidigt und «wie eine Kellnerin» behandelt (Gemballa 1998 S. 59). «Die Weiber haben in der Gemeinde zu schweigen», sagte er in freier Wiedergabe eines Bibelzitats (Vedder 2005 S. 144).

Schäfers Frauenfeindschaft ging so weit, dass er die größeren Mädchen ohne Narkose mit elektrischen Viehtreibern, die in die Vagina gesteckt wurden, sterilisieren ließ. Dazu wurden sie nachts mit verbundenen Augen ins Krankenhaus der Siedlung geführt. Damit unterschieden sich die Misshandlungen an den Deutschen und an den chilenischen Gefangenen nicht mehr prinzipiell. Die Frauen der Colonia Dignidad waren in vieler Hinsicht die Letzten der Letzten. Während die Verbrechen der Sekte und Schäfers sexuelle Übergriffe gegen die Jungen nach und nach bekannt und schließlich bestraft wurden, blieben die Misshandlungen der Mädchen unerwähnt und ungesühnt. Erst als die mittlerweile erwachsenen Frauen in Deutschland von einem Arzt zum anderen liefen, weil sie keine Kinder bekommen konnten, sickerte etwas durch. Eine der Frauen rief den mittlerweile verstorbenen (s. u.) Ex-Siedler Wolfgang Müller an, der selbst schrecklich unter Schäfers Regime gelitten hatte. Sie hatte sich an seine Stimme während der Zwangssterilisation erinnert. Der Mann musste zugeben, dass er gezwungen worden war, sie damals in der Sterilisationsnacht zu vergewaltigen, offenbar, um die Wirkung komplett zu machen (hierzu ausführlich Fröhling 2012).

Die Vorherrschaft der Männer über die Frauen war so selbstverständlich, dass sie auch im Außenverhältnis demonstriert wurde. Brigitte Mücke, die Frau des Führungsmitglieds Gerhard Mücke, der später wegen seiner Beteiligung an einer Massenerschießung von politischen Gefangenen auf dem Siedlungsgelände zu Haft verurteilt wurde, schrieb in einem herausgeschmuggelten Brief an die deutsche Botschaft, dass sie nicht raus durfte. Ihre Mutter in Deutschland lag im Sterben, und sie wollte sie noch einmal sehen. Die Botschaft schrieb an Frau Mücke, sie möge bitte alleine dort erscheinen. Stattdessen kam Gerhard Mücke mit einer vorbereiteten Erklärung, in der stand, seine Frau sei verrückt und die Ehe am Zerbrechen.

Schäfer gelang eine seit Ende der Sklaverei wohl einzigartige Karriere als Kinderschänder. Nur in der Colonia Dignidad und nur unter dem

Schutz einer Diktatur wie der Pinochets konnte eine Einzelperson so unumschränkt über so viele Knaben verfügen. 2004 schrieb Martin Schäfer, der als Mitarbieter der Deutschen Botschaft in Santiago die Siedlung besuchte (s. u.), in einem Bericht, dass «die Gründung der Kolonie durch Paul Schäfer [...] auch als die vorsätzliche Einrichtung eines perversen Systems (erscheint), das dem Gründer einen unerschöpflichen Vorrat an Sexualobjekten zu verschaffen half».

So sehr Paul Schäfer seinen Genuss nach einem rigiden Reglement optimierte, blieb ihm offenbar doch die Befriedigung versagt. Er hatte, wenigstens in älteren Jahren, offenbar Probleme mit der genitalen Befriedigung. «Schäfer selbst hatte offenbar nie eine Erektion. Ihm reichte wohl die Berührung», schreibt der von ihm missbrauchte Vedder. «Komm, hast du mich denn gar nicht lieb», sagte der Allmächtige, der im Bett eine piepsige Stimme bekam. Vedder musste sich auf seinen dicken Bauch legen und den Penis zwischen seine Beine stecken. «Er grunzte. Ich ruckelte ein bisschen hin und her, dann kitzelte er mich und warf mich ab.» (Vedder 2005 S. 48). Andere Berichte deuten auf Penetration. War Schäfer ein Machtmensch mit Potenzproblemen auf der Suche nach Zärtlichkeit?

Eine psychologische Deutung von Schäfers Persönlichkeit scheitert – jedenfalls bisher – am Mangel an Selbstzeugnissen. Die Beschreibungen, die es zu seiner Führungsclique gibt, deuten auf ein starkes Element von Sadismus hin. Das mag auch auf Schäfer selbst zutreffen: «Es war Paul Schäfer Befriedigung und Genugtuung, Menschen leiden zu lassen und leiden zu sehen; besonders solche, die ihm nicht gefielen oder die er als Gegner betrachtete. Darin sehen wir heute einen sadistischen Zug seiner Persönlichkeit.» (s. Anhang: Junge Ehepaare aus Villa Baviera erklären)

Reinheit in einem Schweinestall

Schäfers Sexualritual begann mit dem Befingern der Jungen beim Duschen. Die Jungen, die er gerade begehrte, nahm er aus den gemeinsamen Duschräumen mit in seine Privaträume. In seinem geräumigen und luxuriösen Badezimmer gab es Duftwässerchen und Salben aller Art, mit denen er sich und die Jungen traktierte. Außerdem war dort ein kleines Solarium, das seine Lieblingsjungen benutzten, um schöner auszusehen. Wenn die Jungen nach Herrenwasser duftend zu ihren nach

Schweiß stinkenden Kameraden zurückkamen, waren diese neidisch. Auch hier funktionierte das System von Repression und Privilegien.

Für Schäfer gehörten Reinlichkeit (das notorische Duschen) und sexueller Missbrauch eng zusammen. Hing er einer fixen Idee von reiner Liebe an, deren Medium er selbst war? Seine sexuellen Praktiken mischten sich jedenfalls mit religiösem Wahn. Er vermittelte die Liebe Gottes: «Das ist Liebe, reine Liebe. Wenn du voller Liebe wärst, so wie ich, würdest du dich auch nicht so schlecht benehmen, und wir könnten die besten Freunde sein. Ich will dir all meine Liebe schenken.» (Vedder 2005 S. 89). In der «Öffentlichen Erklärung an unsere Mitbürger in Chile und Deutschland» von 2006 heißt es: «Die Kinder, in völliger Unkenntnis über die Geschlechtlichkeit gehalten, verpflichtete er (Schäfer), niemandem zu erzählen, was ihnen geschah, noch verstanden sie, was Schäfer mit ihnen machte, und sie verwechselten seine Abartigkeiten mit besonderen Liebesbeweisen dieses Abgottes, zu dem er sich gemacht hatte».

Schäfers Reinheitsgebot und sein eigener Waschzwang standen in scharfem Gegensatz zu den frigiden Hygienebräuchen seiner Anhänger. Statt Badehosen gab es für die männlichen Bewohner Turnhosen, die auch außerhalb der Sportstunden als kurze Hosen getragen wurden. Sie wurden in der Nähstube mit einem Gummiband an den Beinen versehen, um unzüchtige Blicke und Handlungen auszuschließen. Diese Hosen trugen die Jungen auch beim Waschen. Vor dem Waschen gingen die Jungen und Männer in die Duschkabine und zogen sich um, was niemand außer Schäfer sehen durfte. Dann steckten sie ihre Kleider, in denen die Namen eingenäht waren, in Säcke mit der Aufschrift «Strümpfe», «Hosen» usw. und nahmen eine tragbare Waschschüssel, die zum Erkennen verschiedene Farben und auf der Unterseite den jeweiligen Namen hatte. Sie füllten das Becken mit Wasser und trugen es an eine andere Stelle, wo sie sich wuschen. Sie hatten jeweils einen Waschlappen und ein Handtuch für «obenrum» und für «untenrum», d. h. die Füße. Der Hintern kam erst am Samstag dran, denn da durften sie duschen.

Päderasten ziehen Befriedigung aus der Zerstörung der Psyche von Kindern und Jugendlichen. Sie sind ständig auf der Suche nach neuen Opfern. Zu diesem Zweck müssen sie das Vertrauen der Kinder und ihrer Eltern gewinnen. Verstellung wird zur Routine. Sie spalten die Rolle als «guter Onkel» so gründlich von ihrem Selbstbild ab, dass der Doppelstandard zur Normalität wird. Das mag den Widerspruch zwischen Schäfers Bestehen auf Reinheit und Wahrheit und seinen Sexualpraktiken, zwischen seinen Predigten und seinem Konsum von Pornofilmen, seinen Seidenhemden und den Lumpen seiner Anhänger erklären. Die gesamte Colonia Dignidad mit ihren Gemeindeversammlungen, ihrem Chor, ihren Sportgruppen und Wohltätigkeitseinrichtungen wäre nach dieser Lesart ein Mittel, mit denen Schäfer das Vertrauen der Eltern und Jungen gewinnen wollte, ähnlich wie das scheinbar selbstlose Angebot von Päderasten zum Babysitten und die Tafel Schokolade. Ob Schäfer psychisch krank war, ist kaum zu ermitteln. Die Berichte von Schäfers Opfern deuten auf malignen Narzissmus hin, wie mir Niels Biedermann, der Therapeut der Villa Baviera, sagte.

Schäfer war ein Meister der Inszenierung. In Deutschland inszenierte er gerne Aufführungen von Laientheatern. In einem kurzen Filmausschnitt aus der Zeit in Deutschland, der überliefert ist, spielt er eine kreischende Hexe. Das höhnische Lachen gelingt ihm gut. Die knappe Szene sagt viel über ihn: Die Hexenmaske verhüllt zwar sein Gesicht, zeigt aber zugleich seine wahre Natur. Er spielt das Böse, das er real verkörpert. Er vertauscht die Rollen von Mann und Frau. Er beherrscht die Szene, indem er sich verstellt. Damit weicht er jeder Identifikation aus; Kritik, die auf ihn zielt, trifft daneben. «Der Mann hat ein bemerkenswertes Talent für Inszenierungen», erinnert sich ein damaliger Bekannter (Gemballa 1998 S. 61). In Chile organisierte er Musik- und Turnfeste, Demonstrationen und Staatsbesuche. Er inszenierte sich selbst vor der Presse als «schwarzes Schaf», das den Chor dirigierte statt Fragen zu beantworten (Heller 1993 S. 229); er inszenierte 1966 seinen eigenen Selbstmord und letztendlich die ganze Colonia Dignidad als Folklore und Bayerndorf. Kinder mussten in Lederhosen und mit Tirolerhut Schuhplattler tanzen, wenn Besucher aus Bayern kamen. Der Saal wurde in den bayrischen Landesfarben geschmückt. Waren es chilenische Offiziere, bediente Schäfer deren Erwartung an deutsche Kriegsveteranen des Zweiten Weltkriegs und gab den Helden. In seinem Badezimmer stand ein *bidet*, um diesen Besuchern Heterosexualität vorzuspiegeln. Für Besucher, die den Zerfall der Familie durch den Kommunismus beklagten, inszenierte er mit seinen bunten Reihen ein heiles Familienleben. Der Waffenhändler Mertins sagte aus, er habe Schäfer auf den Vorwurf der Homosexualität angesprochen, und der habe bei seinem Ehrenwort erklärt, er sei «völlig normal veranlagt», sei verheiratet gewesen und habe ein Kind. Jeder bekam die Antwort, die er hören wollte.

Wie er Reinheit und Schändung in seiner Person vereinte, so log er sein ganzes Leben lang und bestand zugleich auf der Wahrheit, die ans Licht kommen müsse. «Wir mahnen im Namen der Wahrheit», heißt es in der Erklärung zum Hungerstreik 1977, und in der Festschrift von 1976 legt die Colonia Dignidad ein «ungewöhnliches Wahrheitsbekenntnis» ab (dieser Text ist eine Art Gründungsurkunde, s. Heller 1993 S. 37). Wenn Schäfer wirklich einmal widerlegt war und eine Antwort schuldig bleiben musste, setzte er sein zynisches Lächeln auf.

Schäfers Privatreligion und seine amoralische Praxis gewährten keine psychische Sicherheit. Alles war ambivalent. Unter diesen Umständen konnten sich keine zuverlässigen moralischen Maßstäbe herausbilden. Wer dort aufgewachsen war, kannte nur die Moral der Führungsclique. Schäfers Predigten gaben die Normen vor. Den Widerspruch, dass der Ursprung der Moral gleichzeitig ein Schmutzfink war, spürten Einzelne, die Sekte als ganze konnte ihn nicht auflösen. Einzelne ballten die Faust in der Tasche, aber für sie waren die Maßstäbe vor ihrem Eintritt in die Sekte nur noch Erinnerung, und die Jüngeren hatten keine Vergleichsmöglichkeiten. Im Rückblick könnte sich die Colonia Dignidad als Feldversuch der Morallehre erweisen: Menschen wie Efraín Vedder, die 35 Jahre lang nur die Colonia Dignidad kannten, hatten noch ein Gewissen. Er war der Erste, der die Siedlung nach Schäfers Abtauchen verließ.

Die Flucht zweier Ehepaare 1984/1985 und die Opposition gegen die Führungsclique, die sich am Ende herausbildete, waren Proteste der unterdrückten Triebe und Initiativen derjenigen, bei denen diese Unterdrückung nur unzureichend gelungen war. Im Jahre 2002 hatte Efraín Vedder begonnen, als Baggerfahrer außerhalb der Colonia Dignidad zu arbeiten. Chilenische Arbeitskollegen machten sexuelle Anspielungen, und der mit seinen 34 Jahren heterosexuell absolut unerfahrene Vedder wurde rot. Da bekamen sie Mitleid und spendierten ihm seine erste Erfahrung mit einer Prostituierten. Sie war «eine perfekte Lehrerin, und ich werde ihr Andenken immer bewahren», schreibt Vedder (Vedder 2005 S. 194). Noch am selben Abend verkündete er in der Siedlerversammlung, dass er die Colonia Dignidad verlassen werde.

Religion als Herrschaftsmittel

Schäfer hielt sich für Elias, den «verheißenen Propheten des Weltuntergangs». Sein Sendungsbewusstsein kannte keine Grenzen. Seine weltlichen Ideale waren Karl der Große, der spanische Diktator Franco und Preußens Soldatenkönig. Seine Anhänger glaubten, er sei ein Medium, durch das Gott wirke. Durch Gott war alles vorbestimmt. Deshalb konnte es keine Willensfreiheit geben. Auf Erden galt Schäfers Wille, und wer sich dagegen auflehnte, lehnte sich gegen Gott auf. Misserfolge waren ein Versuch Gottes, die Glaubenstreue der Sektenmitglieder auf die Probe zu stellen.

Die Foltersekte ging aus ehrenwerten Bürgern hervor. «Die meisten Jugendlichen und Erwachsenen, die sich (von Schäfer) verführen ließen, waren vorbildliche Christen» (Die Gemeinde, 1988), schreibt Dr. Günter Wieske, dessen Bruder die Colonia Dignidad als Architekt mit aufbaute. Dieses fundamentalistische Christentum der fünfziger Jahre richtete sich nach der Gemeindespaltung zunehmend nach innen. Statt nach außen zu missionieren, drang Schäfer immer tiefer in die Seelen und Körper seiner Anhänger ein.

Bei einem seiner Besuche in der Colonia Dignidad wollte der Münchner Stadtrat Wolfgang Vogelsgesang (CSU) wissen, ob diese eine christliche Kolonie sei. Die mehrdeutige Antwort: «Schweigen. Es herrscht völlige Toleranz. In der Schule hängt ein Kreuz.» Die Colonia Dignidad legte nach außen kein religiöses Bekenntnis ab. Statt Gottesdienst gab es Versammlungen, die Pflicht waren. Sie waren eine Mischung aus Kasernenhofgebrüll, Erniedrigungen, Beleidigungen und salbungsvollem Gerede. Schäfers Predigten konnten bis zu vier Stunden dauern. Er predigte die Wahrnehmbarkeit Gottes und die Existenz des Teufels. Der Teufel war so präsent in der Siedlung, dass Schäfers Anhänger glaubten, ihn körperlich abschütteln zu müssen, weil er ihnen im Nacken saß. Schäfer hatte, wie seine früheren Opfer berichten, das Satanssymbol in seinem Zimmer hängen, ein umgekehrtes Kreuz.

Schäfer las aus der Bibel, was in seinen Plan passte. Er wetterte gegen die Familie, die er wegen ihrer heterosexuellen Ausrichtung «Fleischespest» nannte, und deutete Bibelstellen, die die Glaubenstreue über die Familienbande stellten, als Absage an die Familie. Auf dem Friedhof gab es nur Einzelgräber.

Eine von Schäfer bevorzugte Bibelstelle war die Geschichte von der Bundeslade, die von einigen Männern gehalten wurde, als sie umzukippen drohte, worauf diese Männer starben, weil sie das Berührungsverbot verletzt hatten. Schäfers Moral von der Geschichte war, wie genau man es mit dem Glaubensgehorsam zu nehmen habe. Er predigte das tägliche Sterben und die Auferstehung, Einigkeit der Gemeinde und Hierarchien der Heiligkeit (Vorhof des Heiligen, Heiligkeit, das Allerheiligste), die es zu durchlaufen gelte. Seine Doktrin war das tägliche Emporstreben, das Abwerfen von Fleisch und Sünde. Immer wieder kam er auf die biblische Fußwaschung zu sprechen. Schon in einem Rundbrief an seine Anhänger aus dem Jahre 1956 legt er diese Bibelstelle als Überwindung des Ekels und innere Reinigung aus: «Wasche deinen Freund, Bruder, Schwester ab den Klatsch und den Geiz, die Fleischeslust und das Afterreden» (Heller 1993 S. 235, Fehler im Original). Hier sind Schäfers Duschrituale beim Kindesmissbrauch angelegt.

Bibeln besaßen nur diejenigen, die sie aus Deutschland mitgebracht hatten, und Schäfers engste Anhänger. Sie waren in gotischer Schrift gedruckt und für die Jüngeren nicht lesbar. In der Siedlungsbibliothek gab es neben Klassikern der Literatur auch Bibeln, aber diese Bibliothek war verstaubt und unzugänglich. Mit der Bibel in der Hand hätten die Siedler Schäfer leicht widerlegen können; allein die zahllosen Stellen über die Familie und Sätze wie «Seid fruchtbar und mehret Euch!» waren mit Schäfers Regime unverträglich. Statt der Bibel bekamen die Siedler eine Art Kinderbibel «Schild des Glaubens» von Jörg Erb, die Schäfer aus Geiz fotokopieren ließ. Nur wenige hatten das Original, und dort waren anstößige Stellen wie etwa die Zeichnung von Adam und Eva, die bis zur Hüfte im Blätterwerk steckten, überklebt. Dieses 1941 in der ersten von 60 Auflagen erschienene Buch ist eine Textauswahl mit naiven Zeichnungen. Es ist «in einer Sprache geschrieben, die dem kindlichen Vermögen entgegenkommt» und «dem Kinde wie dem Manne wohl ansteht», so das Nachwort. «Was dem Kinde noch dunkel bleibt, kann sich dem Jüngling enthüllen und dem Manne zu einer Kraft werden», heißt es weiter. Mädchen und Frauen bedurften damals keiner eigenen Erwähnung.

Außerdem durften Schäfers Schäfchen eine Kleinausgabe des Johannesevangeliums haben, die meist auch fotokopiert war. Auch hier waren Stellen, die Schäfer nicht passten, darunter alles, was mit Familie zusammenhing, überklebt oder nicht mitkopiert. Das Johannesevangelium mochte Schäfer wegen seiner gnostischen Tendenz und seiner

Rede von Licht und Wahrheit gefallen haben. Auch die Stellen im Johannesevangelium, die von der «Welt» (im Gegensatz zum Reich Gottes) handeln, mögen Schäfer ein Stichwort gegeben haben. Er wetterte auf die Welt hinter dem Zaun, die ungeistlich, feindlich und ein Reich der Finsternis und des Satans war. Wenn Schäfer mit belegter Stimme von der Liebe sprach, die von ihm ausgehe, dann hielt er sich an den Tonfall des Johannesevangeliums. Schäfer rückte Gott bedenklich nahe. «Wie war das Schäferwort?», sagte einer seiner Anhänger zum anderen, wenn er einen seiner Befehle in Erinnerung rufen wollte. Die Grenze zwischen Schäferwort und Gotteswort war fließend. Schäfer gab seine Auserwähltheit individuell weiter. Er machte jeder und jedem vor, er habe ein besonderes Verhältnis zu ihr oder ihm.

Die Colonia Dignidad verwendete keine christlichen Symbole und Riten. Taufe und Abendmahl waren unbekannt, Hochzeiten und Beerdigungen wurden ohne christliche Sakramente abgehalten. Wo alles heilig war, brauchte es sie nicht. Der Sonntag war Arbeitstag ohne besonderen Gottesdienst. Die Arbeit sei die Feier, sagte Schäfer. Es gab keine christlichen Feiertage. Das Kirchenjahr galt nicht. Weihnachten war offiziell mit der Versenkung eines Weihnachtsmannes im Fluss abgeschafft worden. Als Zugeständnis an die Mitglieder, die das aus Deutschland gewöhnt waren, hielt die Siedlung rudimentäre Oster- und Weihnachtsfeiern ab. Statt des Weihnachtsmannes kam der Krampus (Knecht Ruprecht, gespielt von Reinhard Döring) und las auf der Bühne die Sündenregister der Bewohner aus dem vergangenen Jahr vor. Solche Auftritte waren eine Mischung aus Demütigung, Gelächter und Strafen. An Weihnachten wurden die Bestrafungen ins Komische gewendet, aber immer noch so drastisch, dass bei einer solchen Gelegenheit ein Kind vor Angst in die Hose machte. Nach dem Krampus gab es Hirschbraten.

Gebetet wurde laut und in Gruppen, und das Gesagte wurde, wenn es mit Schuld zu tun hatte, an Schäfer weitergeleitet. Wenn jemand «abgetrieben» war, d. h. aussteigen und fliehen wollte, beteten die Siedler besonders intensiv und betrieben das Zungenreden, das sie schon in Siegburg geübt hatten. Zungenreden bedeutet, dass die Betenden verzückt unverständliche Laute ausstießen und zuckende Bewegungen machten, um den Teufel fernzuhalten. Das Vaterunser war nur als Text bekannt.

Die Beichte wurde zum Herrschaftsmittel. Auch Träume wurden gebeichtet und protokolliert. Die sekteninternen Seelsorgeakten sind voll davon. In diesen Träumen drückt sich verborgene Angst aus. Eine «Mimi» träumt von einer Schlacht, in der der Erlöser erscheint. Es dürfte die apokalyptische Endschlacht zwischen Engeln und Teufeln gemeint sein. Stürzende und strafende Engel tauchen in den Träumen und Briefen der (Ex-)Kolonisten immer wieder auf. [6] Als im Februar 2016 Florian Gallenbergers Film *Colonia Dignidad – es gibt kein Zurück* in deutschen Kinos lief, sahen Bewohner der Villa Baviera erneut den Teufel am Werk, der sie von ihrem angestammten Grund und Boden vertreiben wollte. Jahrzehntelange Gehirnwäsche hat die Sekte so geprägt, dass für sie auch noch in ihrer Zerfallsphase, von der weiter unten die Rede sein wird, die Welt in zwei sauber getrennte Hälften – gut und böse – geteilt ist. Der Film galt als Kampagne, um die Siedlung zu zerstören.

Auch das schlechte Gewissen meldete sich im Traum. Von einem Otto stammt das Traumprotokoll: «Ich habe Blumen für die Toten gebunden, die dieser Hauptmann umgebracht hat. Zumpel hat mir geholfen, die Blumen zu binden, ohne zu wissen, was wir taten. ... Im Inneren fühlte ich Wut. Es war ein symbolischer Akt für all die Chilenen, die dieser Mensch umgebracht hat. Ich erwachte.»[7] 2008 schrieb eine Siedlerin aus der Villa Baviera von «Belästigungen durch Albträume»: «... Vor einiger Zeit hatte ich plötzlich belästigende Träume von der Krankenhauszeit. Sie ist ein so dunkler Schatten in meinem Leben, daß ich sie nicht mehr will. Was mich im Einzelnen quälte, habe ich vergessen ... Mehrere Tage ging es weiter und quälte.»

Die Beichtpraxis war in der Colonia Dignidad genau festgelegt. Wer denunziert wurde, musste irgendetwas zugeben. Das konnten Dinge sein wie «Ich habe Wasser getrunken, obwohl ich keinen Durst hatte». Wer für eine solche Missetat geschlagen wurde, musste innerhalb von 12 Stunden

---

6 Auch ein Traum von 2012 handelt von Absturz: «Vor mir eine helle Felswand mit einer dunklen Höhlung in der Mitte, davor eine dunkle Wasserfläche, in der ein großer Brocken lag, als ob er von oben herabgestürzt wäre. Dann hieß es: «Der Brocken hat nicht schon immer da gelegen. Es handelt sich um eine riesige Dampfmaschine, die sich im Wasser festgefahren hat und nicht mehr heraus zu bekommen war. Jetzt ist sie ein verrosteter, zerfallender Brocken im Fluß. Es war nicht zu erkennen, ob der Fluß in den Berg hinein oder aus ihm herausfloß, überhaupt war keine Strömung bemerkbar. Der Gesamteindruck des Bildes war etwas unheimlich, beklemmend.» Die Deutung des Träumenden zeigt die Art, wie die früheren Sektenmitglieder ihre Traumata verarbeiten: «Das ist ein Mensch, der sich von einem anderen abhängig macht, ihm ganz vertraut, statt nur dem Herrn.»

7 Mit «Hauptmann» könnte Hugo Cardemil gemeint sein, der die *operación cerro gallo* (s. u.) befehligte. (Quelle: JIPOL)

begründen, warum er die Schläge verdient hatte. Der, der geschlagen hatte, musste das Dokument abzeichnen und zu Schäfer bringen (Vedder 2005 S. 57). Konnten die «Herren» bei Geflohenen die Strafe nicht verhängen, hieß es: «Er wird seine Taten vor einem höheren Gericht zu verantworten haben.» An das Beichtgeheimnis fühlte sich Schäfer nicht gebunden. In seiner Zeit in Deutschland denunzierte er jemanden, der einen Inzest gebeichtet hatte, und brachte ihn ins Gefängnis.

Wenn Gebet und Beichte eine Verfehlung ans Licht brachten, war der Teufel am Werk gewesen und musste ausgetrieben werden. Schon in Siegburg geschah das mit Schlägen. Der Rest der Gemeinde musste singen, um die Schreie der Opfer zu übertönen. In Chile kamen zu den Schlägen die Medikamente, Elektroschocks und schwere Arbeiten hinzu. Die systematische Folter an chilenischen politischen Gefangenen, wie sie der Geheimdienst DINA mithilfe der Deutschen in der Colonia Dignidad betrieb, war schon in den Ursprüngen der Sekte angelegt.

Krankheit war Schuld und Schuld Krankheit (Vedder 2005 S. 83). «Wenn du krank bist, hat das doch einen Grund», ging die Rede in der Colonia Dignidad. Die Siedler akzeptierten ihre Krankheiten als Gottesstrafe und als Chance, «nach oben zu blicken». Die Ärzte Hartmut Hopp und Gisela Seewald wurden zu Bütteln dieser Glaubenslehre, das Krankenhaus zu einer Arena, in der der sündige Leib mit der zum Licht strebenden Seele rang.

Diesen Unsinn nannte Schäfer nach seinem Spitznamen tío (Onkel) «Tiologie». «Die Welt hat die Theologie, ihr, meine lieben Kindlein, habt die Tiologie», so Schäfer (nach Klaus Schnellenkamp, persönliche Mitteilung).

Schäfers religiöser Wahn wirkt bis heute nach. Der Architekt der Sekte, Günter Wieske, meinte noch im hohen Alter, Gott habe aus Schäfer gesprochen. Wieske schuf auf dem Reißbrett eine Szenerie für die Wiederkunft Christi, bei der um dessen Stuhl die Hierarchie der Siedlung versammelt ist, und darum herum sammelten sich sorgfältig abgestuft Jubelchöre, das Orchester der Siedlung und die Freunde. Das genaue Datum der Wiederkehr war und ist ein vieldiskutiertes Thema: «Es kann zu jedem Bruchteil von Sekunde über diese Welt hereinbrechen. Jesus spricht: ‹Ich komme bald.› ... Dann wird Er mit seiner Brautgemeinde an einem Tisch sitzen, köstlichen Wein und wunderbare Speisen mit ihnen essen und seine Tafelgäste von Engeln bekellnern lassen. Zur selben Zeit würde der Gnadenstuhl Gottes in einen Richterstuhl des Zorns verwandelt. Mit der Entrückung der Brautgemeinde der letzte Schutz

Gottes von der Erde weggenommen, und der Satan mit seinen dämonischen Heerscharen auf die übrige Menschheit grausam losgelassen. Ab dieser Stunde würde es Felsbrocken vom Himmel regnen, Skorpione, giftige Schlangenheere, gräuliche Monster, die Feuer und Verderben spucken, die schrecklichste Hölle über den Erdball jagen – während sich die ‹gerettete Brautgemeinde mit Jesus Christus› an den herrlichsten Köstlichkeiten am himmlischen Hochzeitstisch laben und ergötzen kann.» Ähnlich ein Traumbericht vom 15.8.2012: «Kurz ehe Jesus wiederkommt, wird nicht mehr gepredigt, sondern nur noch erinnert. Wir – viele ziemlich schnell und dauernd hin und herschwebende Gestalten – erinnern euch an euren Bund mit Gott, den ihr gebrochen und dafür einen mit dem Teufel (Abgott) geschlossen habt.» Ein Weltende, das des Jahres 2000, ging unverrichteter Dinge vorüber. Aber Wieske ließ sich von so etwas nicht beirren. Auf einer Reise in die BRD versuchte er, dort die Hauptstadt für das biblische tausendjährige Reich der Endzeit abzustecken. Seine Eingaben an Bundeskanzlerin Merkel in dieser Angelegenheit waren so sonderbar, dass die Polizei sich bei der angegebenen Absenderadresse meldete.

Gelegentlich finden sich in Dokumenten christlich-antijüdische oder strikt antisemitische Elemente (Heller 1993 S. 26). 1964 schrieb eine Bewohnerin, dass «der größte Teil der übelwollenden und für unsere Arbeit und unser Werk beleidigenden und herabsetzenden Notizen von Juden stammt ... Hier gibt es Juden, die wegen ihrer unlauteren Geschäftemacherei unbeliebt sind, die die körperliche Arbeit scheuen und skrupellos andere Menschen ins Unglück bringen, nur um einen finanziellen Vorteil zu haben ... Hier gibt es einen Bund, der heißt: ‹Die, die nie vergessen›. Das sind Juden, die es sich zur Aufgabe gemacht haben, sich an den Deutschen zu rächen.» (Heller 1993 S. 27). Als die Siedler Hugo Baar und Heinz Kuhn begonnen hatten, gegen Schäfer zu arbeiten, nannte Hopp sie Juden, die nur materielle Vorteile suchten.

Im Alltag der Siedler manifestierten sich Nationalismus und Antisemitismus nicht häufiger als im Deutschland der fünfziger Jahre. Sekten brauchen keine entlehnten Ideologien, sie kommen mit ihren religiösen Versatzstücken aus. Im Falle der Colonia Dignidad mischten sich die Erfahrungen von Zweitem Weltkrieg und Umsiedlung, Flucht oder Vertreibung, des als «Zusammenbruch» empfundenen Jahres 1945 und der Muffigkeit der fünfziger Jahre in Deutschland. Die Vertreibung der Deutschen aus den Ostgebieten des Reiches 1944/1945 wurde zum legitimierenden Motiv für die Landnahme in Chile und, als deren Ursache interpretiert, zu einem Gründungsmythos der Kolonie. Dieser Mythos wurde in Textform (z. B. im «Wahrheitsbekenntnis») und mündlich tradiert und ist bis heute in Erzählungen der Siedler lebendig. Die Colonia benutzt 1988 in einem Passus «Wer sind wir?» die enthüllende Kompromissformulierung, sie habe durch die Auswanderungen «den Schrecken einer Nachkriegszeit» entgehen wollen (Stellungnahme der Colonia Dignidad an den Siegburger Bürgermeister und späteren Bundestagsabgeordneten Adolf Herkenrath). Die Sekte konnte 1961 nicht vor dem Krieg geflohen sein; die Nachkriegszeit war allerdings auch schon um.

Unternehmungen wie die Gründung der Colonia Dignidad sind häufig von einem utopischen Motiv geleitet. Das Vorbild der Schäfer-Sekte war die geld- und besitzlose christliche Urgemeinde von Brüdern und Schwestern. Eine Utopie dieser Art kann überall ihren Ort finden, für sie gilt kein geografischer oder kultureller Kontext. Die Landnahme der Sekte in den chilenischen Vor-Anden hat mit anderen Siedlungsgründungen gemeinsam, dass sie voraussetzte, in einem scheinbar geschichtslos-leeren Raum etwas gänzlich Neues schaffen zu können, wo keine Gesetze gelten außer den eigenen. Der rechtsfreie Raum der Colonia Dignidad in Chile löste die ursprüngliche Utopie ein.

War die Colonia Dignidad eine Nazisiedlung?

Die Colonia Dignidad wird stereotyp als Nazisiedlung («Lager») und Gründung eines geflohenen Nazis bezeichnet. Es gab in dem 1961 ausgewanderten Häuflein aber wahrscheinlich weniger ehemalige Nazis als im bundesdeutschen Durchschnitt. Schäfer war, wie erwähnt, im Zweiten Weltkrieg ein einfacher Sanitäter. Gerd Mücke besuchte die NS-Erziehungsanstalt Bensberg (Brief Willi Georg 12.9.1988). Kurt Schnellenkamp war im Zweiten Weltkrieg Soldat bei der Waffen-SS.[8] Da war er 17 Jahre alt. In einer skizzierten Autobiografie schreibt er: «Als im Laufe der Zeit die Judenverfolgung immer dramatischer wurde, hat mein Vater in Zusammenarbeit mit meinem Onkel aus Berlin unter Einsatz ihres Lebens zwei Judenfamilien nach Schweden zur Flucht verholfen.» Und während seiner Wehrdienstzeit: «Dann bekam ich den Auftrag, eine neue Kiesstrasse fertigzustellen. Ich war plötzlich der Aufseher der Baustelle geworden. Mit ca. 150 gefangenen Juden habe

8 Nach Gemballa war er Mitglied der SS-«Leibstandarte Adolf Hitler» (Gemballa 1998 S. 113).

ich gearbeitet, die von der Schwarzen SS (der «Allgemeinen SS», der die KZs unterstellt waren, D. M.) bewacht wurden. Ich erhielt von ihnen den Befehl, mit den Juden kein Privatgespräch zu führen. Alle Juden sprachen Deutsch. Einige Kunden meines Vaters waren sogar darunter; ebenfalls einige Offiziere aus dem Ersten Weltkrieg; einer von ihnen mit dem EK I. All diese Menschen waren wie wandelnde Skelette. Bei einer kurzen Mittagspause stellte ich mich zu ihnen. Ein junger Mann wickelte aus einem schmutzigen Lappen ein Stück glitschiges Brot, so gross und so dick wie eine Hand. Ich sprach den jungen Mann an. Er antwortete mir: «Bester Herr, dieses Brot ist für siebzehn Mann.» Meine Schnitten, die ich regelmäßig von zu Hause mitbekam, hatte ich noch an meinem Fahrrad. Nach diesem Zwischenfall konnte ich nichts mehr essen, meine Kehle war wie zugeschnürt. Ich zerteilte mein Brot in kleine Würfel und verteilte es heimlich unter einigen dieser Juden. Für den nächsten Tag bat ich von meiner Mutter die doppelte Menge. In mir entwickelte sich ein Hass gegen die SS. Nachts konnte ich nicht mehr schlafen. Ich musste aber immer wieder zur Bausstelle. Die Arbeit hat mir Spaß gemacht; aber innerlich war ich zerrissen. Einige Wochen später nahm mich der Kreisbaumeister in seinem offenen PKW zum Judenlager mit. Kurz vor dem Lager hörte ich dumpfe Schläge. Es hörte sich so an, als wenn Holz abgeladen würde. Als wir auf dem Hof ankamen, sah ich wie die schwarze SS mit dem Gewehrkolben unbarmherzig auf die ausgemergelten Leiber schlug. Ich traute meinen Augen nicht. Einen der Wachleute sprach ich an: «Warum werden die Leute geschlagen?» Er gab mir zur Antwort: «Sie hätten eine jüdische Bibel bei ihnen gefunden und deshalb werden sie dafür bestraft.» Ich empfand einen Ekel gegen die Wachleute, denn das können doch keine Menschen sein. Auf der Rückfahrt sprach ich kein Wort. Unterwegs fasste ich den Entschluss nicht mehr zur Baustelle oder ins Büro des Tiefbauamtes zu gehen. Als ich meine Entscheidung meinen Eltern mitteilte, waren sie außer sich. Sie sagten mir: ‹Junge, du bringst uns ins KZ.› Ich blieb aber bei meinem Entschluss.» Das muss sich nicht genau so verhalten haben, klingt aber authentisch, und es deckt sich mit dem, was er seinen Kindern erzählte. Dann folgt die Schilderung eines Kriegstraumas: «Als ich aus der (Kriegs-)Gefangenschaft kam, war ich sehr sentimental geworden. Ich brauchte dreieinhalb Jahre, um wieder normal zu reagieren. Ich war in der Hauptsache ein Einzelgänger. Ich konnte nicht verstehen, wenn Leute lachten. Ich wusste, dass Gott mich durch das Leben geführt hat. Daß ich im Krig durch Seinen starken Arm bewahrt war. Das Leben gehört mir nicht mehr, dachte ich. So suchte ich Anschluß an einen christlichen Verein.» Dieser Verein war Schäfers Anhängerschaft.

Keiner von ihnen war geflohener Kriegsverbrecher. Damit entfällt die am meisten verbreitete Erklärung für das Phänomen «Colonia Dignidad».

Umso mehr Nazis gab es im Umfeld. Mertins, der Baar als «Halbjuden» (Heller 1993 S. 62) bezeichnete, war Nationalsozialist vor und nach 1945, aber er gehörte nur zum Umfeld der Siedlung und wusste offenbar selbst nicht genau, was dort vorging. Auch der von Hitler hochdekorierte und nach 1945 weiterhin aktive Nazi Hans-Ulrich Rudel war in der Siedlung (s. S. 112), aber er hatte dort eine zeitweise militärische Funktion und mit der Sekte nichts zu tun.

Ein weiterer Nazi im Umfeld der Colonia Dignidad war Elmar Krieg (geb. 4. November 1920 in Mainz). Vor dem Putsch arbeitete er in dem Forstunternehmen *Forestal Arauco*, offenbar als Techniker. In dem 2005 in der Siedlung gefundenen Karteikartenarchiv steht über ihn, dass er die chilenische Kriegsmarine trainiert und in der Colonia Dignidad Nahkampf eingeübt habe. (Die Nahkampfübungen bestätigen ehemalige Bewohner.) Während des Zweiten Weltkriegs habe er mit Admiral Canaris gearbeitet (dem Chef der «Abwehr» der deutschen Wehrmacht, der später zum Kreis der Hitlerattentäter gehört hatte und grausam ermordet wurde). «Er wäre ein erfahrener Partisanenkämpfer von Europa her, hätte in verschiedenen Ländern zu tun gehabt und hätte hier in seiner Papierfabrik auch 2 amerikanische Freunde. Er meinte, in Chile sei es nicht möglich, eine Kanone zu bauen, auch keine Panzerfaust». Laut den Karteikarten war Krieg beim Putsch Tag und Nacht bei (Verhaftungs-)Operationen dabei. Krieg «ist ein Mann, der alles aufs Spiel gesetzt hat, treu, ... aufrecht, ehrenhaft, offen». Er sei «Mitarbeiter des Heeres» (der DINA?) gewesen und dort rausgeflogen, weil er beim Besuch Pinochets in Lota eine Pistole trug und einen Hund leitete. Die Colonia-Bewohner kannten ihn als «Lindes». Dieser «Lindes» erzählte aus dem Krieg, er habe eine Siedlung ausgeräuchert. Eine Frau habe sich bittend vor ihn geworfen. Er ermordete sie mit einem Knüppelschlag in den Nacken («Die Frau hab ich kaltgemacht»). Er habe ein Maschinengewehr an einen Baum gebunden, so dass es in einem vorbeifahrenden Personenzug die Menschen erschoss.

Krieg lebte im chilenischen Los Angeles, zeitweise aber auch in der Colonia Dignidad. Er erkrankte in den achtziger Jahren an Krebs und beging Selbstmord. Schäfer war gerührt und sagte, in ihm singe das

Lied der deutschen Landser: «Ich hatt' einen Kameraden, einen besseren kennst du nicht.» In späteren Aussagen bestätigten Schäfer und Gerd Seewald, dass Krieg mit der DINA oder der CNI gearbeitet habe und ein antimarxistischer Abenteurer gewesen sei.

In der Siedlung arbeitete ein Richard (Ricardo) Röhling («Knüsselböck»), selbst kein Sektenmitglied, der laut Karteikartenarchiv und seinen eigenen Erzählungen im Zweiten Weltkrieg im Team von Wernher von Braun an der Konstruktion der Rakete V2 gearbeitet hatte. Diese «Vergeltungswaffe» beschoss vor allem London. Die US-Militärpolizei habe ihn nach Kriegsende wegen Verletzung der Ausgangssperre in die USA gebracht (was so nicht stimmen kann), wo es ihm nicht gefallen habe. Er sei dann nach Chile gegangen. Das klingt dramatischer als es ist. Tausende von Technikern arbeiteten an der V2, und was Röhling in der Colonia Dignidad machte, war eher Hobby als Kriegsvorbereitung (s. S. 114).

Ein weiterer Freund der Colonia Dignidad, Wilhelm Frisius, war der Sohn von Friedrich Frisius, der im Zweiten Weltkrieg Vizeadmiral der Reichsmarine war. Wilhelm Frisius war ein Freund von Kurt Schnellenkamp. Er war, wie ihn Ex-Siedler schildern, ein gutmütiger Mensch und spielte in der Siedlung auf dem Klavier deutsche Volkslieder. Er kaufte der Colonia Dignidad einen Mercedes ab und verkaufte ihr einen LKW. In Krisensituationen ließ er seine Beziehungen zur chilenischen Justiz und zur Spitze der evangelischen Kirche in Deutschland spielen. «Der olle Frisius» (wahrscheinlich Wilhelm Frisius) unterstützte Walther Rauff, als die BRD 1962 seine Auslieferung beantragt hatte.[9]

Rauff war nach Aussage früherer Siedler mehrfach in der Colonia Dignidad. Wenn er kam, sagte Schäfer: «Heute rauf' ich mir die Haare.»

Hugo Roggendorf, nach Chile geflohener SS-Mann und Freund der Siedlung, sammelte Unterschriften für den in Spandau inhaftierten Stellvertreter Hitlers, Rudolf Heß. Roggendorfs Bäckerei in Concepción war ein geheimer Briefkasten der Colonia Dignidad. Adolf Eichmanns Sohn Dieter war ein politischer Freund Schäfers.[10]

Es gibt weitere Hinweise auf Kontakte der Colonia Dignidad zu deutschen und chilenischen Nazis.[11] Aber keiner davon betrifft die Innen-

---

9 Rauff hatte an weit mehr als 100.000 Juden den Mord mit Gaswagen organisiert und war nach Chile geflohen. Dort arbeitete er zeitweise für den Bundesnachrichtendienst.

10 Schnellenkamp: *Geboren im Schatten der Angst*. Das Lektorat hat Vater und Sohn Eichmann verwechselt.

11 Heller 1993, S. 177 ff. Auch die USA scheinen sich für diese Frage interessiert zu haben, ob es in der Colonia Dignidad Nazis gab. Im August 1975

struktur der Sekte. Eine Karteikarte des 2005 aufgefundenen Karteikartenarchivs berichtet von einem Besucher des *casino familiar*, der das dort aufgehängte Foto der Geschwister Scholl sah und zu seinem Freund Willi sagte: «Haben die (die Colonia Dignidad, D. M.) doch das falsche Parteibuch.» Und dann über die Scholls: «Gott sei Lob und Preis, dass sie die beiden aufgehängt haben.» Die Eintragung auf der Karte ist wertfrei, wenn nicht distanziert. Das Foto hatte die Colonia Dignidad aufgehängt, als sie wieder einmal als Nazilager bezeichnet wurde. Eintragungen auf anderen Karten wie «Freimauerer, Jude, Sozialist» sprechen eine verschwörungstheoretische und faschistoide Sprache, stammen aber nicht von der Colonia Dignidad selbst.

Die Frage, ob die Colonia Dignidad ein Nazilager war, muss differenziert beantwortet werden. Die Sekte war so antisemitisch und vom Nationalsozialismus imprägniert wie das Westdeutschland der fünfziger Jahre. Einer spezifisch nationalsozialistischen Ideologie hing sie nicht an. Die rechte Politisierung der Colonia Dignidad geschah, wie wir sehen werden, erst nach 1970.

Es gab Sektenmitglieder, die im Rückblick ein Verführungskontinuum zwischen dem Nationalsozialismus und der Colonia Dignidad sahen: «Heute der Tatsache gegenüberzustehen, einem Sektenführer auf den Leim gegangen zu sein, ist einfach blamabel ... Nachdem wir politisch, wenn auch wesentlich kritischer, einem Hitler gefolgt waren, nun die Glaubenspleite». Oder der Traumbericht eines einstmals treuen Schäferanhängers vom Dezember 2007, der Hitlers und Schäfers Wahn, die Welt nach ihrem Bilde umzugestalten, vergleicht: In einer Schublade «lagen etwas unordentlich einige Bogen Schreibpapier und einige Gegenstände, die ich nicht identifizieren konnte. (Ein Siedler) sagte: ‹Hier kannst du dir wünschen, was du willst, es wird in Erfüllung gehen. Hitler und Paul Schäfer haben es auch getan.› Auf einem der Blätter in der Schublade war ein Kopf mit Hut von hinten zu sehen, ganz in Schwarz gezeichnet. Ich sagte zu (...): ‹Das ist doch Goebbels.› Auf einem anderen Blatt standen vier unleserliche Namen mit unendlich langen Zahlen dahinter.»

---

kam ein Offizier des Sicherheitsdienstes der (chilenischen, D. M.) Marine spät nachts zur Colonia Dignidad und wollten mit «AS» (Albert Schreiber) sprechen. Mit ihm kamen zwei Männer «vom US-Geheimdienst. Sie waren auf der Suche nach Nazis». (Karteikarte Monsalve Poblete)

Das Interesse nationalsozialistischer Esoteriker für die Colonia Dignidad hat keine Entsprechung in der Denkweise der Colonia Dignidad. Sie wurde aber zum Referenzort vieler Spielarten des Neo-Nationalsozialismus.[12]

NPD-Mann Udo Pastörs brüstete sich gegenüber einem Journalisten, in der Colonia Dignidad gewesen zu sein, und beschrieb auch die Gebäude dort. Als er merkte, dass er sich vergaloppiert hatte, sagte er, er sei nur im *casino familiar* gewesen.

Fluchtversuche

Das Individuum soll im Kollektiv aufgehen. Das gelingt in der Mikrogesellschaft des Lagers gründlicher als in einer totalitären Gesamtgesellschaft. Aber selbst in der Colonia Dignidad, dem hermetisch abgeschlossenen Lager schlechthin, verfügten die Insassen über Reserven. die sie allerdings nicht gemeinsam artikulieren konnten. Schäfer gebot Harmonie und ließ den Teufel vertreiben, das «Böse» eroberte aber in Gestalt von psychosomatischen Krankheiten, Selbstmordversuchen, Fluchtversuchen und vermeidbaren Unfällen das Sektendorf zurück. Vor allem die Möglichkeit der Flucht war ein unausgesprochenes Dauerthema. Flucht, und sei es als zielloses Drauflosläufen, war unbewusster Protest gegen die Triebunterdrückung.

---

12 In einem Video (Geheimgesellschaften: Verschwörungstheorie heute und im Dritten Reich; Aldebaran-Versand Köln 1998) sagt der rechtsextreme Esoteriker Jan van Helsing (= Jan Udo Holey), die polizeilichen Durchsuchungen der deutschen Siedlung Colonia Dignidad in Chile dienten gar nicht der Suche nach «diesem flüchtigen Herrn Schäfer». Er sei der Meinung, ja sogar der Überzeugung, dass diese ganze Medienkampagne gegen Schäfer nur ein Vorwand war, um in die Colonia Dignidad hineinzukommen und die mehrstöckigen unterirdischen Anlagen der Siedlung aufzufinden. Dies habe er, Helsing, schon vor vier Jahren öffentlich gesagt. An anderer Stelle munkelt Helsing davon, dass «Kontaktler» (Menschen, die mit Außerirdischen Kontakt hatten) als «Kinderschänder» diffamiert würden, um einige Zeilen später sich selbst und die Colonia Dignidad in einem Atemzug als Opfer solcher Diffamierungen zu nennen. Dem weiß Helsing hinzuzufügen, dass bei der Polizeirazzia 1998 die Hälfte der Sektenmitglieder auf Nimmerwiedersehen ins Erdinnere abgewandert sei und die chilenischen Sicherheitskräfte sich derart heillos im Erdinneren verirrt hätten, dass sie eilig den Rückzug angetreten hätten. Tatsächlich hat sich ein kleiner Teil der deutschen Siedler in unterirdischen Bunkern verkrochen oder wurde heimlich von Freunden auf Landgüter gebracht. Helsings Phantasien liegt die NS-estoerische «Hohlwelttheorie» zugrunde. (Heller/Maegerle 1998).

Es gab eine Reihe gelungener Fluchten auch der höheren Kader, aber Schäfer verstand es immer, die Geflohenen durch Überredung und Versprechen zurückholen zu lassen. Die Flucht bedrohte als pure Möglichkeit die kollektive Psyche der Colonia Dignidad. Der *pito*, der zu Übungen der Fluchtvereitlung rief, hielt diese Bedrohung im Bewusstsein. Diese Übungen wurden unter dem Vorwand des Geländespiels abgehalten, und die Siedlungsleitung lernte dabei von ihren potentiellen Feinden. Einer oder zwei «Fliehende» bekamen bei diesen Übungen Jacken und Hosen mit dick umwickelten Armen und Beinen und eine Stunde Vorsprung. Sie kletterten über Zäune, schlugen sich durch Brombeerhecken, umgingen versteckte Kameras, wateten den Bach entlang oder blieben durch ein Schilfrohr atmend unter Wasser, bis die Bluthunde sie ausgemacht hatten. Wer dann nicht auf einen Baum klettern konnte, musste sich von den Hunden die Hosen zerfetzen lassen.

Es gab einen zu Alibizwecken inszenierten Fluchtversuch. Die sechzehnjährige Ursula Schmidtke wurde von der Herrenversammlung verurteilt und verprügelt, weil sie zu «kess» war und z. B. die Haare unter dem Kopftuch herausgucken ließ. Sie erhängte sich 1963, wie frühere Bewohner berichten. Sie legten die Leiche auf einen Stein im Fluss Perquilauquen und sagten, sie habe versucht zu fliehen. Dann brachten sie die Leiche ins Krankenhaus. Zwei Tage lang behauptete die Sektenführung, sie sei todkrank, und forderte die Mitglieder auf, für sie zu beten. Dann «starb» sie. Als Todesursache nannte die Colonia Dignidad Lungenentzündung. Nach einer anderen Version wurde sie zu Tode geprügelt und die Leiche ins Krankenhaus gelegt. Es gibt also vier Versionen von Ursula Schmidtkes Tod. Wie sie wirklich starb, wird kaum noch zu klären sein.[13]

Vereitelte Fluchtversuche gab es noch weit über die Zeit der Diktatur hinaus. Anfang 1997 floh eine junge Deutsche aus der Siedlung und wurde von drei Männern gefesselt zurückgebracht. Im Februar versuchte ein chilenischer Bewohner zu fliehen, wurde aber ebenfalls zurückgebracht (*Ercilla*, 7. April 1997). Kurz darauf floh der vierundzwanzigjährige Tobias Müller mit seinem chilenischen Freund Zalo Luna und stellte sich unter den Schutz der deutschen Botschaft in Santiago. Noch 2002 vereitelte die Colonia Dignidad mit scharfen Hunden den letzten Fluchtversuch. Efraín Vedder verließ im selben Jahr bereits ungehindert die Siedlung.

---

13 Anja Jonuleit hält sich in ihrem Roman *Rabenfrauen* offenbar an die älteste Version vom Ertrinken, die falsch sein dürfte.

Versuche in Deutschland lebender Verwandter, jemanden aus der Colonia Dignidad herauszuholen, scheiterten in der Regel. Ein Verwandter reiste 1979 nach Chile und sprach unangemeldet mit dem Ehepaar Szurgelies. Das Gespräch brach im Streit ab. Das Ehepaar gab daraufhin gegenüber der Siedlungsleitung zu Protokoll, dass ihr Sohn Jürgen depressiv sei, «unnormale Verhaltensweisen» zeige und «unerwartete Reaktionen, Wahnideen, Fluchtgedanken usw.» habe, «das fundo» (die Colonia Dignidad) verließe, «Unsinn rede und versuche aus der Welt zu fliehen». Die Colonia Dignidad hat viele solcher unfreiwilligen Protokolle ihrer eigenen Befindlichkeit geliefert. Das Ehepaar Szurgelies war gezwungen worden, das Protokoll zu unterschreiben. Sie gehörten zu den Ersten, die die Gelegenheit einer polizeilichen Durchsuchung der Siedlung zum Abhauen nutzten. Die Polizei half ihnen dabei, musste sich aber dann von der deutschen Botschaft sagen lassen, sie solle das nicht wieder tun. Offenbar gab es damals schon eine Vorgabe, die Siedlung vom Missbrauch zu reinigen, sie aber nicht aufzulösen. Das Ehepaar ging nach Deutschland und stellte eine Strafanzeige gegen die Verantwortlichen der Siedlung, die es dann aber unter dem Druck von Schäfer-Anhängern zurückzog. Ihr Sohn Jürgen Szurgelies lebte seelisch krank weiter in der Colonia Dignidad.

Druck konnte erfolgreich sein. Der noch vor der Diktatur angereiste deutsche Kriminalbeamte Hans Günter Matthusen fuhr zu Colonia Dignidad, um seinen Vater rauszuholen. Er drohte mit einer Hundertschaft chilenischer Polizei, die er gar nicht zur Verfügung hatte, und die Colonia Dignidad rückte den Vater raus.

In der Zeit von der Gründung 1961 bis zu den Enthüllungen über Folter in der Colonia Dignidad 1977 gab es eine gelungene Flucht, die den ersten Skandal der Sekte in Chile zur Folge hatte. Der Jugendliche Wolfgang Müller hatte 1963 zu fliehen versucht und wurde wieder eingefangen. Die deutsche Botschaft, die davon erfahren hatte, schickte zwei Beamte in die Siedlung. Sie ließen sich von Hermann Schmidt einwickeln. Schäfer? Der sei nicht mehr da, man wisse nicht, wo er sei. Nach diesem Fluchtversuch musste Müller die für diese Fälle vorgesehene Sträflingskleidung in auffallendem Weiß und Rot tragen. 1966 gelang ihm die Flucht. Er berichtete auch gegenüber der Botschaft von Schlägen, Gehirnwäsche, sexuellem Missbrauch und Zwangsmedikationen. Vor allem belastete er Schäfer. Der meldete sich mit einem Abschiedsbrief tot.

Das chilenische Parlament setzte eine Untersuchungskommission ein, die vor allem untersuchte, ob das Krankenhaus und die Schule der Colonia Dignidad den chilenischen Bestimmungen entsprächen. In ihrem Bericht vermerkte sie, sie habe nur einen kleinen Teil der Bewohner sehen können, diese dürften die Siedlung nicht verlassen, hätten nicht einmal «das Recht zu lieben» (gemeint ist die strikte Geschlechtertrennung), in der Siedlung gebe es keine Meinungs- und Bewegungsfreiheit und die Colonia Dignidad maße sich Hoheitsrechte an. Diesen Bericht nutzte die Colonia Dignidad später immer wieder zu ihrer Entlastung. Hätten damals die chilenischen Behörden und die deutsche Botschaft ein schärferes Auge auf die Colonia Dignidad geworfen, so wäre Hunderten von Chilenen und Deutschen viel Leid erspart geblieben.

Dabei war die chilenische Kriminalpolizei schon in den 60er-Jahren «genauestens ... über die Verhältnisse» in der Colonia Dignidad informiert, so ein Bericht der deutschen Botschaft vom 22.2.1968, der im Archiv des Auswärtigen Amtes (AA) als Verschlussakte lag und im April 2016 freigegeben wurde. Der Coloniabewohner Nathanael Bohnau hatte bei einer Tour nach Santiago eine Pause genutzt, um in die Botschaft zu gehen. Dort hatte er berichtet, dass scharfe Hunde in der Kolonie die Kinder angreifen und ihnen die Kleider vom Leibe reißen würden, bis sie von Schäfer zurückgepfiffen würden. Die Kolonie behalte auch die Renten der Mitglieder ein. Die Botschaft äußerte gegenüber dem AA wegen möglicher polizeilicher Maßnahmen «Bedenken, ob sie eine Aktion anregen oder sogar unterstützen kann, die zwar einerseits den Schutz eines deutschen Staatsbürgers (Bohnau, D. M.) zum Ziel hat, sich aber andererseits gegen eine zwar umstrittene, aber doch von deutschen Staatsangehörigen getragene Institution richtet» (PA AA 615.483). «Einerseits», «andereseits», «aber doch»: Das dürfte bei den chilenischen Behörden den Eindruck hinterlassen haben, die Botschaft halte ihre schützende Hand über die Sekte.

Die deutsche Justiz leistete ebenfalls einen Beitrag zur Entlastung der Colonia Dignidad. Die 2016 freigegebenen Akten des Auswärtigen Amtes enthalten einen Vermerk der Staatsanwaltschaft Bonn, in dem es heißt, die Aussagen Wolfgang Müllers nach seiner Flucht seien «widerlegt», und melden «Bedenken gegen die Glaubwürdigkeit» an, was angebliche in der Siedlung befindliche unterirdische Anlagen der chilenischen Geheimpolizei angeht. Es könne nicht sein, dass «innerhalb einer so großen Gemeinschaft alle Personen zwangsweise auf dem Gut zusammengehalten werden können, ohne dass dies bei Einzelgesprächen der Betroffenen mit der Botschaft aufgedeckt oder jedenfalls einem parlamentarischen Untersuchungsausschuss (s. o., D. M.) mit seinen weitreichenden Kompetenzen aufgefallen wäre (PA AA 178.920). Inwieweit diese Ferndiagnose der Staatsanwaltschaft Bonn (damals Bundeshauptstadt) die Politik des AA beeinflusste, kann ich nicht sagen, denn die Akteneinsicht war im Mai 2016 zeitlich eingeschränkt und es galt ein Kopier- und Fotografierverbot. Ganz ohne Wirkung wird der Vermerk kaum geblieben sein.

Müller wurde in Deutschland seine Erinnerungen nicht los. Elf Jahre später berichteten *Amnesty International* (AI) und der *Stern* über die Folter in der Colonia Dignidad. Müller konnte nun sein persönliches Leid in einer größeren, politischen Dimension deuten und gründete die «Not- und Interessengemeinschaft für die Geschädigten der Colonia Dignidad» und später den «Flügelschlag – Gegen Kindesmissbrauch durch Sekten e. V.» (beide Hamburg). Dieser kleine Kreis von Frauen und Männern sammelte Informationen und Geld, besorgte Publikationen, legte ein Archiv an und beauftragte einen chilenischen Rechtsanwalt, der die Colonia Dignidad nach Ende der Diktatur mit deren eigenen Waffen bekämpfte. Er überzog sie, wann immer es ging, mit Klagen und Prozessen, die Schäfer schließlich zum Abtauchen zwangen und wegen der hohen Anwaltskosten die Kasse der Colonia Dignidad leerten.

Nach einem Besuch in der Kolonie, bei dem es darum ging, dass zwei Siedler die Botschaft gebeten hatten, ihnen zur Rückkehr nach Deutschland zu verhelfen, verfasste Botschaftsmitglied Dr. Werner Kaufmann-Bühler im Juni 1972 eine Aufzeichnung von 23 Seiten, die eine Reihe von Fragwürdigkeiten aufzählt. So heißt es: «Einiges spricht dafür, dass er [Heinz Schmidt, einer der Ausreisewilligen] gegen seinen Willen am Verlassen der Kolonie gehindert wird.» Bevor Kaufmann-Bühler mit Schmidt sprechen konnte, musste er mit der Ärztin Dr. Gisela Seewald konferieren. «Sie war mit einem dicken Dossier bewaffnet, dem Vorgang der Kolonie über Heinz Schmidt. Ich solle selbst lesen. Es sei beinahe unzumutbar, zumal für eine Frau, wie der Leiter meinte, über diese Dinge zu sprechen. Das Dossier besteht aus Notizen über Beobachtungen und Aussagen anderer Personen, vor allem von Kindern über Heinz Schmidt. Es war eine regelrechte staatsanwaltliche Strafakte. Die Vorwürfe bestehen meist aus Betätigungen mit sexuellem Einschlag, wie sie den Sittlichkeitsdezernenten einer jeden Großstadt nicht fremd sind. Sie erreichen kaum die Stufe der kleinen Sittlichkeitskriminalität. Aber in der Kolonie schien so etwas unfassbar zu sein.»

Die Folterärztin hatte Kaufmann-Bühler eine der Seelsorgeakten der Sekte zu lesen gegeben, wie es sie über fast alle Mitglieder gab. Kaufmann-Bühler schreibt weiter, Schmidt sei bereits einmal die Flucht in die Botschaft gelungen, «dort wurde er jedoch von seinen Adoptiveltern eingeholt und zur Umkehr bewogen». Er war damals 23 Jahre alt. Danach bat er in zwei herausgeschmuggelten Briefen um Hilfe für die Rückführung nach Deutschland. Das Gespräch Kaufmann-Bühlers mit Schmidt fand in Anwesenheit von dessen Adoptiveltern statt. Schmidt wirkte «übermüdet, schweigsam, gezwungen und geschoben» und verwies auf eine schriftlich vorformulierte Antwort. Der Schlusssatz von Kaufmann-Bühlers Bericht lautet: «So ist die Kolonie ein Stück Auslandsdeutschtum, das uns auch weiterhin mehr belasten als nützen wird.» Klar war: Hier stimmte etwas nicht. Im Übrigen sah der Botschaftsmitarbeiter keine große Zukunft für die Siedlung. Die Berichte Kaufmann-Bühlers und Wolfgang Müllers hätten der Botschaft genügen müssen, die Colonia Dignidad scharf im Auge zu behalten und bei einem geeigneten Anlass, die es immer wieder gab, gegen sie vorzugehen. Das Gegenteil geschah.[14]

2016 nahm Kaufmann-Bühler an einer Veranstaltung für angehende Mitarbeiterinnen und Mitarbeiter des Auswärtigen Dienstes in Berlin-Tegel teil und erläuterte den Zusammenhang seines Berichtes. 1972 war die Zeit von Allendes Regierung. Das Land brauchte Devisen, und die waren knapp. Um Waren aus der BRD beziehen zu können, war die Colonia Dignidad auf Rentenzahlungen an die Mitglieder angewiesen. Da aber der zuständige Konsularbeamte sich weigerte, pauschal Lebensbescheinigungen für die Rentnerinen und Rentner auszustellen, musste die Colonia Dignidad notgedrungen einen Botschaftsmitarbeiter auf ihr Gelände lassen, der die Empfänger persönlich sah. Kaufmann-Bühler wollte nicht, dass der Botschafter seinen Bericht abzeichnete, da bei solchen Gelegenheiten der Inhalt oft abgemildert oder, wie Kaufmann-Bühler sagte, in sein Gegenteil verdreht wurde. Kaufmann-Bühler stellte sich später die Frage, warum er nach seiner baldigen Versetzung ins AA nicht auf den Bericht und das Thema Colonia Dignidad zurückgekommen war, und wusste selbst keine zufriedenstellende Antwort. Es mag sein, dass der Bericht aus irgendeiner Schublade der Botschaft direkt ins Archiv des AA gelangte, ohne dass ihn jemand gelesen hatte. Auch Nachlässigkeit gehört zu den Gründen für das Versagen des Auswärtigen Dienstes.

---

14 (s. hierzu www.menschenrechte.org)

Unfälle

Die Colonia Dignidad war ein rechtsfreier Raum, in dem es kaum Sicherheitskontrollen gab. Das führte zu regelmäßigen Unfällen. Von den schweren Unfällen seien hier nur einige erwähnt. Sie gingen auf ungesicherte Geräte oder Wege, Tablettenmissbrauch, fehlende Sicherheitsvorkehrungen oder mangelhafte Ausrüstung zurück. Die Colonia Dignidad erhielt die dem deutschen TÜV entsprechenden Plaketten blanko und klebte sie einfach auf die Wagen und Geräte. Bagger rutschten an Hängen ab, LKWs überschlugen sich auf selbstgebauten Hangstraßen. Ein 20-Tonner kam wegen schadhafter Bremsen vom Weg ab, flog einen Hang herunter und landete in einem See. Der Fahrer Manfred Schmidtke konnte aussteigen und musste sich im abendlichen «Scherbengericht» seinen Fehler vorhalten lassen. Willi Malessa stürzte mit einem dreiachsigen Gottwald-Kran (20t) um und hatte seitdem Wirbelsäulenprobleme. Gerhard Mücke hat seit einem Autounfall unkontrollierte Zuckungen. Franz Baar fiel in eine Kreissäge und verlor beinahe einen Arm.

Gerhard Spatz verunglückte beim Saltospringen. Er sprang von einem Sprungturm aus und stürzte zwischen zwei Matten. Seitdem ist er gelähmt und kann nur mit Mühe an Krücken laufen. Die Lähmung hätte vielleicht vermieden werden können, aber die Ärzte der Colonia Dignidad wollten den Mann zunächst keinem fremden Ärzten anvertrauen, da sie seine Hoden durch Spritzen mit Alkohol verstümmelt hatten. Schließlich brachten sie ihn in die Deutsche Klinik in Santiago, wo er von Schäfers Leuten rund um die Uhr bewacht wurde. Ein anderer Siedler fuhr mit dem Fahrrad in ein ungesichertes Abflussloch in der Kurve eines von der Colonia Dignidad angelegten Feldwegs. Auch er ist seitdem querschnittsgelähmt und benötigt einen Rollstuhl. Franz Baar stürzte aus dem zweiten Stock des Krankenhauses. Hans Peter Schaffrik schnitt sich mit einer Motorsäge das Gesicht auf. Beide standen offenbar unter starkem Medikamenteneinfluss. Hinzu kommen die Unfälle in der Goldmine und der Jagdunfall, bei dem Hartmut Münch erschossen wurde (s. S. 131).

Einer der Söhne Albert Schreibers, Hans Jürgen Schreiber («Fips»), verunglückte in der ersten Hälfte der achtziger Jahre bei einem durch Schäfer verursachten Unfall auf einem Berg namens Doradilla, der zum Gelände der Colonia gehörte. Der Lieferwagen hatte die Ladefläche voller Jungen («Keile»). Schäfer war zu dicht an die Böschungskante gekommen, und der Wagen überschlug sich und rollte den Hang herunter. Er überrollte den Jungen, der schwere Schädelverletzungen erlitt. Schäfer ließ den Wagen, der ursprünglich einem «verschwundenen» politischen Gefangenen gehört hatte, sofort mit Büschen zudecken, um den Unfall zu vertuschen. Später wurde er auf einem abgelegenen Gelände vergraben, um Spuren zu beseitigen.

Reiner Myslewitz wurde mit elf Jahren bei der Arbeit tödlich von einem gerissenen Seil an der Brust getroffen. Daniel Gerd geriet in eine Schlachtmaschine und wurde schwer verletzt. Der Pilot Horst Wöhri streifte im Februar 1989 mit einem Flugzeug ein Kabel, das über den Fluss gespannt war, und er und ein weiterer Mann der Colonia Dignidad wurden durch die Luft ans Ufer geschleudert. Wöhri starb an inneren Blutungen.

Die Colonia Dignidad durfte ein Schiff der chilenischen Kriegsmarine bis zur Wasserlinie abwracken, um das Material zu verwenden. Wie so oft mussten die Siedler auch nachts arbeiten. Michael Müller musste tauchen, um auch die Schiffsschrauben abzumontieren. Dabei riss er ein Loch in die Außenwand des Schiffs. Damit das Schiff nicht sank, war er gezwungen, sofort wieder hinunter zu tauchen um das Loch zu stopfen. Wolfgang Müller musste in der Goldgrube der Colonia Dignidad (s. Kap. Gold und Geld) eine Unterwasserreparatur durchführen. Beide Aktionen waren lebensgefährlich.

Auch nach Schäfers Abtauchen gab es dramatische Unfälle. Bei einem immer wieder verschobenen mehrtägigen Ausflug ins Gebirge im März 2002 hatte die Wandergruppe weder geeignete Ausrüstung noch genügend Proviant dabei. Vedder war der einzige, der am Schluss noch Wurst und Honig hatte. Bei *Aguas Calientes* fühlte sich Rolf Schaffrik schlecht und konnte nicht mehr weiterlaufen. Die Gruppe schlug ein Zelt auf. Wie im Herbst zu erwarten, kam ein Schneesturm auf, und die Temperatur sank. Da es Schaffrik immer schlechter ging, lief Vedder in Richtung der nächsten Gebäude. Dann liefen die, die bei dem Kranken geblieben waren, in Panik hinterher. Als die Gruppe zurückkehrte, fanden sie Schaffrik etwas entfernt vom Wartepunkt in der Nähe eines Abgrunds im hohen Schnee mit grotesk verdrehten Gliedern. Daneben lag eine Schachtel Migratam, bei der fünf oder sechs Tabletten fehlten. Migratam ist ein starkes Schmerzmittel, das Metamizol enthält und wegen seiner Nebenwirkungen nur unter streng kontrollierten Bedingungen eingenommen werden soll. Es gehört nicht in die Reiseapotheke. Vedder nahm Schaffrik eng an die Brust, und er lebte durch die Körperwärme ein wenig auf. Schaffrik nahm nach anfänglicher Gegenwehr etwas Honig zu sich und starb dann nach einem wilden Todeskampf.

Der fünfundsechzigjährige Karl Albert Stricker wurde nach einem seiner unbeholfenen Fluchtversuche 1996 auf Anordnung des zum «Freundeskreis» gehörenden chilenischen Arztes Otto Dörr unter starke Tabletten gesetzt. Im Februar 2002 befahl ihm Gerd Mücke Dacharbeiten zu erledigen. Stricker weigerte sich, da er sich müde fühlte. Mücke sagte, er solle sich nicht so anstellen. Daraufhin kletterte der übergewichtige Stricker eine Leiter hoch, fiel herunter und starb an den Folgen. Der Unfall wurde untersucht, und Colonia-Mitglied Hector Briones musste eine Version zum Tode Strickers auswendig lernen und dann vor dem Richter aufsagen. Mücke hielt die Beerdigungspredigt. Am Tag vor Strickers Tod war Wolfgang Müller Ahrendt bei Dacharbeiten abgestürzt und schwer verletzt worden (s. S. 210).

Zu den wahrscheinlichen Spätfolgen des unsachgemäßen Pestizideinsatzes kommen die Folgen der Schläge (Kiefern, Ohren, Wirbelsäule) und des fast täglich ohne Atem- und Ohrenschutz eingesetzten Sandstrahlgebläses.

Machtkämpfe und Machtstützen

Auch in kleinen Organisationen funktioniert die Macht einzelner nur durch Arbeitsteilung. Die Kunst des obersten Machthabers besteht darin, einen funktionierenden Apparat aufzubauen, ohne dass ihm dabei Konkurrenz erwächst. Schäfer beherrschte diese Kunst.

Einer der Mitbegründer der *Privaten Socialen Mission* war Hugo Baar. Er wurde 1925 als Russlanddeutscher in der Ukraine geboren. 1944 tauchte er in Berlin als Prediger für die Freikirchen auf. 1954 begegnete er Schäfer und beschrieb später sein Empfinden so: «Zum ersten Mal in meinem Leben stehe ich einem Mann gegenüber, der mich förmlich durchschaut, den ich zu hörn begehre ... und in dieser Nacht hatte ich auch gleich das erste seelsorgerliche Gespräch mit dir.» Baars Bindung an Schäfer hatte eine deutliche homoerotische Komponente. Baar berichtet über einen Traum: «Wir lagen in zwei Betten, die wie Ehebetten neben einander standen. Da drehtest du dich zu mir und gabst mir auf meine rechte Wange einen Kuss.» Der bibelfeste Baar könnte dabei an den Judaskuss gedacht haben. Bettgenosse und Verräter, das war die ambivalente, mit Schuldgefühlen aufgeladene Bindung Baars an den Sektenführer.

Im Auftrag Schäfers wurde Baar in der Gründerzeit der Sekte zum Intriganten. Er spaltete freikirchliche Gemeinden und zerstörte dabei Ehen. «Sein Gift, das er damals meiner ersten Frau in meiner Abwesenheit eingeflößt hat, hat seine Wirkung getan», schreibt ein Betroffener über Baar (Brief von Willi Georg). Einer der Baar-Schäfer-Anhänger terrorisierte seine Familie derart, dass die Frau ihre drei Kinder und sich selbst umbrachte.

Die Sekte traf sich in Privatwohnungen. Das dürfte der Anfang der Vermischung von Privatleben und Religionsausübung gewesen sein. Zu der Drecksarbeit, die Baar für Schäfer verrichtet, gehörte, dass Immobilien betrügerisch auf Schäfer übertragen wurden und Gehälter und Pensionen an die Sekte fielen. Das dürfte das Kapital für das Haus gewesen sein, dass die *Private Sociale Mission* in Siegburg kaufte.

Baar hatte eine Predigerausbildung und war Schäfer in dieser Hinsicht überlegen. Außerdem hatte er aus der Zeit vor der Zentralisierung der Sekte in Siegburg einen eigenen Anhängerkreis. Er und Hermann Schmidt standen in der Anfangszeit gleichberechtigt neben Schäfer und hätten ihm gefährlich werden können. Aber Schäfer, der charismatische Manipulator, war Baar überlegen. Nachdem die Sekte sich nach Chile abgesetzt hatte, schickte Schäfer Baar zum Sitz der *Privaten Socialen Mission* in Siegburg zurück, wo er für die Lebensmittelgeschäfte und ab 1977 für den Prozess der Colonia Dignidad gegen *Amnesty International* zuständig war. Baar organisierte dubiose Transporte und Überweisungen, etwa an die Bank of Montreal.

In Siegburg war Baar bereits Alkoholiker. Er hatte der zweite Mann neben Schäfer sein und später sogar an dessen Stelle treten wollen, aber er verlor. Schäfer befahl ihn als «Patienten» (das war bereits sein Spitzname) nach Chile zurück und ließ ihn bewachen und mit Medikamenten ruhigstellen. 1985 floh Baar mit seiner Frau nach Deutschland. 1988 trat er vor einem Untersuchungsausschuss des Deutschen Bundestages auf. Er starb mittellos in Deutschland. Seine Frau Waltraud ging danach in die Siedlung zurück. Baar hat eine ausführliche unveröffentlichte Beschreibung seines Lebens hinterlassen, die hinter dem Bild, das er nach außen wahrte, einen kranken und zerbrochenen Menschen zum Vorschein bringt.

Hermann Schmidt (geb. 21.1.1915 in Bronn-Oberfranken) hätte Schäfer eher Konkurrenz machen können. Er war – anders als der füllige und 1,68 m große Schäfer – schlank und hochgewachsen und im Krieg nicht Sanitäter, sondern Luftwaffenoffizier in Russland gewesen. Er hatte die Sekte in Hamburg aufgebaut und einen eigenen Kreis von Anhängern eingebracht. In der Gründungsphase führte er die von den Freikirchen abgespaltene Gemeinde in Hamburg. Schmidt, Hans-Jürgen Blanck, Gerd Seewald und Hartmut Hopp waren die intellektuelle Konkurrenz des Schulversagers Schäfer. Schmidt gefiel sich gelegentlich in schneidigen antikommunistischen Reden, war aber innerhalb der Colonia Dignidad eine Figur moderater Gütigkeit.

Beim Kauf des Grundstücks in Chile vertrat er die Sekte nach außen und wurde ihr formeller Präsident. Wegen dieser Position konnte er sich einige Kritik erlauben. In der Siedlung arbeitete er als Lehrer der staatlich nicht anerkannten Zwergschule. Er sah den Widerspruch zwischen Schäfers Predigten und seinen sexuellen Übergriffen und zog sich mit ein paar anderen Unzufriedenen innerhalb der Siedlung zurück. Im «Waldhaus» predigte und betete er mit ihnen. Seine kleine Teilgemeinde war eine Art religiöser Untergrund. Schäfer geißelte diese Gruppe als «Rotte Korah», eine alttestamentarische Abspaltung des Volkes Israel, die sich durch besondere Frömmigkeit hervortun wollte und dadurch einen Aufruhr anzettelte. Schäfer sprach von «Doppelleben» und versuchte, Schmidts kleinen Zirkel zu spalten, duldete aber schließlich diese spirituelle Opposition, denn sie gefährdete seine Macht nicht. Schmidts Sohn Peter wurde zum Lieblingsjünger Schäfers, ging mit ihm nach Argentinien und machte von dort aus einige Reisen, auch nach Deutschland, wo er sich in einer evangelischen Gemeinde im fränkischen Steigerwald als Aussteiger ausgab, der nicht einmal mehr in Chile lebte. Seinen Vater ließ Peter Schmidt im Nachhinein einen moderaten Heldentod sterben: Er habe sich wegen der vielen Anfeindungen gegen die Colonia Dignidad eines Tages aufs Bett gesetzt und sei gestorben, sagte er nach Schäfers Verhaftung (*La Tercera* 20.2.05). Tatsächlich starb Hermann Schmidt 1995 unheroisch und unpolitisch auf der Toilette des Krankenhauses, als er seine kranke Frau besuchen wollte. Die Toilette musste eigens aufgebrochen werden. Als die Polizei Jahre später seine Leiche exhumierte, da der Verdacht auf Vergiftung bestand, standen Siedler bei strömendem Regen am Friedhofszaun und protestierten mit Blasinstrumenten gegen das, was mit «Onkel Hermann» geschah.

Hartmut Hopp («Struppi») wurde oft als «Außenminister der Colonia Dignidad» tituliert. Daran ist richtig, dass er freien Zugang zum Sitz der Militärjunta hatte, reiste und die Colonia Dignidad nach außen vertrat. Hopp und Geheimdienstchef Contreras trafen sich häufig (*24 horas* 1.4.05). Innerhalb der Siedlergemeinde hatte er es nie geschafft, Schäfers Macht herauszufordern. Er war ihm hörig und wählte die privilegierte Unterordnung. Er durfte in den USA Medizin und Gesang studieren, wollte von der Sekte abspringen und wurde von Kurt Schnellenkamp und Alfred Matthusen, die schnell in die USA flogen, zur Rückkehr bewogen. Die drei machten in Argentinien Station, wo Hopp wiederum bleiben wollte. Erst das Versprechen heiraten zu dürfen lockte ihn in die Colonia Dignidad zurück.

In Santiago schrieb er sich als Medizinstudent ein, aber ihn interessierte nicht die Wissenschaft, sondern die Macht, der die Colonia Dignidad nach dem Putsch auf einmal so nahestand. Er arbeitete mit der Wut eines Renegaten. Er pendelte zwischen Santiago, wo er ein Büro im Regierungsgebäude und eine Wohnung hatte, und der Colonia Dignidad. Schäfer, der ihm intellektuell weit unterlegen war, machte ihn in Versammlungen fertig. Hopp bellte zurück, fügte sich aber schließlich. Er neigte zu Schwächen und Zusammenbrüchen. Seine Umgebung fürchtete, dass er versuchen könnte sich umzubringen. In Krisensituationen richtete ihn Schäfers Stimme wieder auf. Schäfer bedachte ihn mit großzügigen Privilegien und Freiheiten. Er ließ ihm seine Vergnügen, denn so hatte er ihn, den Sünder, in der Hand. Neben der sexuellen Freizügigkeit und der Bewegungsfreiheit bekam Hopp jedes Jahr ein neues Auto. Da es in der im Tal liegenden Colonia Dignidad kaum einen Punkt gab, von dem aus man mit einem Mobiltelefon telefonieren konnte, fuhr Hopp häufig zu einer geeigneten Stelle außerhalb des Zaunes. Gelegentlich fuhren Siedler aus Sorge, er könne nicht mehr zurückkommen, hinter ihm her. Als Schäfer nach Argentinien geflohen war, wuchs diese Sorge. Die Führungsclique, zu deren technisch-repressiven Kadern er nicht gehörte, brauchte ihn wegen seiner Verhandlungsfähigkeiten und Außenkontakte und hielt ihn mit dem Argument bei der Stange, die Colonia Dignidad käme ohne ihn nicht aus. Schließlich floh er doch vor der chilenischen Justiz nach Deutschland (s. S. 213).

Weder Baar noch Schmidt noch Hopp konnten oder wollten Schäfers Machtposition ernsthaft herausfordern. Die drei Männer bildeten die Spitze einer Hierarchie der etwa 15 *jerarcas*, von denen im Folgenden noch Schreiber, Schnellenkamp und Mücke vorgestellt werden sollen. Auch Hans Jürgen Blanck gehörte zur obersten Führung, lebte aber jahrelang in der deutschen Außenstelle. Weiter unten in dieser Hierarchie standen die Männer des Sicherheitsapparats. Zu ihnen gehörten Karl van den Berg («Hügel»), Hans Jürgen Riesland («Hamster»), Friedhelm Zeitner («Zickzack»), Rudolf Cöllen («Rudi»), Wolfgang Müller («Wolle», namensgleich mit dem 1966 geflohenen Müller), Gerd Seewald («Doktor») und Johannes Spatz.

Albert Schreiber, der den Spitznamen «Fingerhut» trug, war einige Zeit Schäfers zweiter Mann. Er wurde am 3.9.1931 im damaligen Bessarabien (heute Rumänien) geboren. Er entstammt der dortigen protestantischen Minderheit, wurde von dem frühen Erlebnis der Vertreibung geprägt und stand schon als junger Mann unter dem Einfluss Schäfers. Er hatte in Chile einen schweren Autounfall und hat seitdem motorische Schwierigkeiten. Seine Ehefrau Lilli Schreiber stammt aus dem heutigen Moldawien, wurde als «Volksdeutsche» von den Nationalsozialisten nach Westpreußen umgesiedelt und floh Anfang der fünfziger Jahre aus der DDR nach Hamburg, wo sie in Schäfers Gemeinde ihren zukünftigen Ehemann Albert kennenlernte. Ihr Vater verbot die Heirat. Albert und Lilli heirateten deshalb in Chile. Das Ehepaar hatte fünf Kinder.

Schreiber wurde zu einem der engsten Gefolgsleute Schäfers. Er war seit 1986 für die Finanzen der Colonia Dignidad und damit auch für die zahlreichen dunklen Geschäfte zuständig. Er war Strohmann der Firma ABRATEC, mit der Sektenchef Schäfer die juristische Auflösung der Colonia 1991 abwickelte. Er dolmetschte zwischen Manuel Contreras und der Sektenführung. Er hatte gute Kontakte zu Pinochet und Juntageneral Mendoza. Er war einer der Chauffeure und Dolmetscher bei Pinochets Besuch (s. S. 157) in der Colonia Dignidad. Er war ein Freund von Edgardo Bathich, der mit Drogen und Waffen handelte. Bathich war der chilenische Vertreter des internationalen Waffen- und Drogenhändlers Monzer Al-Kassar und machte Geschäfte mit Pinochets Sohn Marco Antonio (*La Nación*, 21.5.06). Wie die chilenischen Zeitung *El Mercurio* (5.5.05) meldete, war Schreiber der Empfänger eines Koffers mit Laborartikeln, mit denen die DINA das Giftgas Sarin herstellte. Der Absender war Michael Townley, der für die DINA an dem Giftgasprojekt mitarbeitete (s. S. 115).[15]

Im April 1989, also kurz vor dem absehbaren Ende der Pinochet-Diktatur, besuchten vier Bundestagsabgeordnete Chile, darunter Ernst Waltemathe (SPD). Albert Schreiber beobachtete die Delegation in Santiago und sandte mehrere Male am Tag Berichte an Schäfer.

---

15 Townley ermordete den früheren chilenischen Außenminister Orlando Letelier nach dem Militärputsch in Washington durch eine Bombe.

Schreiber wurde in Chile wegen der Verweigerung der Übergabe Minderjähriger (von Schäfer missbrauchte Jungen) und Widerstands gegen die Staatsgewalt angeklagt. Außerdem war er wegen Steuerflucht zu einer hohen Geldstrafe verurteilt. Schreiber war seit 1986 für die aus Deutschland überwiesenen Rentenzahlungen an Bewohner der Colonia Dignidad zuständig, die er für Schäfer in der chilenischen Bank Banchile anlegte. Dort reichte er 19 Schecks im Gesamtwert von annähernd 400.000 € ein, die er unter Umgehung der Steuer außer Landes brachte (*El Mercurio* 15.10.2000). Schreiber soll deutsche Rentenzahlungen im Wert von 2,5 Millionen US-Dollar in die Gemeinschaftskasse der Sekte umgeleitet haben. Möglicherweise hat er auch mit Erlösen der Colonia Dignidad aus illegalen Waffengeschäften, Erpressung und Steuerbetrug zu tun.

Er floh nach Deutschland und soll bei seiner Flucht einen hohen Geldbetrag mitgenommen haben. In einem Telefongespräch mit einem ebenfalls in Deutschland lebenden Ex-Siedler sagte er, es laste auf seinem Gewissen, dass er vom «Geld der Gemeinde» lebe. Die Schreibers wohnten in Ferienwohnungen (z. B. in Nürnbrechts im Bergischen) und benutzten die Adressen ahnungsloser Verwandter von Colonia-Mitgliedern (z. B. in dem Dorf im Steigerwald). Sie riefen bei ihren Geschwistern in Deutschland an, ohne zu sagen, wo sie sich aufhielten. Briefe dieser Geschwister nach Chile wurden mit deutschem Poststempel und dem Vermerk «von Deutschlandreisenden eingeworfen» oder per Telefon beantwortet. Albert Schreiber starb im September 2008 in Krefeld. Ewald Frank, der Prediger der *Volksmission Krefeld*, begrub ihn. Damit endete eine sonderbare und zerrüttende Untergrundexistenz im eigenen fremden Land.

Kurt Schnellenkamp war für internationale Kontakte zuständig. Er spionierte für die Diktatur. Seit dem Salpeterkrieg im 19. Jahrhundert galten die beiden nördlichen Nachbarländer Peru und Bolivien als Erzfeinde Chiles, und Pinochet war vor allem vor Peru auf der Hut. Chilenen fallen wegen ihres Akzentes in anderen lateinamerikanischen Ländern auf. 1974 reisten Schnellenkamp und ein Frau der Sekte (Margret Müller) als unverdächtiges deutsches Touristenehepaar nach Peru und Bolivien. Im Juli desselben Jahres berichtete Schnellenkamp unter Decknamen und mit Verschlüsselungen vom Hafen und einer Militärparade in Lima, von einem Militärflughafen am peruanisch-bolivianischen Titicaca-See, von «Spielsachen» und «Kinderheimen». Schnellenkamp besorgte einen Teil des Waffenhandels der Colonia Dignidad. Er hatte vom chilenischen Staat die Erlaubnis, Waffen und Sprengstoffe zu kaufen und zu verkaufen.

Schnellenkamp sammelte für eine Organisation, die in der Colonia Dignidad unter dem Namen ChilAlRotary (Chile-Alemania-Rotary) lief, in großem Maßstab Spenden. Prominente Besucher der Siedlung wurden kräftig zur Kasse gebeten. Schnellenkamp leitete ein informelles Netzwerk AAG (Außerstaatliche Allianz auf Gegenseitigkeit), das über Chile und Deutschland verstreut war. Er stand im Zentrum eines Machtgebildes, das mit dem Putsch unterhalb der institutionellen Ebene entstanden war und zu dem die Colonia Dignidad gehörte. Die Wirrnisse der Sekte sah er mit Zynismus. Schnellenkamp sitzt seit 2013 in Chile eine Haftstrafe wegen Beihilfe zum Kindesmissbrauch ab.

Gerhard (Gerd) Mücke war einer der Schläger der Siedlung. Viele lebenslange Gesundheitsschäden der Siedler hat er verschuldet. Da er von mäßiger Intelligenz ist, setzte Schäfer ihn in der Umgebung der Siedlung ein. Mücke verkehrte regelmäßig im Haus der DINA in Parral, das der Colonia Dignidad gehörte und in das Gefangene gebracht und gefoltert wurden.

Er hatte in der Sekte den Spitznamen «Mauk». Auf den Karteikarten ist er als Quelle «Mk» angegeben. Seine Berichte sind militärisch knapp. Bei Soldaten gibt er die Dienstgrade in Abkürzung genau an und verfügt über Hintergrundinformationen. Als zum Beispiel Korvettenkapitän Hernán Barría im Casino zu Besuch ist, merkt Mücke an, dass er an einem Ausbildungskurs für U-Boote in Kiel teilgenommen hat.

Auch Mückes Karteikarte zu einem Priester zeugt von internen Quellen: «Er regelte die Angelegenheiten aller Bischöfe ... Er wurde aber selbst nicht Bischof, weil dem in seiner Personalakte etwas entgegenstand.» Politisch habe er der *Christlichen Linken (Izquierda Cristiana)* nahegestanden. Die Karte enthält heimlich aufgenommene Fotos des Priesters.

1987 war «Mk» offenbar für den Sicherheitsdienst um das Restaurant in Bulnes, das *casino familiar* zuständig. «Mk» weiß, welcher Besucher mit welcher Frau eine private Beziehung hatte. Von einem weiteren Gast weiß er, dass er beim staatlichen Rüstungsbetrieb FAMAE arbeitet, und von einem Architekten, dass der dem Generalsekretariat der Regierung zuarbeitet. So trug der PR-Außenposten der Siedlung Früchte.

Mit dieser Mannschaft beherrschte Schäfer sein kleines Reich. Die Masse der Siedler war Schäfer hörig oder der Hierarchie ausgeliefert. Der «Totalaufbau» war eine Kolonisierung der Seelen und der Körper, die keine Spielräume für Opposition ließ.

Als 1970 der Sozialist Salvador Allende Präsident Chiles wurde, war die Colonia Dignidad eine innerlich gefestigte, streng antikommunistische und mit Waffen und einem ausgetüftelten Sicherheitssystem versehene deutsche Enklave mitten in einer Gesellschaft, die sich immer stärker politisch polarisierte.

Putsch und Diktatur[16]

Die chilenische Rechte entdeckt die Colonia Dignidad

1970 gewann das linke Wahlbündnis *Unidad Popular* mit relativer Mehrheit die chilenischen Präsidentschaftswahlen. Der Sozialist Salvador Allende wurde Präsident. Die *Unidad Popular* begann eine Reihe von Reformen, darunter auch eine Agrarreform, von der sich Großgrundbesitzer bedroht fühlten. Die parlamentarische und außerparlamentarische Rechte reagierte mit Verweigerung, Blockaden und Sabotage. Sie war aber nicht in der Lage, Allende politisch zu stürzen. Die chilenische Gesellschaft polarisierte sich mehr und mehr. Die Gefahr eines Putsches wurde immer greifbarer, und 1973 ergriffen dann die Streitkräfte die Macht.

In den drei Jahren der Regierung Allendes wandelte sich die diffus antikommunistische Sekte zur Bastion eines kreolischen Faschismus. Der kreolische Faschismus ist eine Mischung aus lateinamerikanischem Elitedenken, Nationalismus und Rassismus auf der einen und europäischen, faschistischen und nationalsozialistischen Elementen auf der anderen Seite. Solche Mischformen haben sich während des Zweiten Weltkriegs in einigen lateinamerikanischen Ländern, darunter auch Chile, herausgebildet und nach 1945 in Nischen und Enklaven zu immer neuen Spielarten weiterentwickelt. Die Colonia Dignidad ist eine besonders destruktive Variante davon. Während der Diktatur wendete sie ihre introvertierten Zerstörungskräfte nach außen und verband sie mit der Vernichtungsbereitschaft der Pinochet-Diktatur. Deutsche Systematik verband sich mit zu allem bereitem antikommunistischem Hass.

Die Colonia Dignidad war 1970 nicht darauf vorbereitet, über Nacht zu einer Insel mitten im Kommunismus geworden zu sein. Sie musste Bündnispartner suchen. Einige Herren der Siedlung hielten mit dem Rechtsanwaltsbüro Alessandri, das der Familie des gleichnamigen rechtsstehenden chilenischen Ex-Präsidenten gehörte, eine «Lagebesprechung» ab, wie es in einem Schreiben der Siedlung heißt. Schäfer bediente sich gerne einer Kombination von formalen und realen Allianzen; der organische Bündnispartner der Schäfer-Sekte wurde die

16 Hierzu ausführlich Friedrich Paul Heller: Pinochet: Eine Täterbiografie in Chile. Stuttgart, Schmetterling Verlag 2012.

Frente Nacionalista Patria y Libertad (Nationalistische Front Vaterland und Freiheit).

Patria y Libertad wurde unmittelbar nach der Wahl Allendes gegründet, um dessen Volksfrontregierung zu stürzen. Die geheimen Treffen dieser Verschwörergruppe wurden von Anfang an von einem Mitglied der linken Organisation MIR, Carlos Liberona, beobachtet, der dadurch viele Informationen über die Colonia Dignidad erhielt, die in meine Bücher eingegangen sind.

Die anfänglich aus etwa 100 Mitgliedern bestehende Terrororganisation verstand sich nicht als Partei, sondern als Bewegung. Sie verfolgte keine wirtschaftlichen Ziele, sondern trieb ihre Mitglieder zu selbstlosem Opfermut an. «Generalsekretär für Operationen» war Roberto Thieme, ein Deutschchilene und Sohn eines deutschen Nationalsozialisten. Thieme entdeckte die Colonia Dignidad für seine Terrororganisation. Die Siedlung war für sie der ideale Ort, denn sie war von der Außenwelt abgeschirmt, hatte Waffen, einen Flugplatz, ein Krankenhaus und eine starke Sendeanlage. Die nahe Grenze zu Argentinien erlaubte unauffällige Flucht. Thieme glaubte, dass die Colonia Dignidad «ein Nazi-Gepräge» habe, merkte aber bald, dass er an eine verschrobene Sekte geraten war, die er erst politisieren musste. Thieme, der während der Allende-Zeit wegen zahlreicher Delikte von der Polizei gesucht wurde, täuschte am 23. Februar 1973 einen Flugzeugabsturz vor, landete in Wirklichkeit aber in der Colonia Dignidad. Die strich sein Flugzeug mit einer anderen Farbe, und er floh weiter nach Argentinien.

Patria y Libertad verübte Sabotageakte und Attentate, bei denen es zahlreiche Tote gab. Die verarmte Landbevölkerung begann in der Allendezeit ungenutzte landwirtschaftliche Güter zu besetzen. Auch Schäfer fürchtete eine Besetzung. Offenbar gab es entsprechende Ankündigungen. Juan Grau, ein Mitarbeiter von CORA (Agrarreforminstitut) und INDAP (Institut für die landwirtschaftliche Entwicklung), besuchte die Siedlung während der Allendezeit mehrfach. Jeder Besuch wurde auf die Minute genau auf einer Karteikarte eingetragen. «Das letzte Mal, als er im fundo El Lavadero war, sagte er, dass wir mithilfe der Deutschen Botschaft unser Leben retten könnten, aber sonst nichts.» Deutsche und deutschstämmige Landbesitzer wandten sich in der Regel bei drohenden Enteignungen an die deutsche Botschaft. Grau wollte offenbar sagen, dass die Botschaft nur die Bewohner, aber nicht den Landbesitz retten könne.[17] *Patria y Libertad* beteiligte sich an den

17 Die Eintragung vom 17.4.1985 meint offenbar einen Besuch Graus am

nucleos agricultores (eine Vereinigung von Landwirten), die gegen diese Besetzungen kämpften. In einer dieser Zellen konspirierten unter falschem Namen vier Deutsche der Colonia Dignidad. Einer der Männer von *Patria y Libertad*, die mit der Colonia Dignidad zusammenarbeiteten, war Miguel Becerra. Man kannte sich vom Brückensprengen. Becerras Bruder berichtete später, dass seit dieser Begegnung *Patria y Libertad* sein Hauptquartier in der Colonia Dignidad hatte. Das deckt sich mit Thiemes Angabe, dass die Colonia Dignidad Operationsbasis für *Patria y Libertad* und für einen Putsch werden sollte. Die Kontakte der Schäfer-Sekte zu Putschistengruppen gingen über *Patria y Libertad* hinaus. «Viele Leute, die zu jener Zeit gegen Allende waren, d. h. die gegen den Kommunismus gekämpft haben, haben die Colonia Dignidad benutzt. Es war eben bekannt, dass die Deutschen antimarxistisch waren», sagte Thieme.

Auf der argentinischen Seite gegenüber der Colonia Dignidad gab es einen verlassenen Landstrich, den die Deutschen kauften. Das Gelände in Argentinien sollte der Ausbildung von Milizen von *Patria y Libertad* dienen, die, falls der Kommunismus in Chile endgültig gesiegt hätte, gegen diese neuen Machthaber vorgegangen wären.

Drei führende Mitglieder von *Patria y Libertad* sahen sich 1973 noch vor dem Putsch in der Colonia Dignidad Waffen an, die sie für ihre Terrorakte einsetzen wollten. Die Kontakte zwischen der Colonia Dignidad und *Patria y Libertad* führten schließlich zu keinem politischen Ergebnis, da Schäfer in seiner Selbstüberschätzung die Führung der gesamten Bewegung beanspruchte. Die Zusammenarbeit zwischen der Terrororganisation und der Sekte, die in dem 2005 gefundenen Karteikartenarchiv ausführlich dokumentiert ist, war auch der deutschen Botschaft bekannt (Heller 1993 S. 77). Auch diesmal hätte die Botschaft Position beziehen müssen. Sie tat es nicht.

Kurz vor dem Putschtag half die Colonia Dignidad den rechten Sender *radio agricultura* zu verbarrikadieren und kugelsicher zu machen. Bei einem Putsch muss das Militär das Nachrichtenmonopol haben. Eine linke Besetzung des Senders hätte dem entgegengewirkt.

Heute wird oft gefragt, warum Allendes Volksfrontregierung nicht gegen Schäfer vorging. Tatsächlich galt Schäfer damals als tot. Es war auf jeden Fall ein Versäumnis, dass Allende das Verschwörerzentrum der Deutschen unbehelligt ließ.

14.7.1973 und dürfte sich auf eine drohende Enteignung beziehen (Juan Grau)

Der Putsch

Der Putsch vom September 1973 kam verspätet. Die Oberkommandierenden der Luftwaffe, der Marine und der Carabineros (bewaffnete Militärpolizei) waren sich einig, aber Pinochet, der Oberkommandierende des Heeres, war unentschlossen. Noch am 8. September musste er von hohen Offizieren zum Mitmachen überredet werden. Bei einem früheren Putschversuch hatte der verfassungstreue Verteidigungsminister José Tohá die zögerlichen Putschisten gerade verjagt, als auf einmal Pinochet mit einem Panzerwagen angefahren kam. «Augusto, du hier?», sagte der Verteidigungsminister. Pinochet antwortete, er habe nur nachsehen wollen, ob alles in Ordnung sei. Das dürfte einer der Gründe gewesen sein, warum ihn die zum Putsch entschlossenen Generäle für einen Wackelkandidaten hielten.

Am Putschtag, dem 11. September, rückten dann auch erst die Marine, bald darauf die Luftwaffe und erst später, als es kein Zurück mehr gab und die Gefahr eines Scheiterns nicht mehr bestand, Pinochets Heer aus. Bei einem Putsch ist das Heer die Waffengattung mit dem größten Gewicht. Pinochet als sein Oberkommandierender wurde deshalb der erste Juntachef. Dann sollten, so die Verabredung «unter Ehrenmännern», nach jeweils einigen Jahren in einem Rotationssystem die andern drei drankommen. Pinochet brachte es auf 17 Jahre Alleinherrschaft. Dazu verhalf ihm der Geheimdienst DINA und damit indirekt die Colonia Dignidad.

Um dem Putsch internationalen Rückhalt zu geben, hatten die Verschwörer schon am 9. September Agenten aus Brasilien, dem größten, damals von einer Militärdiktatur regierten Land Lateinamerikas, und aus dem ebenfalls diktatorischen Uruguay eingeflogen. Sie wussten mitten in der polarisierten Stimmung von Allendes letzten Tagen keinen anderen Rat als ein Taxi zu nehmen und in die Colonia Dignidad zu fahren, um den Putsch abzuwarten. Brasilianische Agenten waren nach dem Putsch auch an Folterungen in der Siedlung beteiligt und zogen dort erst 1979 ab. Auch sonst stellte die Colonia Dignidad ihre Infrastruktur zur Verfügung. Pünktlich am 11.9.1973 rief sie Federico Willoughby an, ein Mitglied von *Patria y Libertad* und den späteren Pressesprecher Pinochets, und bot ihm Personenschutz an. Für die Siedler war der Putsch ein «Geschenk des Himmels» (Hans Schreiber, der Sohn von Albert Schreiber, 2016 in Berlin). Sie glaubten an den «Plan

Z», mit dem die Militärs ihren Putsch rechtfertigten. Dieser Plan sollte darin bestanden haben, dass linke Guerilleros vorhatten, Militärs mit samt ihren Familien zu liquidieren. Das war eine plumpe Fälschung der Junta-Propaganda.

Die Militärs waren stark und organisiert genug, um den Putsch eigenständig durchzuführen, aber bei der Vorbereitung dazu und der anschließenden Konsolidierung ihrer Macht spielten neben der ausländischen Einmischung zivile Gruppierungen eine Rolle. Zu dieser zivilen Machtfraktion gehörte die Colonia Dignidad, und damit war sie ein integraler Bestandteil der zivil-militärischen Diktatur *(dictatura civico-militar)*, wie sie heute in Chile genannt wird.

Die angeblich unpolitische Sekte begrüßte den Putsch. «Wir sind ja so dankbar, dass wir nun eine Regierung haben, die nicht nur für Recht und Freiheit eintritt, sondern auch nach Gott fragt ... Es ist ein Beispiel vor aller Welt, wie Gott unsere Gebete erhört hat. Noch ist die Gefahr, dass viele Partisanen Unheil anrichten können, aber die Wehrmacht ist auf der Hut», schreibt ein Colonia Dignidad-Mitglied 1973 nach Deutschland.

«Ein Beispiel für alle Welt», Gott! Es war kein Putsch wie jeder andere in Lateinamerika, bei dem Fraktionen eines Machtgebildes einander ablösen. Der September 1973 in Chile war von missionarischem Eifer geprägt. Je länger Pinochet an der Macht blieb, desto mehr war er von seiner Sendung überzeugt. Die Vorsehung, so schrieb er, hatte ihn auf den Posten gesetzt, von dem aus er das Land vom Bösen befreien konnte. Und nicht nur das, erzählte Juntageneral Matthei bei einem Besuch in der Siedlung. Pinochet wollte von Chile aus ganz Lateinamerika vom Kommunismus befreien. Die Vorsehung sei es auch gewesen, die ihn bei einem Attentatsversuch 1986 rettete und ihm dabei die Jungfrau Maria in der gesplitterten Scheibe seines Wagens gezeigt habe, schreibt Pinochet. Seine Vorbilder waren die römischen Kaiser, Napoleon und der spanische Diktator Franco (Heller 2012, S. 39 ff, 113 ff). Dieser Größenwahn traf auf den sektiererischen Größenwahn Schäfers und verschaffte der Repressionsallianz beider Männer einen ideologischen Rahmen, entfernte sie aber von der Realität. Matthei klagte bitter darüber.[18]

Pinochet beherrschte (oder lernte bald nach dem Putsch) die Kunst der Intrige, des Abwartens und raschen Zuschlagens. Der Einfluss seiner Frau Lucia tat ein Übriges. Sie spornte ihn mit ihrem Hass auf Marxismus und Unmoral an, und wenn er nicht parierte, verdrosch sie ihn mit dem

---

18 Information eines früheren Siedlers

Besen. Im Regierungsgebäude hatte sie ein eigenes Büro, in dem harte Politik gemacht wurde. Sie war in den Garnisonen gefürchtet. Sie organisierte die Offiziersfrauen. Wenn ein Offizier fremdging, ließ sie ihn über ihren Gatten rausschmeißen. Lucia war Pinochets Schwachpunkt, eine Nebenregierung, gegen die er nicht ankam. Die Colonia Dignidad wusste das zu nutzen. Ihr Chor sang auf Festakten der Mütterzentren (CEMA), die Lucia sich zu ihrem kleinen Reich aufgebaut hatte.

Pinochet, der Putschist der zweiten Stunde, war am 11. September auf entschlossene Platzkommandanten angewiesen, die nötigenfalls auf eigene Faust handelten, wenn etwa der Verteidigungsminister die Rückkehr in die Kasernen befahl. Einer dieser Offiziere war Manuel Contreras, der Kommandant der Kasernen von San Antonio, einer Hafenstadt, von der aus die Hauptstadt Santiago versorgt wird. Contreras war ehrgeizig und machtbesessen. Er stammte aus einer Offiziersfamilie. Im Putschjahr war er mit 44 Jahren einer der jüngsten Obersten und wurde später der jüngste chilenische General.

Zwei Tage nach dem Putsch machten Hafenarbeiter von San Antonio einen Sitzstreik, um gegen die Entrechtung der Gewerkschaften zu protestieren. Contreras lud vier Arbeitervertreter zu einem Gespräch ein, und am nächsten Tag wurden ihre Leichen den Familien übergeben. Als zwei Richter sich bei ihm über die Eingriffe ins Justizsystem beschwerten, sagte er: «Meine Herren, ich bin das Gesetz, und das» – er zeigte auf seine Pistole – «ist das Rechtssystem». In Tejas Verdes (der Kaserne von San Antonio) entstand bald eines der größten Geheimgefängnisse Chiles. Von hier verschwanden politische Gefangene zu Hunderten.

Contreras betrieb eine gezieltere Repression als der Rest der Streitkräfte. Ziel war die Vernichtung des harten Kerns des Widerstandes. Mittel dazu war der Geheimdienst DINA (*Dirección de Inteligencia Nacional*, nationale Geheimdienstdirektion). Er wurde 1974 gegründet und war eher eine Terroreinheit als ein herkömmlicher Geheimdienst.

Contreras wurde ihr Direktor. Im August 1977 wurde sie nach nur dreijähriger hektischer Repressionsaktivitäten auf internationalen Druck hin aufgelöst und durch den Geheimdienst CNI ersetzt.

Contreras ging in Pension. Als er am 28. Januar 2005 mit seiner Familie zu Hause saß und gerade ein Fernsehinterview gab – er hatte für diesen Tag eine gerichtliche Vorladung, zu der er nicht erschien – schickte der Richter einen Konvoi mit Gefängniswagen und Polizeimotorrädern zu ihm. Während vor dem Haus der Familie Contreras etwa 20 Polizisten warteten, verhandelte ein Offizier der Militärpolizei mit

Contreras über dessen friedliche Übergabe. Aber der kapitulierte nicht. Um 10.30 Uhr stürmte die Polizei sein Haus. Ein Kommissar begann den Haftbefehl vorzulesen. Das war Contreras zuviel. Als er noch der zweitmächtigste Mann Chiles war, hatte die Maschinenpistole den Haftbefehl ersetzt. Contreras lief zu seinem Schreibtisch, zog eine Schublade auf und wollte eine zwölfschüssige Walter-Pistole des Kalibers 7,65 hervorholen. Ein Kriminalbeamter warf sich auf ihn. Contreras' Töchter tobten und weinten. Das Fernsehteam, das noch da war, nahm das Geschrei auf und sendete es live. Contreras wurde in Handschellen abgeführt, um – im Alter von 75 Jahren – seine Haft im Hochsicherheitsgefängnis von Santiago abzusitzen. Vor dem Gerichtsgebäude wurde Contreras von Hunderten von Demonstranten empfangen, die «Mörder» schrien, ihn anspuckten und Unrat nach ihm warfen.

Contreras starb am 7.8.2015 im Alter von 86 Jahren, während er eine Haftstrafe von über 540 Jahren absaß.

Die DINA und die Colonia Dignidad

Die DINA verhalf Pinochet zu seiner Alleinherrschaft. Pinochet und Contreras frühstückten jeden Morgen zusammen und bereiteten den Tag vor. Wenn die anderen drei Junta-Generäle in ihren Büros erschienen, war Pinochet längst über die Foltergeständnisse und abgehörten Telefonate der Nacht davor informiert, darunter auch die Telefonate seiner Rivalen im Militär.

Die DINA musste sich nur Pinochet gegenüber verantworten und war den anderen bereits bestehenden Geheimdiensten übergeordnet. Sie hatte mehr als 1.000 Agenten, die meisten davon Heeresoffiziere. Keiner wurde zum Dienst in der DINA gezwungen, denn Contreras wollte zuverlässige Leute. Er hatte keine Geheimdiensterfahrung. Seine Mission war die Ausrottung des Kommunismus, seine Leidenschaft war die Macht und seine Methode der Terror. In den drei Jahren ihrer Existenz machte die DINA etwa 5.000 Gefangene. Sie holte von Kriegsgerichten zu Haft verurteilte Gefangene aus den Gefängnissen und ermordete sie. «Im Grund war es eine Art, innerhalb und außerhalb des Heeres Furcht zu verbreiten.» (*La Nación*, 8.5.05). Durch die Steigerung des Terrors sollte Pinochets Waffengattung, das Heer, zu einer zuverlässigen und skrupellosen Hausmacht werden.

Die DINA unterhielt kleine operative Einheiten, die Regimegegner verhafteten und folterten. Viele dieser Verhafteten sind bis heute «verschwunden». Durch das systematische «Verschwindenlassen» betrieb die DINA eine terroristische Zuspitzung im Zentrum des Militärstaates. Das andauernde «Verschwinden» eines Angehörigen nach dessen nächtlicher Verhaftung ist eine Erfahrung außerhalb von Raum, Zeit und Kausalität, eine Konfrontation mit Taten ohne Täter. Es ist eine Erfahrung ohne Gegenstand, eine Suche, die ins Leere führt. Sie traumatisiert Freunde und Angehörige ein Leben lang. Die Gesellschaft reagiert mit diffuser Angst und Lähmung.

Eine anonyme Macht, die in der Lage ist, auf solche Weise die Grenze zwischen Leben und Tod zu verwischen und dazwischen ein mit Folter und Verrat konnotiertes Schattenreich zu errichten, verbreitet den größtmöglichen Schrecken. Dieser Schrecken hält unbegrenzt an, denn die Angehörigen kennen weder Todesdatum noch Grab und können nicht trauern. Wenn dann, manchmal nach Jahrzehnten, aus diesem Schattenreich Todeszeichen, Informationsfetzen, Andeutungen von Heldentum oder Kollaboration kommen, ist der Schrecken erneut da. Solche Echos aus der Hölle entsendet die Colonia Dignidad bis heute. Es sind schwer zuordenbare Beobachtungen ehemaliger Siedler, Andeutungen in Dokumentenfunden, Hinweise auf Massengräber, die niemand findet oder finden will oder die bereits leer sind, oder Gerüchte. All das ist ungewiss, und diese Ungewissheit belastet die Überlebenden.

Das größte geheime Haftzentrum der DINA war ein weitläufiges Haus, die Villa Grimaldi in Santiago. Heute ist dort eine Gedenkstätte. In Santiago verfügte die DINA über einige weitere geheime Haft- und Folterzentren. Außerhalb Santiagos war die Colonia Dignidad zusammen mit deren Haus in Parral die einzige Niederlassung der DINA.

Die DINA betrieb die Folter mit einer in Chile bis dahin ungekannten Systematik. Die Gefangenen wurden nach der Festnahme sofort in eines der Folterzentren gebracht. Je eher sie redeten, desto eher konnten ihre Verbindungsleute festgenommen werden, denn es gehörte zu den Techniken des Untergrunds, dass nach einer Verhaftung innerhalb weniger Stunden alle anderen Mitglieder der Zelle abtauchen sollten. Das Ziel der Folter war eine Kette von Verhaftungen. Die Folter war effektiv. Die Liste der Verhafteten wurde immer länger. Es gab bald nicht mehr genug «Sicherheitshäuser» für alle gefährdeten Untergrundkämpfer.

Bei den Folterverhören lernte die DINA, wie der Untergrund organisiert war. Diese Kenntnisse wandte sie auf ihre eigene Organisation an. Ihre Agenten benutzten Decknamen und Codewörter, trugen Zivil und wiesen sich durch ihre Maschinenpistolen aus. Miguel Krassnoff, der womöglich intelligenteste DINA-Mann, lernte begierig die linken Taktiken. Als regelmäßiger Besucher der Colonia Dignidad mag er seine Kenntnisse an Schäfer weitergegeben haben. Ich komme weiter unten auf ihn zurück (s. S. 160).

Innerhalb der DINA gab es informelle Seilschaften. Eine davon bestand aus «den Deutschen», *los alemanes*. Sie tauchen in zahlreichen Zeugenaussagen der Menschenrechtsprozesse nach Ende der Diktatur auf. «Die Deutschen» waren deutschstämmige DINA-Offiziere und Männer der Colonia Dignidad. Eine parallele Seilschaft waren die Mitglieder von *Patria y Libertad*, die Agenten der DINA wurden. Am 11. Mai 1974 trafen sich sieben Mitglieder des bedeutungsvoll mit SS (von «*Servicio de Seguridad*») abgekürzten Sicherheitsdienstes von *Patria y Libertad* in San Carlos, einer Ortschaft in der Nähe der Colonia Dignidad. Laut Protokoll der Sitzung wurden Pläne besprochen, die chilenischen Institutionen einschließlich der Streitkräfte unter die Kontrolle von *Patria y Libertad* zu bringen und über die Grenzen nach Peru, Bolivien und Argentinien «zu expandieren ..., sobald wir die notwendige Armee haben», eine Formulierung, die an das Projekt ANDREA (s. Kap. über die Massenvernichtungswaffen) erinnert. «Brasilien und Uruguay unterstützen uns», heißt es weiter. In dem Protokoll ist dann von einem Langwellengerät die Rede, das «uns sowohl mit dem Geheimdienstsystem des Landes verbinden kann als auch mit dem Sender unserer Freunde in der Colonia Dignidad».[19]

Hatten in der Allendezeit zwei private Terroreinheiten, *Patria y Libertad* und die Colonia Dignidad, zusammengefunden, so bildete jetzt die private Colonia Dignidad eine Repressionsallianz mit der staatlichen Diktatur. Schäfers Siedlung war ideologisch und technisch ein Glücksfall für die DINA. Der Kontakt bestand bereits. Der Waffenhändler Gerhard Mertins deutete eine Verbindung mit seinem Freund Contreras und der Colonia Dignidad schon vor dem Putsch an: «Nur Dr. Hopp war ihm (Contreras, D. M.) seinerzeit bekannt, der mal bei ihm war, um irgendwelche Einzelheiten bei der Errichtung eines Hospitalgebäudes zu besprechen.» (Heller 1993 S. 91)

Die Colonia Dignidad diente der DINA als örtliches Haftzentrum, als Folterschule, als Vernichtungslager, als Kommunikationskanal zum Aus-

19 Vgl. hierzu den Anhang «Don Carlos de la Mancha»

land, als Schmuggelzentrum und als Platz für Schießübungen. Schäfer überließ ihr die benötigten Räumlichkeiten. Er und seine Vertrauten waren aber auch selbst an der Repression beteiligt. Gerd Mücke und andere Deutsche namens «Max», «Albert» und «Kurt» verkehrten regelmäßig im Haus der DINA in Parral, in das Gefangene gebracht wurden. Die Deutschen benutzten die Sendeanlage der DINA in diesem Haus (*El Mercurio* 9.12.2000). Wie viele Regimegegner der Region in die Siedlung gebracht wurden, wird sich kaum mehr feststellen lassen. Im Karteikartenarchiv gibt es Eintragungen, die offenbar beiläufige Mitteilungen während der Folter sind. «Wir haben gerade Renato Angulo in Haft, der gestern in Chillán verhaftet wurde, und verhören ihn. Er hat nicht viel gesagt, aber wir hoffen, dass er es in Zukunft tut» (21.4.74, Karte Renato Angulo). Später wird sein Tod eingetragen mit dem Zusatz, sein Bruder Oscar Angulo lebe «noch». (18.5.74, Karte Renato Angulo).

Im November und Dezember 1974 wurde in der Colonia Dignidad ein Kurs in Geheimdienstarbeit und Überlebenstechniken abgehalten, an dem Siedler und Militärs teilnahmen. Sie benutzten ein Handbuch für Foltertechniken (JIPOL).

Wenn Pinochet in der Region war, in der die Colonia Dignidad liegt, verabschiedete er seine Leibwache und ließ sich von der Sekte beschützen. Offenbar traute er den Deutschen mehr als seinen Landsleuten.

Der Terrorist und der Retter

Während der Zeit, als die Colonia Dignidad mit der DINA zusammenarbeitete, geschahen zwei Morde an chilenischen Geheimdienstlern, die mit der Colonia Dignidad zusammenhingen. Miguel Becerra starb wahrscheinlich, weil er seinen Auftraggebern zu gefährlich wurde, und Osvaldo Heyder, weil er seinem Gewissen folgte.

Miguel Becerra war der Terrorist von *Patria y Libertad*, der beim Brückensprengen auf die Colonia Dignidad gestoßen war. Nach dem Putsch wurde er Agent der DINA. Ende 1973 brachte er seinen ältesten Sohn Miguel zur Erziehung in die Siedlung. Der kleine Miguel nahm weinend Abschied von seiner Mutter, denn er war schon zu einem kurzen Besuch bei den Deutschen gewesen. Etwas musste ihn erschreckt haben. Die Mutter hatte das Gefühl, das Kind wolle etwas verbergen.

Im Juli 1974 starb Becerra in der Siedlung an einem vergifteten Apfel. Vier Deutsche – Udo Hopp (ein Bruder Hartmut Hopps), Kurt

Schnellenkamp, Gerd Mücke und Rudi Cöllen – sorgten dafür, dass die Leiche außerhalb des Geländes gefunden wurde. Schnellenkamp, Mücke und Cöllen luden sie in einen gelben Mercedes-Benz-PKW. Sie trugen dabei Handschuhe, um keine Fingerabdrücke zu hinterlassen, und säuberten den Wagen von Spuren. Die Leiche wurde dann sechs Kilometer entfernt von der Siedlung in einem Peugeot gefunden. Den ersten Hinweis erhielt die Polizei von der Artillerieschule von Linares, die enge Verbindungen mit der Colonia Dignidad hatte. Ein Fotograph dieser Artillerieschule hatte die Leiche bereits aufgenommen, als der Fund gemeldet wurde. Die Autopsie ergab als Todesursache eine Vergiftung. Das Auto, in dem Becerras Leiche transportiert wurde, verkaufte die Colonia Dignidad, um Spuren zu verwischen

Warum Becerra ermordet wurde, ist unklar. Dass er seinen Sohn aus der Colonia Dignidad holen wollte, ist kein genügender Grund. Becerra war häufig in der Colonia Dignidad und hatte dort ein eigenes Zimmer. Wusste er zuviel? Hatte er gedroht zu reden, um seinen Sohn vor Schäfer zu retten?

Der Sohn blieb in der Colonia Dignidad. Die Mutter versuchte ihn herauszuholen. Im August 1974 kam sie in die Siedlung. Albert Schreiber und Ursula Schmidt empfingen sie, der Chor sang, und sie sprach mit ihrem Sohn, aber immer in Begleitung eines Colonia Dignidad-Mannes. Beim Spielen sagte Miguel zu seiner Schwester: «Sag der Mama, sie soll mich mitnehmen, ich will weg.» Die Deutschen ließen ihn nicht gehen. Als Erwachsener erfuhr er die Geschichte vom Tod seines Vaters, und er weiß um die deutlichen Hinweise auf den Mord. Dennoch blieb er. Er gehörte lange zum engen Zirkel der schäferschen Sicherheitsspezialisten. In dieser Funktion hätte er fliehen können. Becerras Bindung an die Colonia Dignidad ist das vielleicht extremste Beispiel dafür, wie Schäfer auch ohne technische Kontrollen seine Herde beisammen hielt. Erst im Mai 2005 setzte sich Becerra mit seiner Familie von der Sekte nach Deutschland ab.

Osvaldo Heyders Schicksal ist ein Beweis dafür, dass ein chilenischer Geheimdienstoffizier, der in einer konservativen Umgebung aufwuchs, nach dem Putsch nicht zum Folterer werden musste.

Die Familie ist deutscher Abstammung und evangelisch-lutherisch. Auf Wunsch seines Vaters begann Osvaldo ein Jurastudium, das er aber abbrach, um Offizier zu werden. Schon vor dem Putsch arbeitete er im Geheimdienst SIM. Nachdem man ihn am 5. Juni 1975 in der Kleinstadt Talca mit einer Kugel im Kopf in seinem Auto gefunden hatte, verbreitete das Militär die Version, linke Extremisten hätten ihn aus Rache erschossen, weil er deren Waffenschmuggel aufgedeckt habe. Pinochet hatte damals die Hinterbliebenen in Privataudienz empfangen, sie umarmt, sein Beileid ausgedrückt und zur Mutter gesagt, sie könne stolz darauf sein, einen Sohn geboren zu haben, der bei der Verteidigung des Vaterlandes gefallen sei. Die Mutter hängte Pinochets Bild neben das ihres Sohnes.

Für Heyders Schwester Adriana, die 1970 nach Deutschland gegangen war, blieb ein Zweifel: Konnte ihr Bruder einer von denen sein, die gefoltert und gemordet hatten? Und warum gab es da noch die andere Version seines Todes, dass es Selbstmord gewesen sei? Ein Vertreter des Heeres hatte der Familie im Vertrauen gesagt, Heyder habe Geld veruntreut und Frauengeschichten gehabt und sich erschossen, als es rauskam. Man habe das Attentat durch linke Guerilleros erfunden, damit die Hinterbliebenen eine Pension bekämen. Die militärische Trauerfeier, während der Heyders kurz zuvor geborene dritte Tochter Claudia getauft wurde, war, wie sich herausstellte, eine Show. Die Taufe wurde noch nicht einmal ins Taufregister eingetragen. Noch verwirrender war, dass es in einem offiziellen Heeresdokument hieß, Heyder sei bei einem Dienstunfall gestorben. Und warum hatte Osvaldo ihr beim Abschied nach ihrem letzten Treffen gesagt «Ich bin Soldat, kein Mörder!»? Warum sein Brief, in dem es heißt, dass es ihm leid täte, dass er nicht alles schreiben könne, was er wolle?

Chilenische Flüchtlinge konfrontierten sie mit einer weiteren Version: Die Militärs selbst hätten Heyder ermordet, weil er ihnen im Weg war. Adriana ließ nicht locker. Einfach war die Suche nach der Wahrheit für die mittlerweile pensionierte Sozialpädagogin nicht, denn sie lebt auf einer Ostseeinsel in einem Dorf mit fünf Häusern. Sie fragte sich unter chilenischen Flüchtlingen durch und fand schließlich Erick Zott, der Heyder in der Haft kennengelernt hatte. Zott berichtete, 1975 sei die DINA in Valparaiso aufgetaucht, um die dortigen Zellen der im Untergrund operierenden Widerstandsorganisation MIR zu zerschlagen. Damals wurde auch Zott verhaftet. Die DINA-Einheit nannte sich *Vampiro*. Die DINA, die außerhalb Santiagos fast keine Stützpunkte hatte, hatte sich in einem improvisierten Stützpunkt im Offizierskasino des Regimentes Maipo in Valparaiso eingerichtet. Im Keller des Kasinos folterte sie. In Maipo arbeitete auch Heyder. Bald musste sich der Hauptmann Heyder von dem im Rang unter ihm stehenden DINA-Leutnant Fernando Laureani in seinen eigenen Räumen Anweisungen geben lassen.

Heyder war kein Pinochetgegner. Der Putsch war nötig, «um das Vaterland zu retten», hatte er 1973 seiner Schwester am Telefon gesagt. Heyder gehörte zum Repressionsapparat der Pinochetdiktatur. Aber eine moralische Schranke trennte ihn von dem, was die DINA mit ihren Verhafteten machte, die sie notgedrungen unter Heyders Aufsicht stellte, denn er war der Verbindungsoffizier zwischen dem Regiment Maipo und der DINA. Die DINA-Agenten trugen Kapuzen und gaben sich Decknamen, damit die Gefangenen sie nicht erkannten. Heyder stellte sich den Gefangenen mit Namen vor. Die DINA hielt ihre Haftorte geheim, Heyder sagte den Gefangenen, wo sie waren. Heyder musste gewusst haben, dass die Gefangenen, die die DINA abtransportierte, «verschwanden». Er begann, «seine» Gefangenen zu verteidigen. Eine Schwangere verlegte er in ein Marinekrankenhaus, wo sie Zwillinge bekam. Mutter und Kinder überlebten. Der Vater der Kinder ist bis heute «verschwunden».

Erick Zott erinnert sich, dass Heyder in der Nacht des 27. Januar 1975 ein Gespräch mit ihm begann. Er sei gegen die Methoden der DINA, gegen die Folter, sagte er, es ekele ihn an. Zott war misstrauisch. Er kannte das Spiel vom guten und vom bösen Verhörer: Wenn der Böse mit seiner Brutalität nicht mehr weiterkommt, gibt sich ein anderer menschlich und versucht, das Vertrauen des Opfers zu gewinnen. Heyder sagte Zott in dieser Nacht, dass am nächsten Tag die Gefangenen nach Santiago abtransportiert werden sollten, und fragte ihn, was er tun solle. Zott riet ihm, so viele wie möglich in Maipo zu lassen. Er kannte die Villa Grimaldi, den berüchtigten DINA-Haftort in Santiago, denn er selbst war zuvor dort gefoltert worden. In dieser Nacht gab Heyder den Gefangenen ein paar Tipps, wie sie vielleicht ihr Leben retten könnten, musste aber seine Ohnmacht eingestehen. Der DINA sagte er, er brauche zwölf der Gefangenen für weitere Verhöre. Heyder und Laureani brüllten sich schließlich vor den Gefangenen an. Heyder bestand auf seinem höheren Dienstgrad und gewann diesmal.

Heyder konnte die Hälfte «seiner» Gefangenen retten. Überlebende sagen, er habe den zwölf Menschen, die Mehrzahl davon Frauen, wahrscheinlich das Leben gerettet. Acht der zwölf Gefangenen, die die DINA nach Santiago mitnahm, blieben «verschwunden».

Heyder lehnte sich ein weiteres Mal gegen die DINA auf. Die DINA scherte sich nicht um Anfragen der Justiz. Es war offenbar Heyder, der eine Gerichtsanfrage zu den Verhaftungen der DINA in Valparaiso wahrheitsgemäß beantwortete – einmalig und eine Ungeheuerlichkeit in Chile zur Zeit der schärfsten Repression. DINA-Chef Contreras sah sich öffentlich gedemütigt und musste auf eine Lüge zurückgreifen, die keiner glaubte.

Im Februar 1975 wurde Heyder in die Provinzstadt Talca strafversetzt. Kurze Zeit später lag er dann tot im Auto. War er ermordet worden, weil er Pinochets Allmacht herausgefordert hatte, weil sein Beispiel keine Schule machen durfte?

Als Adriana die Lüge der Diktatur über den Tod ihres Bruders durchschaut hatte, sprach sie in Chile mit Rechtsanwälten, Journalisten und Menschenrechtsorganisationen. Sie stieß auf Ungereimtheiten, z. B. fehlte die Mordwaffe. Im Internet fand sie ein Foto, das sie ihrem Vater zeigte. Es war der Mann, der der Familie die Selbstmordversion erzählt hatte, ein berüchtigter Folterer der DINA namens Marcelo Moren Brito.

2002 reichte sie schließlich Klage beim Gericht in Talca ein. Die Klage richtet sich auch gegen die Colonia Dignidad, die in der Nähe von Talca liegt. Es ist erwiesen, dass die DINA zu der Zeit, als Heyder tot aufgefunden wurde, in Talca operierte, und ihr örtlicher Stützpunkt war in solchen Fällen die Sektensiedlung. Hugo Baar hatte nach seiner Flucht gegenüber *Amnesty International* (AI) ausgesagt, dass die DINA 1975 oder 1976 von der Siedlung aus operiert habe, um «ein Attentat gegen einen wichtigen Heeresoffizier in Talca zu verüben». Baar, der das Waffenarsenal der Colonia Dignidad verwaltete, musste eine Pistole herausgeben, die er ein paar Tage später zurückbekam. Dann hielten sich zwei Colonia-Männer einige Zeit im Süden versteckt.

Um Strafe gehe es ihr nicht, diktierte Adriana ihren Anwälten in die Klageschrift. Die Schuldigen sind durch ihre Gewissenslast genügend bestraft. Aber sie will die Wahrheit wissen, und die kommt nur durch ein gerichtliches Untersuchungsverfahren ans Licht. Eine Richterin in Talca ordnete diese Untersuchung an. Die Ermittlungen haben ergeben, dass Heyder gefoltert und ermordet worden war. Als dieses Buch in Druck ging, dauerte der Prozess noch an.

Totalität und Grenzenlosigkeit

Die Allianz von Colonia Dignidad und DINA beruhte auf mehr als nur wechselseitiger Nützlichkeit. Hier traf das aufeinander, was Siegmund Freud in seinem Aufsatz *Massenpsychologie und Ich-Analyse* «zwei künstliche Massen: Kirche und Heer» nennt (Freud 1999 S. 101 ff). Für Freud sind religiöse und militärische Kollektive künstliche Massen, die durch einen «gewissen äußeren Zwang» vor der Auflösung bewahrt werden. Beide werden außerdem zusammengehalten durch die Liebe zu Führer oder Gott, aus der die Illusion der gleichen Liebe der Mitglieder untereinander entsteht. Im Falle der Colonia Dignidad und der DINA kommt ein weiteres einigendes Element dazu, die Dominanz der Männlichkeit. Männerbünde leben von der verkappten Homoerotik ihrer Mitglieder untereinander und im Verhältnis zum Führer. Wenn diese Homoerotik zu sichtbar wird, wird sie zum unerwünschten Skandal, wenn sie aber überhaupt nicht wahrnehmbar ist, fehlt die Ausstrahlung. Diese Mischung aus Geheimhaltung und Signalwirkung hat die Colonia Dignidad extrem gesteigert. Jeder wusste, dass Schäfer Jungen unter einmalig monopolistischen Bedingungen missbrauchte, und es hatte deshalb nach der Flucht Müllers 1966 auch schon einen Skandal gegeben, aber diese Tatsache wurde mit allen Mitteln der Rechtsbeugung, des Betrugs, der aufwändigsten Fassaden kaschiert, und ein ganzer Staat gab Rückendeckung. Der so gesteigerte Reiz des Verbotenen lebte zusätzlich von der Hochschätzung, die der deutsche Militarismus in Chile genießt, seit preußische Ausbildungsoffiziere seinen Streitkräften ihre Prägung gaben. Der «Herrenclub» der Colonia Dignidad entsprach einem gemeinsamen Ideal männlicher Kriegerbünde, die nicht für Sold dienten, sondern ihre ganze Existenz einer Berufung unterordneten. Auch das Karteikartenarchiv, das von Colonia Dignidad und Diktatur gemeinsam geführt wurde, zeigt dieses Ideal in Formulierungen wie der von einem General: «Hat keine Hosen an ... Schwäche gegenüber Marxismus.» Colonia Dignidad und DINA waren Männerbünde mit gleicher Libidostruktur. Das muss der Grund dafür gewesen sein, warum die Köpfe der DINA Urlaub und Freizeit in der Colonia Dignidad verbrachten und dort noch aus- und eingingen, als die DINA schon aufgelöst war.

Die Kriegsneurosen, die Freud im Ersten Weltkrieg beobachtete, deutet er als «Protest des Einzelnen gegen die ihm in der Armee aufgezwungene Rolle». Das trifft auch auf die Neurosen der Colonia-Dignidad-Bewohner zu. Die von Freud konstatierte Rücksichtslosigkeit der beiden Kollektive gegen Menschen, die nicht dazugehören, findet sich jeweils in der DINA und der Colonia Dignidad; es wäre zu untersuchen, ob das Zusammentreffen beider einen kumulativen Effekt hatte, eine Synthese politischer und religiöser Mission mit zugespitzter Vernichtungsbereitschaft. Es wäre zu untersuchen, ob die Folter der Sekte an ihren eigenen Leuten und die Folter an chilenischen politischen Gefangenen in der Siedlung sich wechselseitig potenzierten. Da die Ex-Colonia-Mitglieder wenig reden und fast kein chronologisches Gedächtnis haben, ist eine solche Untersuchung kaum durchzuführen.

Warum steigerte die DINA 1974—1976, als es keinen für das neue Regime gefährlichen Widerstand mehr gab, den staatlichen Terror? Contreras und seine Offiziere fühlten sich berufen, Chile ein für allemal vom Marxismus zu befreien. Solche Missionen sind ihrer Eigenlogik nach erst zu einem utopischen Zeitpunkt des Erlöstseins zu Ende. Wenn sie, wie im Falle der Colonia Dignidad, dann noch manifest religiös unterlegt sind, kennen sie keine zeitliche, geographische und moralische Grenze. In der DINA schloss dieser Totalitätsanspruch ein gesellschaftspolitisches Konzept ein. Sie gründete Ressorts und führte Projekte durch, die normalerweise nicht in den Verantwortungsbereich eines Geheimdienstes fallen. Der Putsch sollte nach Contreras' Lesart kein Regierungswechsel sein, sondern eine neues korporativistisches, von keinen Klassenkämpfen mehr geplagtes Chile, ja sogar ein neues Volk schaffen.

Dieses auf die menschliche Substanz zielende Sendungsbewusstsein duldete kein Zögern. Die an Schreibtische und geordnetes Exerzieren gewöhnten Soldaten der DINA mussten sich an eine rasant beschleunigte Zeitökonomie gewöhnen. Sie erzeugte bedenkenlosen Triumphalismus, zwang zu dauernden Improvisationen und führte zu groben handwerklichen Fehlern. Die DINA wirbelte ihrerseits den in gleichmäßigem Fluss befindlichen Zeitstrom der Colonia Dignidad durcheinander. Schäfer, der sein Bett, seinen zurückklappbaren «Thron» und langgezogene Ritardandi von Chor und Orchester liebte, erlebte einen ruckartigen Machtzuwachs. Der Umschlag von Terrorbereitschaft zum massiven Verbrechen kam so plötzlich, dass die Sekte ihn nicht verarbeiten konnte. Das Böse wollte in Schäfers Enklave Weile haben — bei der DINA ging alles Schlag auf Schlag. Schäfer und seine Anhänger mussten sich auf eine erfahrungsverzerrende zweifache Geschwindigkeit einstellen, den gleichförmigen Trott der Sekte und die Dynamik der Repression. Für moralische Erwägungen, die an Gewissensprüfung, Bedenkzeit und ruhige Gespräche gebunden sind, wäre keine Gelegenheit gewesen, wenn es jemand hätte versuchen wollen. Auch für eine nachträgliche Verarbeitung der begangenen Untaten fehlten die Voraussetzungen. Die terroristische Zuspitzung durch die Allianz von Colonia Dignidad und DINA fiel in ein Zehntel des Gesamtzeitraums, in dem die Colonia Dignidad unter Schäfers Einfluss stand, stigmatisierte die Sekte aber für immer. Die Schwierigkeiten, die die Siedler bis heute mit ihrer Vergangenheit haben, mögen mit der Unfähigkeit zusammenhängen, diese Zeitintensivierung als persönliche Erfahrung zu verarbeiten.

Auch die räumliche Entgrenzung war wagemutig. In den drei Jahren ihrer Existenz operierte und mordete die DINA in Lateinamerika, den USA und Europa. Die Geheimdienste Israels und Südafrikas gehörten zu ihren Bündnispartnern. Sie löste ein, was der alte Kosakengeneral Peter Krasnov seinen auf deutscher Seite kämpfenden Soldaten gesagt hatte: Es «spielt keine Rolle, wo ihr zu diesem Kampf eingesetzt werdet». In der Internationalisierung des Staatsterrorismus war die DINA der übrigen Welt um eine Generation voraus. Der kommunistische Feind war für Contreras überall. Die DINA plante Aktionen gegen die baskische ETA, die irische IRA und die deutsche RAF.

Einige lateinamerikanische Untergrundorganisationen, darunter der chilenische MIR, der argentinische ERP und die uruguayischen Tupamaros, hatten sich 1974 zu einer *Junta Coordinadora Revolutionaria* (Revolutionären Koordinationsvereinigung) zusammengeschlossen. Im Gegenzug begann Contreras die *Operación Condor*[20], deren Nummer 1 *(Condor 1)* Contreras in Person wurde. Von Chile aus wollte die Operation Condor den Kommunismus in ganz Lateinamerika besiegen. Das wichtigste Betätigungsfeld war das Ausspionieren, Verhaften und Ermorden von Oppositionellen jeder Couleur, darunter auch Christdemokraten, in den jeweiligen Nachbarländern. Die USA und einige europäische Länder wurden zum vorgelagerten Operationsgebiet dieser kontinentalen Konterrevolution. Das spektakulärste Attentat im Rahmen der Operation Condor führte die DINA 1976 mitten in der Hauptstadt ihres Verbündeten USA aus. Sie ermordete den chilenischen Exilpolitiker Orlando Letelier mit einer Autobombe. Es war der erste vom Ausland organisierte Terroranschlag in den USA. Nachdem das FBI die Urheber ermittelt hatte, froren die Beziehungen der chilenischen Diktatur zu ihrem mächtigsten Verbündeten ein. Dieser für die Pinochet-Diktatur kontraproduktive Mord erklärt sich dadurch, dass für die Führung der DINA der Putsch das «Krebsgeschwür des Marxismus» ausmerzen sollte und der rekonvaleszente «Volkskörper» durch eine Pädagogik des Terrors vor Rückfällen geschützt werden musste. Hierfür war jedes Mittel recht.

---

20 Nach meiner Lesart ist diese Operation lediglich eine Kooperation der Geheimdiente Chiles, Brasiliens, Uruguays, Boliviens und Perus, deren Zentrale die DINA war. (s. Heller 2013, S. 83 ff)

Erste Folterberichte

1977 publizierte die bundesdeutsche Sektion von *Amnesty International* eine Broschüre «Colonia Dignidad – deutsches Mustergut in Chile – ein Folterlager der DINA». Die Autoren waren Jürgen Karwelat und ich. In dieser Schrift wurden zum ersten Mal die Folterberichte der chilenischen politischen Gefangenen Erick Zott, Luis Peebles und Adriana Borquez wiedergegeben. Es war zugleich die erste Privatinitiative gegen das Folterlager der DINA. Ihr sollte noch eine ganze Serie folgen, denn der chilenische und der deutsche Staat übten sich lange in Passivität.

Zott und Peebles, beide Mitglieder des MIR, wurden im Februar 1975 zusammen mit der unter der Folter zerbrochenen Widerstandskämpferin Marcia Merino von den DINA-Offizieren Fernando Laureani und Fernando Gómez in die Colonia Dignidad gebracht. Laureani führte die DINA-Einheit *Vampiro*, Gómez leitete die DINA-Niederlassung in Parral, die in einem Haus der Sekte ihren Sitz hatte. Die Gefangenen wurden in einem für die DINA reservierten und rasch umgebauten Kartoffelkeller innerhalb des Sektendorfes gefangengehalten und gefoltert.

Die Folter dort war anders als die, die die beiden Gefangenen schon gewohnt waren. Die Folterer schrien nicht hysterisch herum. Sie gingen planmäßig vor. Zott und Peebles wurden mit Elektroschocks gefoltert und in viel zu kleine Holzkisten gesteckt, die gedreht, geworfen und mit Stöcken geschlagen wurden. Einer der Folterer war ein Brasilianer mit dunkler Hautfarbe. Jahre später erkannte Peebles auf einem Video Schäfer als einen seiner Folterer. Dreißig Jahre später sahen sie sich wieder. Diesmal war Schäfer der Häftling. Peebles hatte als Arzt im Staatsdienst Zugang zu Schäfer. In einem unbedachten Moment zeigte Schäfer, dass er sich an Peebles erinnerte, gab sich aber sofort wieder unbeteiligt.

Die Kommunistin Adriana Borquez wurde im April 1975 in Talca verhaftet. In einem Bus mit weiteren Gefangenen wurde sie in die Colonia Dignidad gebracht. Die Folter zog sich über Wochen hin (Heller 1993 S. 109ff). Die Partei wollte in Talca eine «neue KP» mit «festen Genossen» aufbauen. Die DINA wollte das im Keim ersticken und über diese örtliche Gruppe an deren Kontaktpersonen für die Partei in Santiago herankommen. Nach ersten Verhaftungen und Foltergeständnissen Anfang 1975 rollte sie nach und nach den ganzen Parteiapparat auf. Einer der ersten war José González. Über Adriana Bórquez sagte er, dass sie ohne Rücksicht auf Parteizugehörigkeit Solidaritätsarbeit in einer Gruppe der kommunistischen Partei machte, die mit der katholischen Kirche zusammenarbeitete. (Adriana hat, wie sie sagte, nie mit dem Mann gesprochen. Einmal führten sie Bórquez während der Haft «zu einem Bündel, das auf den Boden geworfen war und bei dem ich feststellen konnte, wer es war, sonst nichts (es war González, D. M.) ... Wenn dieses arme Wesen mich irgendwo reingeritten hat, dann war es, weil er der Folter nicht standhielt. Die Karteikarte von José González vermerkt, er sei «der Intellektuelle» dieses Teils der KP und kenne die internen Strukturen. «Auch für uns ist es wichtig, was dieser Mann weiß», notiert «Hüp» am 12.5., und man müsse ihn (als Lockvogel) zu einem Kontakt mit einem «Sergio» im der Straße Mercedes in Santiago bringen, der ein Kontakt zwischen der KP in Talca und dem Zentralkomitee in Santiago sei. Das «Auch für uns» kann man als Beteiligung der Colonia Dignidad an der Zerschlagung der KP auf nationaler Ebene lesen.

Später erfuhr Adriana, dass die DINA von Anfang an die komplette Namensliste der kommunistischen Partei Talcas besaß und die Mitglieder einfach hätte verhaften können. Keine chilenische Stadt ist in dem 2005 gefundenen Karteikartenarchiv so häufig mit präzisen Eintragungen vertreten wie Talca. Offenbar waren die Gefangenen aus Talca in die Hände der Folterschule der DINA geraten, die in der Colonia Dignidad operierte und in der brasilianische Folterspezialisten ihre Kenntnisse an Gruppen von jeweils 30—40 ihrer weniger erfahrenen chilenischen Kollegen weitergaben. Die Folterungen dienten der Ausbildung und die Listen der Kontrolle.

Adrianas Karteikarten zählen alle Haftorte und -daten auf, allerdings nennen sie statt «Colonia Dignidad» einen Haftort in Santiago («Cuadro Alamos», im Original auch in Anführungsstrichen). Gerd Seewald setzte das in der Colonia Dignidad eingeübte Spiel der Deck- und Spitznamen auf den Karteikarten fort. Die Quellen werden fast nie mit richtigen Namen bezeichnet. Die Colonia Dignidad wird nie als Haftort genannt, auch wenn aus dem Zusammenhang hervorgeht, dass sie es war.

Auf Adrianas Karteikarte steht: «verhaftet, anhängig in Erwartung von Anweisungen aus Santiago» (Eintragung vom 15.5.1975). Sie wurde nach Santiago verlegt, und nach einer Haft- und Folterphase setzte man sie auf einer Straße ab, wahrscheinlich, um herauszufinden, wohin sie gehen würde, um weitere Oppositionelle verhaften zu können. Sie fand Unterschlupf bei der Kirche, die sie ein halbes Jahr lang an elf verschiedenen Orten versteckte. Schließlich konnte sie nach Großbritannien ausreisen.

Im April und Mai wurden erst die Parteijugend, dann die älteren Genossen in die Siedlung gebracht und gefoltert. Die Folter erbrachte neue Namen, neue Verhaftungen und wiederum Namen. Das Karteikartenarchiv enthält ein recht genaues Bild der örtlichen KP. Dieser und viele andere Themenblöcke des Archivs zeigen, das es eine kaum abschätzbare Anzahl von Opfern der Colonia Dignidad gab, die nie den Boden der Siedlung betreten hatten.

Die Sexualfolter war in der Colonia Dignidad Routine, denn die Genitalien sind besonders empfindlich. Borquez erinnert sich an eine «ekelhafte Fixierung der Folterer auf Sexualität» (Mail an den Autor. März 2016). Folterer arbeiten nicht technisch-distanziert, sie sind mit ihrer ganzen Persönlichkeit dabei. Die eingeübte Praxis der Colonia Dignidad, Menschen duch die Kontrolle ihrer Sexualität zu beherrschen, mag zu der Fixierung auf die Sexualorgane beigetragen haben.

Einer der Folterer war ein angeblicher Arzt namens Osvaldo Pincetti *(el doc)*, tatsächlich ein Varietékünstler und Hypnotiseur. Bei der Folter experimentierte er mit Hypnosen. Pincetti sagte später aus, dass Gerhard Mücke an Folterungen beteiligt war. Mücke übergab Pincetti nach der Hypnose Valium, damit die Gefangenen sich ausruhen konnten (*El Mercurio* 9.12.2000).

Zott, Peebles und Borquez wurden schließlich freigelassen und gingen ins Exil. Jeder von ihnen hat auf seine Weise die Erfahrung in der Colonia Dignidad aufgearbeitet und weiterverfolgt. Borquez hat ein Buch über ihre Erfahrungen geschrieben. Sie wollte «ohne Rückgriff auf die Clichés und die der linken Zeugnisliteratur eigene Sprache ... auch für sich selbst eine Erklärung dafür finden, was die Gründe für das Bestehen dieser deutschen Enklave» seien. Mitten in der «‹westlichen, christlichen› Gesellschaft» hatte sich eine «unverhältnismäßige Wildheit» aufgetan, deren Logik Borquez soziokulturell, ökonomisch und politisch begreifen wollte (Borquez 2015 S. 192f). Damit skizziert sie eine Antwort auf die Frage, wie die skurrile deutsche Siedlung, die Bilder des Mittelalters wiederbelebte, in einer modernen Diktatur weit über ihren Sektenhorizont hinaus wirken konnte. Auf diese Frage gibt es bis heute keine schlüssige Antwort. Alle drei haben vor Gericht Klage eingereicht, und diese Prozesse haben dazu beigetragen, dass Schäfer die Kolonie schließlich verlassen musste. Borquez gewann ihren Prozess in letzter Instanz im April 2013. Gomez und Mücke wurden zu je drei Jahren Haft verurteilt. «Wieviel Jahre sie gekriegt haben, ist mir gleichgültig», schrieb mir Borquez. Wichtig war, dass nun die Verbrechen der Colonia Dignidad weiter aufgearbeitet werden konnten.

Das Presseecho auf die AI-Publikation von 1977 war unerwartet groß. Die Sekte brauchte sechs Wochen, ehe sie darauf reagierte. Offenbar gingen Colonia Dignidad und Diktatur davon aus, dass AI noch mehr wusste, und sondierten erst einmal die Lage. Die Pinochetregierung nahm AI als Teil einer Chile-Solidaritätsbewegung wahr, die damals in vielen Ländern Einfluss auf die staatliche Politik hatte. Die von einem Geheimdienstler Jahrzehnte später in einem Gespräch mit Carlos Liberona kolportierte Version, AI sei eine Art Regierung gewesen, war schon damals, als AI auf dem Höhepunkt seines Ansehens stand, falsch. Die Menschenrechtsorganisation hatte ihre spezifischen Schwachpunkte. Ihr internationales Sekretariat in London, das aus Unachtsamkeit den Entwurf der Broschüre nicht gelesen hatte, war von Anfang an strikt gegen die Initiative der deutschen Sektion, von der sie aus der Presse erfuhr. Contreras, der überall seine Spitzel[21] hatte, wusste das. Er kannte auch bald die tatsächlichen Kräfteverhältnisse: «Mitarbeiter der Regierung Pinochets in Frankfurt informierten uns, dass es eine Gruppe von nicht mehr als drei Personen ist, die die Kampagne begann, und dass sie mit einer wenig bedeutsamen Unterstützung der SPD rechnen» (Heller 1993 S. 156). Zwar ist die Angabe von drei Personen untertrieben, aber die Wirkung der Broschüre lag nicht in ihrer politischen Rückendeckung, sondern darin, dass sie unbeabsichtigt das geheimste aller geheimen Folterlager der DINA aufgedeckt und eine Verbindung zwischen der Pinochetdiktatur und Deutschland nachgewiesen hatte. Und was AI nicht wusste: Dieses Geheimlager war zugleich ein geheimer Militärstützpunkt, in dem genau zu dieser Zeit ein Krieg vorbereitet wurde. Grund genug für die Diktatur nervös zu werden.

21 Die gegen AI angesetzten Spitzel waren David Benavente, der kurz vor dem Putsch über ein Journalistenreiseprogramm der Deutschen Botschaft in Santiago in die BRD gekommen war, und ein «Pedro Rojas», der im Karteikartenarchiv sogar als Informant genannt wird. In einer Aussage von Wolff von Arnswaldt vom 6.3.1993 gegenüber einem chilenischen Gericht wird Pedro Rojas als Informant genannt. Benavente war AI suspekt und hatte keinen Zugang zu relevanten Informationen. Rojas konnte nicht identifziert werden, es könnte ein Deckname sein (s. a. Heller 1992/2016. S. 156).

Deutsche Botschaft und Auswärtiges Amt suchen nach einer Lesart

Durch die Enthüllungen verdüsterte sich die Stimmung Schäfers, seine Predigten dauerten nun länger (Vedder 2005 S. 88). Am 19.4.1977 begann in der Colonia Dignidad ein Hungerstreik, an dem 220 Mitglieder teilnahmen. Schäfer aß. Er brauche Kraft, sagte er. Die Colonia Dignidad verfasste eine «Hungerstreikerklärung», in der sie sich in der Opferrolle darstellt (s. Heller 1993 S. 40). Sie forderte eine Antwort Bundesaußenminister Genschers. Mittlerweile konnte ich die entsprechenden Akten des AA einsehen. Sie zeigen, wie eng sich Botschaft und AA an die Lesart der Colonia Dignidad hielten. Botschafter Strätling, nach Mitteilung eines früheren Kollegen ein umgänglicher, allen Hierarchien gegenüber abgeneigter, streng katholischer, weit rechts stehender und dem Alkohol zugeneigter Mensch, kabelte diese Erklärung, die ihm die Colonia Dignidad übergeben hatte, am 22.4.1977 verschlüsselt nach Bonn. Am 24.4., dem fünften Tag des Hungerstreiks, bat Strätling das AA, der Colonia Dignidad eine Botschaft übermitteln zu dürfen, in der es u. a. heißen sollte: «Die Bundesregierung dankt Sociedad Dignidad für ihre Erklärung. Sie hat mit Befriedigung zur Kenntnis genommen, dass Gemeinschaft [die Colonia Dignidad] gegen sie gerichtete Vorwürfe durch gerichtliches Verfahren als unbegründet erweisen lassen will. Bundesregierung hat sich diese Vorwürfe nicht zu eigen gemacht, da sie bisher nicht bewiesen wurden.» Das AA kabelte zurück, der Botschafter möge von dieser Erklärung Abstand nehmen.

Dann bat der Botschafter seinen persönlichen Freund, den chilenischen Gesundheitsminister General Matthei um Hilfe, der auch sofort mit einem Ärzteteam in die Colonia Dignidad flog. Nach sechs Stunden Verhandlung brach die Colonia Dignidad den Hungerstreik ab. Dies wurde bei einem großen Empfang in Santiago bekannt und löste «beim Staatspräsidenten [Pinochet] und beim Innenminister offensichtlich große Erleichterung aus». Matthei besuchte noch am späten Abend desselben Tages Strätling, «um seine Eindrücke zu schildern ... er war beeindruckt von der sektiererischen Hartnäckigkeit» bei der Generalversammlung der Colonia Dignidad. Zur Überraschung des Botschafters sagte Matthei, Schäfer, der ja offiziell tot war, sei der «Hauptwortführer» bei der Generalversammlung gewesen, so der Botschafter (Fernschreiben 28.4.77).

Am 27.4.77 fasste Johannes Marré, Legationsrat im AA, die ihm vorliegenden Unterlagen in einer Vorlage an den Staatssekretär auf zwei Seiten zusammen: Die Unterlagen der Colonia Dignidad «scheinen sorgfältig erarbeitet worden zu sein ... die Verfasser gehen hierbei methodisch, fast wissenschaftlich vor; sie verzichten auf Polemik ebenso wie auf Dialektik; ihre Sprache ist nüchtern, fast spröde und die Argumentation begrifflich klar», heißt es dort. «Fast wissenschaftlich», «nüchtern, fast spröde», «begrifflich klar»: Das Wenn und Aber, das sich hinter dem Gutachtertonfall versteckt, lenkt vom Foltervorwurf ab. Die Formulierung «Verzicht auf Polemik und Dialektik» überrascht, findet aber ihre Erklärung in einem Satz der nach Bonn gekabelten «Hungerstreikerklärung»: «Wir entsagen jeglicher Polemik und falscher Verteidigung und entfernen uns damit von der Dialektik.» «Dialektik» dürfte hier auf den Marxismus zielen. Dass dieser Satz aus der «Hungerstreikerklärung» der Colonia Dignidad in einen Text des AA einging, zeugt nicht eben von Distanz gegenüber der Siedlung, die ihre Sympathien zu Pinochet offen bekundet hat und unter dem später bewiesenen Verdacht von Mord und Folter stand. In einer kurzen Zusammenfassung der von Blank übergebenen Ausarbeitung stellt Marrés Text klar, dass es in der Siedlung keine «Einrichtung für Folterungen irgendwelcher Art ... keine Zellen für Gefangene oder abgerichtete Hunde» gab – also all das, was sich später als Tatsachen erweisen sollte. Marré macht aus seinem Wenn und Aber dann eine «kritische Durchsicht der von der ‹Colonia Dignidad› übergebenen Unterlagen», die ihn zu dem Schluss führt, «dass die Existenz eines Folterzentrums im Bereich der Siedlung äußerst zweifelhaft erscheint».

In einer weiteren Vorlage empfiehlt Marré dem Minister, das AA solle «weiterhin Zurückhaltung üben» und sich «jedweder Stellungnahme zu den Vorwürfen strikt enthalten». Eine handschriftliche Notiz am Schluss des Textes lautet: «Wir haben ein objektives Interesse an der Aufklärung der Vorwürfe, können diese Aufklärung aber keinesfalls selbst vornehmen. Wir sollten uns auch nicht in die Auseinandersetzung zwischen der Colonia Dignidad einerseits und *Amnesty International* andererseits hineinziehen lassen». (Die Unterschrift «Ge» stammt offenbar vom damaligen Staatssekretär Dr. Gehloff.) Dieser Standpunkt der Zurückhaltung bestand für viele Jahre fort.

Dem Botschafter machte Sorge, dass der «Stern» behauptet hatte, die Colonia Dignidad habe Pinochet den Mercedes 600 geschenkt. Er erkundigte sich mehrfach danach und fand heraus, dass die Colonia Dignidad der chilenischen Regierung einen solchen Wagen «gelegentlich zur Verfügung stelle», da sie selbst «über einen Repräsentationswagen dieser Art» nicht verfüge (Fernschreiben 2.3.1977). Hatte Strätling von dem Gespräch von Hassels mit seinem US-Kollegen, auf das ich weiter unten zurückkomme, nichts gewusst? Dort war von einem Geschenk die Rede! Oder verschwieg er die Fakten? Wenige Wochen später bestätigte Blank im Bonner Gerichtssaal das Geschenk.

Der «Repräsentationswagen» hatte Eigenschaften eines Kampfwagens. «Knüsselböck» (s. Kap. War die Colonia Dignidad eine Nazisiedlung?) hatte in seiner Werkstatt auf dem Siedlungsgelände Chemikalien für Blendgranaten gemischt. Diese Blendgranaten wurden unter den Kotflügeln eingebaut und konnten per Knopfdruck gezündet werden. Am Heckteil konnten *miguelitos* (scharfkantige Metallteile) aus einem Behälter auf die Straße gestreut werden, sodass die Reifen verfolgender Autos kaputtgingen.[22]

Ich komme auf das Thema deutsche Außenpolitik und Colonia Dignidad zurück.

Der Prozess der Colonia Dignidad gegen *Amnesty International*

Nach hektischen Sondierungen in Santiago ging die Colonia Dignidad presserechtlich gegen AI vor. Wegen der kurzen Verjährungsfristen des Presserechts drängte die Zeit. Der für Staatsschutz zuständige Frankfurter Staatsanwalt Klein konstruierte eine Unterbrechungshandlung. Er wollte das Frankfurter AI-Büro durchsuchen lassen, das aber zu diesem Zeitpunkt nicht besetzt war. Er vernahm mich und begründete in dieser Vernehmung seine Zuständigkeit damit, die AI-Broschüre habe die BRD angegriffen. Es ging dabei um einen knappen Satz zum Deutsch-

22 Information von Michael Müller. Es ging um einen Mercedes 300 SEL mit 600er Motor. Schäfer hatte den gleichen Wagen in Gold Metallic und einen 280 Mercedes in Blau, mit dem er über die Feldwege raste (vgl. die beiden Jeeps im Kap. Totalaufbau). Die Zwillingsautos sollten Attentäter irritieren. Das Verwirrspiel gelang. «Am 21.8.1974 (am Tag nach Pinochets Besuch in der CD, D. M.) sagte Aguilar (ein Heeresoffizier aus Linares, D. M.), als er das Auto betrachtete, in dem Pinochet fuhr, zu jemandem, dass der Chauffeur einer der Deutschen sei. Dann fügte er hinzu, dass es das Auto des Doktors (Schäfer) sei. Der andere sagte, dass dieser ein blaues Auto habe. Dann haben sie es neu gestrichen, sagte Aguilar.» (Karteikarte Aguilar Barrientos, 5). Vgl. 7 más 7, 10.9.2004: Anfang 1974 fuhr Schäfer im blauen Mercedes am Juntagebäude vor.

landbezug der Colonia Dignidad. Die *Private Sociale Mission* erkundigte sich nach Mertins sowie nach dem Frankfurter Rechtsanwalt und unentwegten Nazi-Verteidiger Dr. Steinacker zu Klein.

Die *Private Sociale Mission* klagte vor dem Landgericht Bonn stellvertretend für die Colonia Dignidad gegen AI wegen Verleumdung. Hans Jürgen Blanck, studierter Jurist und Colonia-Dignidad-Mitglied, übernahm die Prozessführung. Obwohl Steinacker auf ihn einen «korrekten, rechtsdenkenden Eindruck» machte, überließ er dem unverdächtigen CDU-Rechtsanwalt Felix Busse die Rechtsvertretung. Dem waren die Barzahlungen aus dem Aktenkoffer und die Ausflüchte der Colonia-Leute nicht geheuer und er legte sein Mandat nieder. Die Colonia sagte über ihn, ihm habe « Flexibilität gefehlt» (JIPOL); er war also nicht bereit, die Lügen des Folterlagers mitzutragen.

Solange Helmut Frenz Generalsekretär der deutschen Sektion von AI war, führte die Menschenrechtsorganisation den Prozess gründlich. Nach seiner Amtszeit betrieb das Sekretariat der Deutschen Sektion den Prozess immer halbherziger und löste die entsprechende AI-Arbeitsgruppe auf. Durch den Prozess war AI vom moralischen Ankläger zum juristisch Beklagten geworden. Allerdings erwies sich die Klage der Sekte mehr und mehr als Fehler. Die Menschenrechtsorganisation konnte eine Reihe neuer Zeugen benennen, darunter den früheren Wachsoldat der DINA, Samuel Fuenzalida. Die chilenische Presse, die durch die Zensur daran gehindert wurde, über Folter und Mord im eigenen Land zu berichten, brachte regelmäßig Nachrichten über den Bonner Prozess. Wer richtig las, verstand die Zusammenhänge. Der Prozess wurde für die Diktatur zu einem Dauerärgernis. Sie verzögerte die deutschen Rechtshilfegesuche. Als in Chile längst wichtige Menschenrechtsprozesse geführt wurden und der Bonner Prozess politisch bedeutungslos geworden war, gewann ihn AI nach 20 Jahren, blieb aber auf den Kosten sitzen, denn die Klägerin *Private Sociale Mission* gab es zu diesem Zeitpunkt nicht mehr. Da die Klägerin weggefallen war, konnten die Bonner Richter den Prozess ohne inhaltliche Bewertung der Zeugenvernehmungen und Protokolle von Ortsterminen beenden. Ein inhaltlich begründetes Urteil zu einem früheren Zeitpunkt hätte Rückwirkungen auf die Verfahren in Chile gehabt und womöglich Schäfers Herrschaft verkürzt. Die lange Prozessdauer wurde mehrfach von deutschen Behörden und Politikern als willkommenes Argument benutzt, sich nicht in ein «schwebendes Verfahren» einmischen zu können.

Die Militäroperation am *Cerro Gallo*

Die AI-Publikation hatte zwar ins Schwarze getroffen, aber Vieles wurde erst Jahre oder Jahrzehnte später bekannt. Die Allianz mit der Diktatur erlaubte der Sekte, ihren Machtbereich weit über den Zaun hinaus auszudehnen. Wenn die Sekte in der deutschen Gründungszeit eine Tarnung für Schäfers Missbrauch war, dann war sie nach dem Putsch willkommene Fassade für ein breit gefächertes Repressionsunternehmen.

Im März 1974 führten die chilenischen Streitkräfte am *Cerro Gallo*, einem Hügel in unmittelbarer Nähe der Colonia Dignidad, eine Militäroperation durch. Bei dieser *Operación Cerro Gallo* durchkämmten mehr als 400 chilenische Soldaten die Umgebung der deutschen Siedlung, darunter das Gebiet des *Cerro Gallo*. Die Soldaten waren in der Siedlung stationiert. Sie nahmen Gefangene, die gefoltert wurden. Ob diese Operation auf Schäfers Paranoia oder auf reale Aktivitäten des Untergrunds zurückgeht, ist bis heute unklar.

Die chilenischen Menschenrechtsorganisationen haben diese Operation vier Jahrzehnte lang ignoriert oder die Informationen darüber für unzutreffend gehalten. Mit den Ambivalenzen des deutschen Colonia-Schmuddels wollten sie ohnehin nichts zu tun haben. Die einzige Quelle zu *Cerro Gallo* waren meine bisherigen Bücher, in denen ich die Militäroperation als Massaker bezeichnet und ungenau datiert habe. Nach dem Fund des Karteikartenarchivs war die Operation gut belegt. Der chilenische Fernsehjournalist Luís Narváez hatte Zugang zu den damals noch nicht öffentlichen Karteikarten und drehte 2014 für den Sender *Chilevision* die Dokumentation *Las fichas del horror* (Die Karteikarten des Schreckens). Opfer der Militäroperation fand er, indem er einfach auf den *Cerro Gallo* ging und die Campesinos fragte. Auf diese Idee war bis dahin niemand gekommen.

Ob es ein Massaker gegeben hatte oder ob die Operation nur auf Schäfers Verfolgungswahn zurückging, konnte der Journalist in der Kürze der Zeit nicht feststellen. Nach der Massakerversion waren die 400–500 Soldaten, die an der Operation teilnahmen, unfreiwillige Zeugen einer als Anti-Guerilla-Aktion getarnten Liquidierung wehrloser Gefangener. Ein Gefecht gab es nicht. Ein chilenischer Soldat schilderte in einem Interview mit der britischen Menschenrechtsarbeiterin Wendy Tyndale die *Operación Cerro Gallo* als Operation gegen Guerilleros, die er aber offensichtlich als Ermordung Wehrloser erlebt hatte (s. Heller 1993 S. 257). Der

Soldat gehörte zur Leibwache des Hauptmanns Hugo Cardemil in Linares. Der Soldat berichtet: «Wir gingen zur Verfolgung einiger Extremisten und da halfen uns die Deutschen. Sie kannten einen Berg, den Cerro Gallo, wo sie sagten, dass sie Extremisten gesehen hatten.» In der Colonia Dignidad «schliefen wir 25 Soldaten, es beteiligten sich etwa 70. Da sie sagten, dass viele Extremisten da waren, kamen Verstärkungen von Chillán, Talca, Curicó, eine Infantrietruppe aus Santiago. Und wir, die von dort waren, waren ungefähr 70.» «Ja, davon sprachen sie alle. Dort haben sie eine große Gruppe umgebracht. Sie sagten, sie haben sie eingekesselt und alle getötet», bestätigte 2002 ein ehemaliger Koloniebewohner.

Dann sagt der Soldat den Schlüsselsatz: «Klar dass wir ein Lager fanden und mehr verwahrte Munition. Dort griffen einige Offiziere einige Leute auf und traten sie und massakrierten sie auf dem Hügel (*cerro*, DM).» Es war nach dieser Version also kein Gefecht, sondern ein Massaker. Es folgt eine Schilderung, die genau auf Schäfer zutrifft: «Der Chef der Deutschen war nicht sehr groß, angegraut, ein Herumkommandierer. Sie gehorchten ihm mehr als dem Hauptmann, der mit uns war. Sie sprachen Deutsch, sodass ich nicht weiß, wie sie ihn nannten. Der Chef hatte immer eine Brille auf. Es scheint, dass er irgendetwas am linken Auge hatte, aber man sah es nicht gut, er trug eine Sonnenbrille.»

Jahre später wurden weitere Einzelheiten bekannt. Kurt Schnellenkamp hatte Busse mit verdunkelten Fenstern, in denen Gefangene saßen, auf den Hügel gefahren. Eine dieser Fahrten bestätigte er vor einem Richter. Albert Schreiber organisierte das Hauptquartier der etwa 500 chilenischen Soldaten in der Siedlung. Auf dem Hügel habe es «viel Bewegung» gegeben, sagten frühere Siedler, und nach ein paar Tagen seien die Soldaten unter dem Kommando Hugo Cardemils in Kampfanzügen und mit SIG-Gewehren bewaffnet losgezogen und nach zwei Tagen verschmutzt zurückgekommen. »Das da oben ist jetzt zu Ende», verkündete Schäfer vor der Gemeinde, die Kommunisten könnten nun nicht mehr runter.

Im Juli 2016 reichte die *Asociación por la Memoria y los Derechos Humanos Colonia Dignidad* (AMCD, Vereinigung für Erinnerung und Menschenrechte Colonia Dignidad) Strafanzeige wegen der Militäroperation ein.

Die *Operación Colombo*

1975 führte die DINA die *Operación Colombo* durch. Sie bestand darin, eine Bedrohung Chiles durch aus dem Ausland eindringende Guerilleros zu erfinden und die immer lauter gestellte Frage nach dem Verbleib der von der DINA verhafteten Gefangenen irgendwie zu beantworten. Zur Vorgeschichte dieser psychologischen Kriegsführung gehört eine Pressekonferenz, die die DINA im Februar desselben Jahres mit vier verhafteten und unter der Folter zerbrochenen MIR-Mitgliedern organisiert hatte. Sie sollte den MIR spalten und ihr und den mit der DINA konkurrierenden Geheimdiensten die Terrorbotschaft zukommen lassen, dass es für sie nur ein Ziel gab: den Tod der Widerstandskämpfer (s. Heller 1993 137ff). Krassnoff organisierte das Unternehmen. Der vorbereitete Text, in dem die vier ihre früheren Kampfgefährden aufforderten die Waffen niederzulegen, wurde Pinochet vorgelegt, und dann verlasen ihn die Gefangenen vor laufenden Kameras. Unter dem Tisch trugen sie Fußfesseln. An den Fernsehaufnahmen war auch ein Deutscher beteiligt, dessen Identität unbekannt ist. Krassnoff lief in seinem Übereifer vor die Kamera, was ihn in einem späteren Menschenrechtsprozess in große Verlegenheit brachte, denn dort hatte er seine Beteiligung geleugnet.

Diese Desinformationskampagne kam so schlecht an, dass die DINA im Juli 1975 die Veröffentlichung von zwei Listen von MIR-Mitgliedern nachschob, die sich angeblich im Ausland gegenseitig umgebracht hatten. Zusammen waren es 119 Namen. Die letzten Spuren einiger dieser Menschen führten, wie mittlerweile bekannt ist, in die Colonia Dignidad. Auch das Karteikartenarchiv legt einen engen Zusammenhang zwischen der *Operación Colombo* und der Colonia Dignidad nahe.

Auffallend an der Liste der 119 und den während der *Operación Colombo* genannten Namen ist der hohe Anteil von Juden. Unkenntlich gemachte Leichen wurden mit Ausweisen von durch die DINA verhafteten oder aus einem regulären Gefängnis entführten Juden versehen (s. die Frankfurter Zeitschrift «Babylon» 5/89).

Monte Maravilla

Monte Maravilla ist ein Berg in der Region, in der die Colonia Dignidad liegt. Der Name tauchte mehrfach als Name eines Gefangenenlagers auf, das in unklarer Beziehung zur Colonia Dignidad stand. Offenbar ist es ein Deckname für ein Arbeitslager, das die Colonia Dignidad unterhielt, für den *Cerro Gallo* oder für die Colonia Dignidad selbst. Ich führe im Folgenden die Informationen auf, die belegen, dass die Colonia Dignidad (offenbar zusammen mit den Streitkräften) einen geheimen Haftort unterhielt, der nicht mit dem von der DINA benutzten «Kartoffelkeller» innerhalb des Gebäudekomplexes der Colonia Dignidad identisch ist.

Der DINA-Informant René Muñoz legte im Juni 1977 vor dem Solidaritätsvikariat in Santiago eine Lebensbeichte ab (s. Heller 1993 S. 255) und wurde kurz darauf von der DINA ermordet. Er berichtete, er habe einige Gefangene in der Colonia Dignidad verschwinden lassen. «Im Augenblick» (d. h. 1977) seien dort 112 noch lebende «Verschwundene», darunter viele, die wegen der Folter am Rande des Wahnsinns seien. Sie seien in einem «Pavillon 2» untergebracht. Muñoz erwähnte zwei führende Sozialisten: Carlos Lorca und Exequiel Ponce. Was und wo dieser «Pavillon 2» war, ist bis heute nicht geklärt. Die mir bekannten chilenischen Menschenrechtsorganisationen zogen es auch wegen dieser Unklarheit vor, den Bericht von Muñoz insgesamt zu bezweifeln.[23]

Ein zweiter Hinweis ist ein Bericht von Luís Arias, einem ehemaligen chilenischen politischen Gefangenen, der kurz vor seiner Ausreise ins Exil über einen persönlichen Bekannten eine Seite eines Geheimdienstberichtes über das «Arbeitslager der Colonia Dignidad ... an einem entlegenen Ort» gesehen hatte. Auf dieser Seite stand der Name seines Freundes Francisco Sánchez, eines Carabinero, der Mitglied der Sozialistischen Partei war. Sanchez hatte zum Sicherheitsapparat seiner Partei gehört und am Putschtag in der Universität von Chillán, in dessen Nähe die Colonia Dignidad liegt, belastende Dokumente vernichtet. Beim Verlassen des Gebäudes wurde er verhaftet und einige Tage später wieder freigelassen. Kurz darauf wurde er wieder verhaftet

23 Der Leiter des Solidaritätsvikariats, Christián Precht, berichtete später, damals seien Besucher mit erfundenen Geschichten zu ihm gekommen, die dafür irgendwelche Hilfe haben wollten. Er habe Muñoz falsch eingeschätzt.

und ist seitdem «verschwunden». Sein Freund, der den Namen auf dem Dokument vom Februar 1978 gesehen hatte, setzte im britischen Exil alle Hebel in Bewegung, um ihn zu retten, aber niemand glaubte ihm. Auch nicht AI, denn im Prozess vor dem Bonner Landgericht nannte die Menschenrechtsorganisation im Mai 1979 Sánchez' Freund als Zeugen, machte aber im letzten Moment einen Rückzieher und brachte den Zeugen nicht zum Gerichtstermin mit.[24]

Diese Aussage dürfte mit Informationen zusammenhängen, die ich von Carlos Liberona erhielt. Sie betreffen ein Arbeitslager, das die Colonia Dignidad zusammen mit den chilenischen Streitkräften unterhielt. Dieses Lager befand sich, so die mündliche und schriftliche Information, in einem militärischen Sperrgebiet in der Nähe der Colonia Dignidad (Heller 1993 S. 147 ff). Es bestand aus Fertigbaubaracken und Zelten. Dort lebten von etwa 1975 bis 1978 weibliche und männliche Gefangene. Fast alle waren Chilenen, die zu Untergrundorganisationen gehört hatten und unter der Folter zerbrochen waren. Wahrscheinlich waren sie politische Geiseln.

Diese Gefangenen waren Versuchsobjekte medizinischer und hypnotischer Experimente und mussten Zwangsarbeit leisten. Sie wurden nicht gefoltert, aber verhört, um Persönlichkeitsprofile zu erforschen. Diese Verhöre könnten den Sinn gehabt haben, Geheimdienstagenten glaubwürdig mit der Identität der Gefangenen auszustatten. Der Vater eines Luftwaffenoffiziers, der in dem Lager Dienst tat und dabei so harte seelische Konflikte durchlebte, dass er beinahe Selbstmord begangen hätte, berichtete in einem Gespräch mit im spanischen Exil lebenden Chilenen (Heller 1993 S. 253 ff), die Gefangenen dieses Lagers hätten arbeiten müssen, um das Unrecht, das sie der Menschheit durch ihren Untergrundkampf zugefügt hätten, wiedergutzumachen. Danach würden sie zur Läuterung der Menschheit getötet.

Das Wachpersonal trug, so die Schilderung weiter, während des Dienstes keine Uniform. Zum Personal gehörten einige sehr junge Leute, die die in den Hoch-Anden üblichen ledernen Gesichtsmasken *(pasamontañas)* trugen. Gespräche zwischen Gefangenen und Wachen waren verboten. Den männlichen Gefangenen wurden die Haare militärisch kurz geschnitten und sie mussten exerzieren. Die Gefangenen wurden in Gruppen aus dem Lager abtransportiert. Seitdem gibt es keine Spur von ihnen.

24 Unterlagen hierzu im Archivbestand Dieter Maier im *Museo de la Memoria*, Santiago.

«Monte Maravilla» könnte die Bezeichnung eines konkreten Ortes oder ein Schlüsselwort für Haftorte in und um die Colonia Dignidad oder für diese selbst gewesen sein. In den JIPOL-Auswertungen wird eine Sendung an die Colonia Dignidad mit der Adresse «Fundo la Maravilla, Casilla 225 Parral» (Landgut la Maravilla, Postfach 225 Parral) aufgeführt.

Auf jeden Fall sind die Angaben, die ich hier zusammengefasst habe, zu schlüssig und zu gut belegt, als dass sie ignoriert werden könnten. Auch das Karteikartenarchiv zeigt, dass sich Haft und Folter von Chilenen im Zusammenhang der Colonia Dignidad nicht auf den «Kartoffelkeller», also ein der DINA überlassenes Gebäude auf dem Dorfgelände, beschränkten. Wir haben es mit einem integralen System von militärischen und zivilen Akteuren und Orten in der Region zu tun.

Die Colonia Dignidad als Vernichtungslager

Die DINA ist für den Tod von möglicherweise 1.500 ihrer mehr als 5.000 Gefangenen verantwortlich. Dies umfasst den größten Teil der «verschwundenen» politischen Gefangenen Chiles. An diesem Verschwindenlassen hatte die Colonia Dignidad ihren Anteil.

Die letzte Spur vieler «Verschwundener», die nicht ins Meer geworfen oder irgendwo verscharrt wurden, verliert sich in der Colonia Dignidad. Ein US-Geheimdienstler berichtete dem US-Journalisten John Dinges, dass Gefangene, die in der Colonia Dignidad gewesen seien, ermordet und in Massengräbern verscharrt worden seien (*The Rebel* 6. Februar 1984). Auch der Bericht der chilenischen «Nationalen Kommission für Wahrheit und Versöhnung» bestätigt Fälle von «Verschwinden» in der Colonia Dignidad. Im Prozess wegen 21 «Verschwundener» aus Parral, dem Nachbarstädtchen der Colonia Dignidad, sprach ein Gericht moderate Strafen aus, die zudem zur Bewährung ausgesetzt wurden.

Beim größten Menschenrechtsprozess, der in Chile stattfand, geht es um den Studenten Alfonso Chanfreau. Er wurde am 31. Juli 1974 verhaftet. Am 13. August 1974 wurde er, von der Folter sichtbar geschwächt, aus seiner Zelle in Santiago geholt und weggebracht. Sein Jugendfreund Pedro Matta sagte später aus, dass ein weiterer Gefangener, der zur Zusammenarbeit mit dem Geheimdienst gezwungen worden war, 1975 zu ihm gesagt hatte: «Ich weiß, dass sie Poncho (Chanfreau, D. M.) in die Colonia Dignidad gebracht haben. Ich bin nie da gewesen, aber ich weiß, dass, wenn sie aus dir durch die Folter 40–50% von den Informationen, die du hast, herausgeholt haben, sie aus dem, den sie in die Colonia Dignidad bringen, 100% der Information herausholen werden. Ich weiß, dass sie in der Colonia Dignidad spezielle Isolierräume gebaut haben, die wie Gräber sind; ich weiß, dass sie dort Genossen hinbringen, damit sie völlig den Sinn für Raum und Zeit verlieren, in völliger Dunkelheit, ohne das mindeste Geräusch, alleine, über lange Zeiträume, um sie psychologisch zu zerbrechen. Ich glaube, dass Poncho heute tot ist, und wenn er es nicht ist, ist es, als sei er tot.»

Das «Verschwinden» Chanfreaus wird – zwar ohne Namensnennung, aber eindeutig identifizierbar – in einer Aktennotiz des Bonner Auswärtigen Amtes von 1977 erwähnt (Heller 1993 S. 277; ich komme weiter unten darauf zurück). Dennoch beantwortete die Bundesregierung eine parlamentarische Anfrage 1989 damit, dass ihr über die Haft Chanfreaus in der Colonia Dignidad keine Informationen vorlägen (Bundestagsdrucksache 11/4285). Soviel diplomatische Zurückhaltung bedeutete für Schäfer immer wieder eine Atempause.

1978 wurden auf dem Gelände der Colonia Dignidad etwa 30 chilenische politische Gefangene, die dorthin gefahren worden waren, an den Rand einer Grube gestellt und von Deutschen und uniformierten Chilenen erschossen. Einer der Teilnehmer an dem Massaker war Gerd Mücke, der dies 2005 gestand. Ein Raupenbagger der Siedlung füllte die Leichengrube mit Erdreich auf. Ebenfalls 1978 befahl Pinochet, alle Geheimfriedhöfe Chiles auszugraben und die Gebeine endgültig zu entsorgen. Die Operation hieß *retiro de televisores* (Rücknahme von Fernsehgeräten). Leichen «Verschwundener» wurden ausgegraben, mit Dynamit gesprengt, verbrannt, mit Kalk zersetzt oder ins Meer geworfen. In ganz Chile geschah dies von einem Tag auf den anderen. Zurück blieben einzelne Knochen und Fetzen von Kleidungsstücken, die zwei Jahrzehnte später gefunden wurden. In der Colonia Dignidad wurden die Leichen so gründlich exhumiert, dass so gut wie keine Spuren zurückblieben. Wenige Monate nach dem von Schäfer verordneten Hungerstreik gegen die «hemmungslosen Verleumdungen» von *Amnesty International* mussten seine zuverlässigsten Anhänger, die an Schäfers Unschuldsbeteuerungen geglaubt haben mochten, verwesende Leichen ausgraben und verbrennen. Sie wussten nicht, wie man das macht, und experimentierten wochenlang mit Phosphor und Dieselöl. Es war eine grausame und belastende Arbeit, eine politisch motivierte Leichenschändung. Schließlich warfen sie die Asche in den Fluss. Im April 2005 fand die Polizei Spuren des Massengrabes und öffnete es. Es war so gut gesäubert, dass sie nur bestätigen konnte, das sich dort ein Massengrab befunden hatte.

Wer waren die Gefangenen, die in der Siedlung massakriert wurden? Die DINA war 1977 aufgelöst worden und hatte seitdem keine Geheimgefängnisse mehr. Irgendwo muss es einen Ort gegeben haben, an dem einige der in ihrer Mehrzahl 1974—1976 verhafteten «Verschwundenen» bis 1978 gefangengehalten worden waren.

Das «Verschwindenlassen» von Menschen ist verweigerte Trauerarbeit. Die Angehörigen haben keine Gräber, keinen Todestag, keine Trauerfeier, der Schmerz dauert endlos. Wegen des fehlenden Abschlusses machen die Angehörigen die Colonia Dignidad immer wieder und bis heute zum Ziel ihrer Proteste. Efraín Vedder erinnert sich an eine dieser Demonstrationen (offenbar vom Juni 1997). Schäfer hatte am Vortag die Äcker neben dem Eingangstor mit Schweinejauche spritzen lassen. Er ließ kilometerlange Luftschläuche mit Kompressoren auslegen, die an Hörner angeschlossen waren. Vedder musste eines dieser Hörner halten, und da Schäfer keine Ohrenschützer bewilligte, musste er sich nasses Klopapier in die Ohren stopfen. Das Feuerwehrauto der Siedlung spritzte auf die Demonstranten Wasser, dem Chemikalien beigemischt waren, welche starke Hautverletzungen hervorrufen. Eine Planierraupe war außerhalb des Geländes abgestellt worden, und Reinhard Schmidtke tat so, als müsse er sie zurückbringen. Da er dabei beinahe Demonstrantinnen verletzte, wurde er festgenommen und das Fahrzeug beschlagnahmt. Die Auseinandersetzung eskalierte. Die Colonia Dignidad hatte Hunderte von ehemaligen Patienten ihres Krankenhauses, Mitglieder der «Vereinigung der Freunde» der Colonia Dignidad und der von Schäfer eingerichteten «Dauerwache» aufgeboten, die mit Steinen und Stöcken angriffen. Die Colonia Dignidad hatte ihnen gesagt, dass das Krankenhaus geschlossen werden müsse, wenn es solche Kundgebungen gebe. Die Colonia hatte es geschafft, dass der Protest der Angehörigen zu einer Konfrontation zwischen Chilenen wurde. Ein Fernsehteam der Sekte filmte die Demonstration. Ich werde gegen Ende dieses Buches auf weitere Proteste von Angehörigengruppen zurückkommen.

Gelegentlich versuchten Angehörige auf eigene Faust Spuren in der Colonia Dignidad zu finden. Diejenigen, die in der Umgebung lebten, besorgten sich Besucherscheine für Krankenhaus und Mühle, um möglichst lange auf dem Gelände bleiben zu können und vielleicht ihre «Verschwundenen» noch lebend zu sehen.

Die Colonia Dignidad und Pinochets Massenvernichtungswaffen

Als Allende sein Amt antrat, begann Schäfer aus Angst vor Landbesetzungen die Colonia Dignidad aufzurüsten. Einige der Waffen, darunter zwei Maschinengewehre und eine Maschinenpistole, kaufte Hugo Baar 1970/71 auf dem Frankfurter Schwarzmarkt und lieferte sie als «Missionsgut» deklariert nach Chile. Beim Waffenschmuggel war die chilenische Obst- und Weinbaufirma Canepa behilflich. Ihr Gründer, der italienische Faschist Giuseppe Canepa, entkam 1945 nur knapp einem Erschießungskommando italienischer Partisanen, bevor er sich nach Chile absetzte. Die Colonia Dignidad wurde zum Wehrdorf. Es gab eine Heimwehr, Panzerglas für Schäfers Räume, eine Vorrichtung gegen anfliegende Granaden, Autofallen an Zufahrtswegen zu den Gebäuden, die nachts hochgeklappt wurden (einmal geschah das zu früh und verursachte einen Unfall), einen selbstgebauten Panzer und viele Handfeuerwaffen (s. Heller 2002, S. 69ff). *Patria y Libertad* nutzte die Colonia Dignidad als Waffendepot und Schmuggelplatz. Bei einer Waffenschau, die die Terrororganisation während der Allendezeit in der Siedlung abhielt, zeigte sie halbautomatische 9 mm-Gewehre und eine Panzerabwehrwaffe. Am 20.8.1974 nahmen Pinochet und sein Pressesprecher Federico Willoughby in der Colonia Dignidad an einer Waffenschau mit von ausländischen Modellen kopierten Waffen teil (*El Mercurio* 13. Juli 2006). Bei dieser oder einer anderen Waffenschau war Hopp anwesend.[25]

Als im Juni 1976 die USA wegen der chilenischen Menschenrechtsverletzungen ein Waffenembargo gegen das Land verhängten, forcierte die Diktatur den illegalen Waffenhandel. Sie musste Waffen und Ersatzteile kaufen, wo es gerade ging, und heimlich ins Land bringen. Die Colonia Dignidad wurde bald zum Waffenschmuggelnest und deckte sich bei dieser Gelegenheit gleich selbst ein. Sie hatte bessere Waffen als das chilenische Militär, das von dort aus operierte, und benahm sich «militärischer» als die Soldaten (Heller 1993 S. 259). 1987 ging mit dem Waffenschmuggel der Sekte etwas schief. Der chilenische Zoll fand auf einem niederländischen Schiff 1.056 kg Munition, die für die Colonia Dignidad bestimmt waren. Pinochet musste intervenieren, um den Skan-

25 Colonia Dignidad – die wahre Geschichte. Ein Film von Thomas Schaefer. Spiegel TV, 22.2.2016.

dal zu vertuschen und die Ladung still und heimlich der Schäfer-Sekte zukommen zu lassen.

Eine Schlüsselfigur für die Waffengeschäfte der Colonia Dignidad war der Waffenhändler Gerhard Mertins[26], häufiger Besucher der Siedlung und Organisator ihres deutschen Freundeskreises. Er wurde am 30. November 1919 in Berlin geboren. Während des Zweiten Weltkrieges war er Fallschirmjägermajor. Sein Fallschirm-Pionier-Bataillon 5 bekämpfte 1944 die alliierte Invasionsarmee, die in der Normandie gelandet war. Da die deutsche Luftwaffe keine Flugzeuge mehr hatte, kämpften die Fallschirmjäger als Infanteristen. Sie zogen sich von einer Stellung zur nächsten zurück, sprengten im Harz Bachbrücken und errichteten Baumhindernisse, um den Vormarsch der gewaltigen alliierten Streitkräfte aufzuhalten, und waren am 19. April, also drei Wochen vor Kriegsende, nur noch 35 von ursprünglich 320 Mann. Sie wollten nach Berlin zu Hitler durchbrechen, blieben in einem Stau stecken, wurden beschossen und starben bis auf zwölf, die gefangengenommen wurden. Dieser Mertins also – einer der letzten zwölf oder nicht? – sah in Schäfers «Mustergut» einen «enormen deutschen Faktor» (Heller 1993 S. 185) und warf sich erneut ins Getümmel. Mertins war ein Freund von Kurt Schnellenkamp. Diese Freundschaft mag darauf zurückgehen, dass auch Schnellenkamp an der nordfranzösischen Front gekämpft hatte, bis von seiner Einheit, wie in der Siedlung erzählt wird, nur noch sechs Mann lebten.

Nach 1945 war Mertins Mitglied der HIAG (Hilfsgemeinschaft auf Gegenseitigkeit, eine später aufgelöste Organisation ehemaliger SS-Leute), der «grünen Teufel» (seine ehemaligen Fallschirmjägerkameraden), des «Kameradschaftswerks der ehemaligen Fallschirmjäger» und Förderer und Sympathisant der Sozialistischen Reichspartei (SRP, später als Nachfolgeorganisation der NSDAP verboten). Anfang der 50er-Jahre beriet und belieferte Mertins das ägyptische Militär. 1964 gewann ihn Reinhard Gehlen für die Auslandsaufklärung des Bundesnachrichtendienstes (BND), für den er Rüstungsgüter aus alten Beständen der Bundeswehr verkaufte. Mertins spionierte auch für den BND.[27]

---

26 Zu Mertins: Unterlagen des CIC nach der Freedom of Information Act im Archiv Dieter Maier im Museo de la Memoria; Heinz Vielain: Waffenschmuggel in Staatsauftrag, Herford 1986; Heller 1993 S. 185 ff.; Ken Silverstein: Private Warriors. New York 2000. Zum deutschen Freundeskreis s. Heller 1993 S. 298.

27 In einer Aussage von 1989 sagte Mertins über seine regelmäßigen Erkundungsreisen: «Informationen, die politisch wertvoll waren, habe ich zur Auswertung den entsprechenden deutschen Dienststellen übermittelt.

Er besuchte die Siedlung nach eigenen Angaben fünf bis sechs Mal, zuletzt wohl 1989, organisierte ihre juristischen Strategien in Deutschland und sorgte für publizistische Unterstützung.

Mertins' Waffengeschäfte, die er über seine Firma MEREX (Mercedes-Exporte) abwickelte, waren zwielichtig und zum Teil illegal. Mertins nutzte den Vorteil guter Beziehungen zum Staat. Der nach Peru geflüchtete frühere SS-Mann Friedrich Schwend wusste über ihn zu berichten: «Ist ein schlauer Bursche. Macht Geschäfte, wo und mit wem er kann. Hat auf alle Fälle gute Verbindungen zur Bundeswehr, was ich überprüfen konnte. Briefe von der Regierung hier (Peru, D. M.) nach Bonn hat er schon nach einem Tag in Fotokopie in der Hand» (Heller 1993 S. 184).

1982 ermittelten die US-Zollbehörden gegen MEREX, weil die Firma High-Tech-Geräte zum Auffinden versteckter Mikrophone aus Chile in die USA einführen wollte. MEREX hatte, wie vom FBI freigegebene Dokumente zeigen, die Geräte an einen ungenannten Kunden in Chile verkauft, der sie zurückgehen ließ.

Mertins' Sohn Helmut studierte mit Hartmut Hopp in den USA. Der Kontakt mit der Colonia Dignidad, die ihm den Spitznamen «Meerrettich» oder «Rettich» gab, mag auf diese Weise zustande gekommen sein. Er bestand schon vor dem Militärputsch (Heller 1993 S. 91). Wesentlich für die Beziehung Mertins–Schäfer waren aber die Geheimdienstkontakte und der Waffenhandel. Welcher Teil des von der Colonia Dignidad betriebenen Waffenhandels mit Mertins zu tun hatte, ist schwer nachweisbar. Mertins selbst hat entsprechende Andeutungen gemacht (Heller 1993 S. 73).

1984 recherchierte der mexikanische Enthüllungsjournalist Manuel Buendía zu illegalen Rüstungsgeschäften Mertins', die dieser zusammen mit Hans-Ulrich Rudel (s. u.) und dem Judenmörder von Lyon, Klaus Barbie, machte, und wurde kurz darauf auf offener Straße erschossen. Mertins beteuerte seine Unschuld und sagte, er habe in Mexiko lediglich eine Silbermine gehabt. Später sagte er, er habe wegen seiner «Probleme» in Mexiko (er wurde des Landes verwiesen) Kurt Schnellenkamp zum Aufbau einer Brechanlage und auch wegen dessen Spa-

---

Und hierbei wurde der Name Colonia Dignidad erwähnt. Ich meine sogar, dass eine Institution der Bundesregierung dahinter stand, die um nähere Aufklärung über behauptete Vorgänge in der Colonia Dignidad nachsuchte». Eine erste Einsicht in die BND-Akten zu Mertins ergaben keine signifikanten Angaben zu seiner Zusammenarbeit mit der Colonia Dignidad.

nischkenntnissen für einige Monate dort hingeholt, und der habe die Colonia-Mitglieder Helmut Seelbach für den Telefon- und Funkverkehr und Rita Seelbach für die Buchführung mitgebracht. Mertins habe sich durch eine Spende revanchiert. Tatsächlich war es so, dass die Colonia Dignidad Mertins' Gut in Mexiko mit Sicherheitstechnik ausgestattet hatte. Mertins musste wegen vieler Skandale die Bundesrepublik verlassen und starb 19.3.1993 in den USA.

Auf Mertins folgte einer seiner Freunde, der Schweizer Waffenhändler tschechischer Herkunft Carlos (auch Karl oder Karol) Honzik. Er war der chilenische Vertreter der Waffenproduzenten MOWAG und SIG und verkaufte MOWAG-Militärfahrzeuge an Chile. Augenzeugen berichten, dass Wagen von MOWAG in der Colonia Dignidad auf einem eigens improvisierten Testgelände vorgeführt wurden. Honzik war am Kauf von 25 Kampfflugzeugen des Typs Mirage 5 für die chilenische Luftwaffe beteiligt. Er begleitete Pinochet zwischen 1991 und 1994 auf drei geheimen Reisen in die Schweiz (*La Nación* 12.10.07 u. a.). Er war häufig in der Schweizer Botschaft in Santiago. In der Colonia Dignidad ging oder flog er ein und aus. Wenn er mit seinen Bodygards kam, musizierten Chor und Orchester. Er war der Aktivste und Wichtigste von Schäfers Unterstützern. Sein Spitzname war «Seibel».[28] In einem Dokument der Colonia-Scheinfirma ABRACOR ist von «Seibelgeld» die Rede. Honzik bot einem in Chile arbeitenden Korrespondenten viel Geld an, damit er über bestimmte Themen nicht schreibe. Der Korrespondent lehnte ab, nahm das Angebot aber als Warnung wahr.

Waffenschmuggel und -produktion der Colonia Dignidad waren Teil des Projektes ANDREA.[29] ANDREA war ein Projekt der Spionage, der psychologischen Kriegsführung und der nichtkonventionellen chilenischen Aufrüstung. Chile richtete eine Kette von Stützpunkten ein, mit denen

28 Alle Beschreibungen deuten darauf hin, dass «Seibel» Honzik war.

29 ANDREA gilt in der Literatur als Projekt zur Produktion nicht-konventioneller Waffen. Nach Informationen von Carlos Liberona ging seine Zielsetzung aber darüber hinaus. Demnach war es ein 1975 von den chilenischen Geheimdiensten DINA und SIM (Heer) angeregtes, geheimes Bündnis lateinamerikanischer Nationalisten, Geheimdienstler und Antisemiten, das – ähnlich wie die erwähnte *Operación Cóndor* – elitäre und rechtsextreme politische Ziele verfolgte und dabei die formellen staatlichen Institutionen unterlief. Chile war das Zentrum, und die Aktivitäten im Zusammenhang mit ANDREA dürften kaum über dieses Land hinausgekommen sein. ANDREA und *Cóndor* waren kurzlebig und enthielten einen für Contreras bezeichnenden Anteil Größenwahn. Ausführlich hierzu Heller 2012, S. 71, 145 ff

es sich auf einen Krieg mit dem linkspopulistischen Militärregime in Peru und ab 1978 auch mit Argentinien vorbereitete. Chile und Argentinien, nach dem argentinischen Putsch 1976 befreundete Diktaturen, standen 1978 wegen eines Grenzkonflikts um den Beagle-Kanal am Rande eines Krieges. Der plötzliche Umschlag von Freundschaft in Feindschaft zwischen den beiden Diktaturen könnte das Ende von ANDREA und *Operación Cóndor* bedeutet haben.

Da Chile seinen Nachbarländern auf dem Gebiet der konventionellen Rüstung unterlegen war, plante es einen nichtkonventionellen Angriff oder Gegenschlag, zu dem auch Überlegungen zu Volksmilizen gehörten. An dieser Kriegsplanung war der durch seine Luftwaffeneinsätze im Zweiten Weltkrieg berühmt gewordene Hans-Ulrich Rudel beteiligt. Rudel hatte sich mithilfe der Katholischen Kirche nach Ende des Kriegs nach Argentinien abgesetzt und wurde dort militärischer Berater des Präsidenten Juan Perón. Er besuchte 1952 illegal die Bundesrepublik und hielt Geheimtreffen mit einem «Freikorps Deutschland» ab, das von Hitleranhängern organisiert wurde. Bereits in dieser Zeit reichten seine politisch-organisatorischen Verbindungen nach Chile.[30]

Pinochet berief Rudel als Berater. Rudel gab ihm ein Dossier über die argentinischen Streitkräfte. Rudel und sein Beraterkreis hielten die Bewaffnung der chilenischen Streitkräfte für unterlegen und sagten, dass es unmöglich sei, Santiago gegen die überlegene argentinische Luftwaffe zu verteidigen. Sie schlugen deshalb geheime Luftwaffenstützpunkte vor, von denen aus der Gegenschlag erfolgen sollte. Sie bestanden aus unterirdischen Hangars, Waffenlagern und Kommandozentralen. Einer dieser getarnten Stützpunkte war die Colonia Dignidad. Rudel rüstete sie zum Militärstützpunkt auf. Dass Rudel in der Colonia Dignidad war, bestätigt ein deutscher Ex-Botschafter, Bernd Wulfen: «... nach dem Putsch von Pinochet ließ er (Rudel, D. M.) sich vorübergehend in der ‹Colonia Dignidad› in Chile nieder».[31]

Die chilenischen Geheimdienstler kauften über Scheinfirmen, in denen Pinochets Sohn Augusto eine führende Rolle spielte, moderne Waffen, die sie auseinandernahmen und kopierten. Dabei wurden an unterschiedlichen Orten Module gefertigt, die dann zusammenmontiert wurden. Hitlerdeutschland hatte in der Endphase des Zweiten Weltkriegs

30 Bestand «Freikorps Deutschland» (Rudel) im Archiv des Hamburger Instituts für Sozialforschung.

31 Wulfen 2010, S. 139. Auf eine Bitte um ein Gespräch reagierte Wulfen nicht.

seine Rüstungsindustrie auf diese dezentrale Fertigung umgestellt, um weniger anfällig gegen Bombenangriffe zu sein. In der Siedlung wurden Maschinenpistolen mit Schalldämpfern, Maschinengewehre und Handgranaten nachgebaut. In der Schlosserei wurden Gewehre nachgerüstet und Schalldämpfer für die chilenischen Streitkräfte und Lasereinrichtungen für Kalaschnikows, die bei der Kaninchenjagd ausprobiert wurden, hergestellt. Die Waffen wurden von Flugzeugen abgeholt (Dazu Winfried Schmidtke in: ARD-die Story, 14.11.2016). Es gibt Berichte über einen unterirdischen Raum, in dem im Schichtbetrieb mit Metallteilen gearbeitet wurde, die für Waffen bestimmt waren. Ein Siedler erlitt bei einem Unfall während dieser heimlichen Produktion starke Verbrennungen an der Brust, ein anderer an der Hand. Oft wussten die einzelnen Siedler nicht, was sie da zusammenbauten.[32]

Die Waffenproduktion der Colonia Dignidad dürfte vor allem dazu gedient haben, das Waffenembargo westlicher Staaten gegen die Pinochetdiktatur zu unterlaufen. Sie hatte qualitative und quantitative Grenzen. Was nach großem Kriegsplan klingt, erwies sich als Tüftelei. So ist z. B. die Raketenbasteleien des bereits erwähnten Richart Röhling, der im Zweiten Weltkrieg im Team von Wernher von Braun an der Konstruktion der Rakete V 2 gearbeitet hatte, kein Beleg für eine effektive Kriegsvorbereitung. In der «Elektrowerkstatt» der Colonia Dignidad bastelte er an einem Ein-Mann-Hubschrauber, der von einem VW-Motor betrieben wurde, und an Raketen. Die Werkstatt hatte ein transparentes Dach mit einer Öffnung, durch das diese Raketen starten konnten. Die Siedler berichten von einem einzigen Flug, der allerdings nur eine Brücke im Sektendorf beschädigte.[33]

Die nichtkonventionelle Planung von ANDREA umfasste atomare, biologische und chemische Massenvernichtungswaffen. Die atomare Option entsprang dem Größenwahn der Diktatur und wurde, falls es überhaupt eine Realisierungschance gab, vom Ausland, darunter auch der BRD, ausgebremst (Heller 2012, 147 ff). Ein Bezug dieser Option zur Colonia Dignidad ist nicht nachweisbar.

---

32 hierzu s. a. http://www.elmostrador.cl/noticias/pais/2015/09/04/el-paso-de-walter-rauff-y-otros-cientificos-nazis-por-colonia-dignidad/. Trotz der vielen Fehler in diesem Artikel dürfte die Passage «armas de fuego» authentisch sein.

33 Nach einer anderen Version entstand dieser Schaden durch einen selbstgebauten Flammenwerfer, der zu früh losging und beinahe Karl van den Berg tötete.

Bakterielle Waffen

Einige bakterielle Waffen sind leicht herzustellen. Zusammen mit den chemischen Waffen sind sie die «Atomwaffen der armen Länder». Schwieriger als die Herstellung sind Test, Lagerung und Handhabung der Trägerwaffen. Hier setzte die Pinochetdiktatur auf eine Billigversion. Das *Instituto Bacteriológico* (später *Instituto de Salud Pública*, ISP), das gemeinsam von der *Universidad de Chile* und vom Heer betrieben und während der Militärdiktatur von Offizieren geleitet wurde, kultivierte den Giftstoff Botulin Toxin, der in kleinen Mengen zu Fleisch- und Konservenvergiftung führt. Die Bakterien können ohne Sauerstoff leben und bei etwa 100 Grad Celsius überleben. Sie lähmen die Nerven. Es gibt kein Gegenmittel. Die Vergiftung kann töten oder langsam abklingen. Offenbar wurde das Gift unter Pinochet an politischen Gefangenen getestet, denn einige von ihnen erkrankten oder starben während der Haft daran.

Es gab weitere Morde durch bakteriologische Vergiftung: an einem Geschäftsmann, der Grundstücksgeschäften der DINA in die Quere kam, und an einem DINA-Agenten. Contreras versuchte, seinen Rivalen und Nachfolger als Geheimdienstchef, General Odlanier Mena, mit Bakterien zu ermorden (Molina 2002 S. 15, *La Nación* 11.10.2013).

Die Bakterien wurden über Diplomatengepäck eingeflogen und im ISP verarbeitet. Dort lagerten 10g des Giftes, genug für den Tod von Hunderten von Menschen. Um die Bakterien als Pulver handhaben zu können, braucht man einen Gefriertrockner. Einen solchen Gefriertrockner musste das ISP den Streitkräften unter konspirativen Umständen überlassen (er wurde hinter dem Altar der Kapelle der Carabineros versteckt). Polizeiliche Ermittlungen legen einen Zusammenhang zwischen der Bakterienproduktion und der Colonia Dignidad nahe. In den achtziger Jahren tauchte im *Bioterio*, einem Institut zur Aufzucht von Labortieren, mehrfach Hartmut Hopp auf, um Laborkaninchen zu kaufen (Molina 2002 S. 175). Möglicherweise hingen Hopps Besuche damit zusammen, dass sich das ISP geweigert hatte, der Armee Versuchstiere auszuhändigen. Hopp betrieb in der Colonia Dignidad eine Karnickelzucht, die, wie er sagte, zytologischen Untersuchungen diente.

Chemische Waffen

Zu ANDREA gehörte ein 1975 begonnenes Projekt zur Herstellung der Giftgase Sarin und Senfgas. Zwischen 1978 und 1980 wurden erhebliche Mengen Sarin produziert.

Die Einfuhr der zur Gasproduktion benötigten Geräte und Chemikalien lief über die Colonia Dignidad und einen ihrer Freunde und Besucher, Wolff Hartwig von Arnswaldt. Arnswaldt hatte zusammen mit dem deutsch-chilenischen DINA-Agenten Christoph Willeke eine Wohnung in Frankfurt. (Aussage Arnswaldt vor einem chilenischen Gericht am 6.3.1993, PA AA B 130, Bd. 13.631). Arnswaldt war Kontaktmann der DINA in Frankfurt und Leiter der Frachtgutabteilung der chilenischen Fluggesellschaft LAN am Rhein-Main-Flughafen. Arnswaldt fuhr zusammen mit dem Mitglied der Colonia Dignidad Alfred Schaak (s. Kapitel Krisenjahr 1985) große Mengen an Chemikalien und Laborgeräten im Auto der *Privaten Socialen Mission* am Zoll des Flughafens vorbei zu einem LAN-Flugzeug. Nach seiner Frankfurter Zeit versuchte er sich in dubiosen Unternehmen in Chile. Sein Spitzname in der Colonia Dignidad war *lobo* (span. für «Wolf»). Als er nicht mehr für LAN und DINA arbeitete, war er für die Colonia Dignidad nutzlos geworden, wusste aber zuviel über deren Machenschaften. Sie hängte ihn diskret ab. In Fernschreiben der Colonia Dignidad an die Niederlassung in Deutschland vom Juli 1982, die fein säuberlich auf den 2005 gefundenen Karteikarten aufgeklebt sind, heißt es: «Haben die Freundschaft hier langsam abkühlen und einfrieren lassen. Freundlich sein, aber Distanz halten.» Einen «Lobokoffer» sollte die *Private Sociale Mission* auf keinen Fall transportieren (Arnswaldt schmuggelte).

Ein Koffer mit Laborartikeln ging an Schäfers engen Vertrauten Albert Schreiber. Der Absender war Michael Townley (*El Mercurio* 5.5.05), der Mörder des chilenischen Exilpolitikers Orlando Letelier in Washington D.C. 1976. Die ursprünglich vorgesehene Mordwaffe war eine Parfümflasche mit Sarin. Townley sagte später aus, er habe die Laboreinrichtung in England, Belgien und den USA gekauft und in Containern und Koffern über Schäfers deutsche Niederlassung vom Rhein-Main-Flughafen aus in die Colonia Dignidad gebracht und aufgebaut. Townleys Kontakt in Frankfurt war Arnswaldt. Dieses Labor sei dann von der Siedlung in ein von Contreras zugewiesenen Haus in Santiago umgezogen.[34]

Mariana Callejas, die Ex-Frau Townleys, sagte 1993 in einem Interview, Townley, der eine Ausbildung als Chemiker hatte, habe das Gas in seinem Haus bei Santiago hergestellt und damit experimentiert. Es sei erst an Tieren und dann an politischen Gefangenen ausprobiert worden. Die Produktion sei auf Befehl von Pinochet erfolgt, der Interesse «an einer massiven Produktion hatte, um die Grenzen Chiles zu schützen». In einem Brief an den Juntageneral Gustavo Leigh schrieb Callejas nach der Verhaftung ihres Mannes von einem «chemischen Produkt, das hier (in Chile, D. M.) entwickelt wurde, ein tödliches Produkt, das im Kriegsfall eine absolut effiziente Waffe wäre, das aber hier benutzt wurde, um unliebsame Personen zu eliminieren, denn das Resultat wirkt wie eine Herzattacke.» (*El Siglo* 23.3.91). Im Juni 2015 verurteilte ein chilenischer Richter eine Reihe von Tätern wegen des Mordes an Oppositionellen im Rahmen der *Operación Cóndor* im Jahre 1977. Die Opfer waren mit Sarin umgebracht worden.[35]

Es gibt Hinweise dafür, dass die DINA politische Gegner und von Gewissensbissen geplagte Ex-Agenten mit Giftgas ermordete.[36]

Ein Opfer war offenbar der ehemalige chilenische Präsident Eduardo Frei. Er starb 1982 in der Klinik Santa Maria an einer bakteriologischen Vergiftung nach einer Routineoperation. Damals war er der größte politische Konkurrent Pinochets, dessen Macht wankte. Freis Kinder erinnern sich, dass damals seltsame, als Ärzte bekleidete Personen sich Eintritt in die Klinik verschaffen wollten, sodass ein eigener Wachdienst eingerichtet werden musste. Im Leichnam Freis wurden Spuren von Senfgas gefunden (*La Nación* 23.1.2007). Nach Schäfers Verhaftung gestand einer seiner früheren Anhänger dem Rechtsanwalt Hernán Fernández, der gegen die Colonia Dignidad und Villa Baviera

34 Schwember, der 2005 und 2006 regelmäßigen und direkten Zugang zur Villa Baviera hatte (s. S. 192), schreibt dazu: «Tatsächlich» kamen Laborgeräte und Chemikalien über Kontakte und Agenten der Colonia Dignidad (er nennt Wolff von Arnswaldt, Alfred Schaak, Albert Schreiber) in die Siedlung, wo sie verzollt, gelagert und montiert wurden. Von dort seien sie in ein Haus von Geheimdienstchef Contreras gebracht worden. (Schwember 2009)

35 http://ciperchile.cl/2015/06/16/operacion-condor-hallan-restos-en-chile-de-tres-detenidos-desaparecidos-secuestrados-en-argentina/

36 Zu den Fällen Eugenio Lira Massi und Jonathan Moyle s. Heller 2011, S. 84.

prozessierte, unter Tränen, dass er den Auftrag erhalten hatte, ihn mit Giftgas umzubringen.

Mindestens zwei ehemalige DINA-Agenten, die im Projekt ANDREA gearbeitet hatten, wurden später ermordet. Der Chemiker von ANDREA war der DINA-Agent Eugenio Berríos. Berríos war auch an Auslandseinsätzen beteiligt. Unter dem Decknamen Tulio Orellana hielt er sich in Deutschland auf. Nach der Auflösung der DINA wurde er kokainsüchtig. Die Diktatur brachte ihn in Uruguay unter, da er wegen verschiedener Verbrechen gesucht wurde. Dort wurde er 1993 ermordet. Offenbar wollte er auspacken (s. Kapitel «Kontrolle über die Region ...»).

Im Februar 1992 wurde der ehemalige DINA-Offizier Gerardo Huber ermordet, der beim *Complejo Químiquo Industrial del Ejercito* (industrieller Chemiekomplex des Heeres) beschäftigt gewesen war und deshalb den Zusammenhang von ANDREA und Colonia Dignidad gekannt, wenn nicht gar eine führende Rolle dabei gespielt hatte. Außerdem hatte er 1991 einen Waffenschmuggel nach Kroatien organisiert. Huber war von Gewissensbissen geplagt worden und hatte eine seelische Krise durchgemacht. Offenbar hatte er unerkannt über die Anden nach Argentinien fliehen wollen. Seine ehemaligen Auftraggeber befürchteten, er könne auspacken. Man fand ihn mit zerbrochenem Schädel in einer Schlucht.

Chilenische Quellen legen einen Zusammenhang zwischen Sarin und dem internationalen Terrorismus nahe. *La Nación* (26. April 1992) berichtet von einem in Chile lebenden Italiener, der mit dem italienischen Rechtsterroristen Stefano Delle Chiaie zusammen 1976 (oder später) die Firma Ibercom gegründet habe, die offenkundig eine Briefkastenfirma der DINA und der Terroristen war. Der in Uruguay ermordete Berríos war einer der Gesellschafter der Firma.

Neben den bakteriellen und chemischen Waffen hatte die Colonia Dignidad 454 Chemikalien und Gifte, wie aus von der chilenischen Polizei beschlagnahmten Unterlagen hervorgeht. Mit den teilweise hochexplosiven Stoffen hätte die Sekte «halb Chile in die Luft jagen können», so ein Wissenschaftler der Universität von Chile. Zu den Giften gehören Arsen und das im Amazonasgebiet aus Bambus gewonnene Curanin. Die Gifte der Sekte konnten über Nahrungsmittel, Einatmen oder die Haut aufgenommen werden und ihre Opfer sofort oder langsam töten (*La Nación*, 30.7.06). Die Giftküche war im Kartoffelkeller, wo Hartmut Hopp regelmäßig arbeitete. Als der Ort bekannt wurde, räumten Udo Hopp und Rudi Cöllen ihn über Nacht aus.

Konventionelle Waffen

Im Juni 2005 fand die Polizei die ersten Waffenverstecke in der Colonia Dignidad. Es waren drei Container mit Maschinenpistolen, Maschinengewehren, Granaten, Mörsern, Raketenwerfern, Teleskopen, Gewehren vom Typ M 16, Pistolen, Antipersonen-Landminen, einem Elektroschockgerät und 18 Kisten mit Dokumenten, darunter das Karteikartenarchiv. Nach diesen Waffenfunden gab Schäfer beim Verhör einen seiner wenigen Sätze zur Sache von sich: «Die haben gemacht, was sie wollten.» Er meinte die DINA (*La Nación* 22.6.05).

Im Juli/August 2005 fand die Polizei in der Nähe des *casino familiar* weiteres Kriegsmaterial. 4,80 m unter der Erde lagerten an die 3,5 Tonnen Raketenwerfer, schallgedämpfte Maschinenpistolen, Granaten und andere Munition, die in den achtziger Jahren dort vergraben worden waren. Die Waffen stammten teils aus dem Zweiten Weltkrieg und teils aus den letzten 30 Jahren.

Diese Waffenfunde können nicht auf Schäfers Verfolgungswahn zurückgehen. Sie sind Reste von Schmuggelgut oder Depots des Militärstützpunktes, die in der Meinung, sie würden nie gefunden werden, vergraben wurden. Die entscheidende Frage ist, was mit dem Giftgas geschehen ist. Wurde es exportiert, vernichtet oder irgendwo eingelagert?

Archivfunde

Die DINA war unterfinanziert. Sie stockte ihre Haushaltsmittel durch Erpressung auf, stahl den Besitz Verhafteter und schmuggelte Drogen und Waffen. Für die Erpressung hörte sie Telefongespräche ab und beschaffte sich Akten von Ministerien. Contreras sammelte alles, was zur Erpressung von Politikern, Geschäftsleuten und Menschen mit Einfluss dienen konnte.

Die Schäfer-Sekte legte mithilfe der DINA ein ähnliches Archiv an. Im September 2000 fand die Polizei bei einer Durchsuchung des Geländes drei Aktenschränke mit Hunderten von meist leeren Ordnern, die wohl absichtlich nicht weggeräumt worden waren, denn ihre Beschriftungen waren eine warnende Botschaft. Die von Gerd Seewald zusammengestellten Ordner trugen Titel von deutschen und chilenischen Ministern, von Botschaftern und Geistlichen, Gewerkschaftern, Journalisten, politischen Gefangenen in der Colonia Dignidad, rechtsextremen Organisationen und Einheiten der DINA. Die Auswertung ergab, dass das Archiv vor der Säuberung Dokumente zu 30.000 Namen und Stichworten enthalten hatte. Ob oder in welchem Umfang es sich hier um die Unterlagen handelte, die in den 2005 gefundenen Dokumenten als Quellen aufgeführt sind, ist nicht mehr feststellbar. Die Colonia Dignidad vernichtete in den neunziger Jahren viel Archivmaterial. Rudi Cöllen, Karl van den Berg und Hans-Jürgen Riesland verbrannten unter großem Gelächter Stöße von Dokumenten. Sie unterhielten sich dabei über «Kampfnamen», also ihre Pseudonyme bei der Schmutzarbeit.[37]

Im Juni 2005 fand die Polizei in der Siedlung neben dem erwähnten Waffenarsenal 18 vergrabene Kisten mit etwa 45.000 Karteikarten und einen Sack mit weiteren Dokumenten. Die Karten waren halb vermodert und mussten restauriert werden. Sie enthielten, nach einem Freund-Feind-Schema geordnet, Dokumente über «verschwundene» politische Gefangene, ihre Folterer und Mörder, chilenische Flüchtlinge, Militärs, Geschäftsleute, Freunde und Feinde der Colonia Dignidad und des Militärregimes und Presseausschnitte. Ein erheblicher Teil des Archivs besteht aus Erklärungen politischer Gefangener, die die DINA offenbar bei Folterverhören aufgenommen und der Sekte zum Transkribieren übergeben hatte. Die Karteikarten waren eine Dienstleistung der Colonia Dignidad für die Geheimdienste und betrafen nur zu einem geringen Teil die Sekte.

In dem gleichzeitig gefundenen Sack waren interne Dokumente der Colonia Dignidad, die bis heute unter Verschluss sind. Die Oberste Leitung der geheimdienstlichen Polizei (*Jefatura de Inteligencia Policial*, JIPOL, eine Art Staatsschutz) der Kriminalpolizei (PDI) wertete die gesamten gefundenen Dokumente aus. Auch diese Auswertung war Staatsgeheimnis, bis eine Menschenrechtsorganisation sie im Oktober 2015 ins Netz stellte.[38] Die Dokumente enthalten nichts wesentlich Neues,

---

37 Information von Efraín Vedder. Eine Frau, die in der Backstube arbeitete, musste große Mengen Filmmaterial im Backofen verbrennen, in den sonst nur Teig gelangen durfte.

38 http://www.londres38.cl/1934/articles-97390_recurso_001.pdf (unvollständig) Diese stichwortartige Auswertung im Umfang von etwa 1400 S. ist unübersichtlich und z. T. fehlerhaft, enthält aber viele neue Details, die in diesem Buch verwendet werden. Ich konnte die Auswertung für dieses Buch nur kursorisch durchsehen (zitiert als «JIPOL»).

bestätigen aber die Zusammenarbeit der Colonia Dignidad mit der Repression.

Untersuchungsrichter Zepeda, der nach Schäfers Verhaftung die wichtigsten Prozesse gegen die Colonia Dignidad führte, erklärte die gefundenen Dokumente unter rückwirkender Anwendung eines Gesetzes zum Staatsgeheimnis. Zepeda nutzte das Archiv als Beweismittel in Menschenrechtsprozessen, die sich dahinschleppten, und übergab es am 4. April 2014 dem *Instituto Nacional de Derechos Humanos* (Nationales Menschenrechtsinstitut) in Santiago, das nur selektiven Zugang gestattet. Kurz darauf stellte es eine Menschenrechtsorganisation ins Internet. Das Karteikartenarchiv war von Dr. Gerd Seewald angelegt. Seewald wurde im April 2006 wegen Zugehörigkeit zu einer kriminellen Vereinigung verhaftet, da er das Archiv aufgebaut hatte, und verbüßte seine Haftstrafe, als er am 14. Juli 2014, von einem Tag auf den anderen, starb, wie der Gefängnisdirektor sagte. Kurz zuvor war in *Chilevision* der Fernsehfilm *Las fichas del horror* (s. S. 101) ausgestrahlt worden, der erst durch diesen Archivfund möglich geworden war. Der Autor des Filmes, Luís Narváez, hatte bereits einen Interviewtermin mit Seewald vereinbart. Seewald schwankte zwischen seiner Bereitschaft, sein Gewissen durch eine Aussage zu entlasten, und der Loyalität den anderen Colonia-Täter gegenüber, die im selben Gefängnis einsaßen. Alle deutschen Insassen hatten einen Schweigepakt geschlossen, der sich in einem Brief an den Gefängnisdirektor äußerte, in dem sie erklärten, dass jeder Einzelne nur mit dem Einverständnis aller Interviews geben dürfe. Seewald bekam kurz vor dem Besuch des Journalisten einen nervösen Durchfall, an dem er starb.

Die Colonia Dignidad hatte ein Fernseh- und Schneidestudio mit bester Ausstattung. Sie filmte Besucher, darunter Minister und hohe Militärs, in (angeblich) sexuellen Situationen. In- und außerhalb des Siedlungsgeländes hatte sie geheime Kameras installiert. Auf diese Weise wurde eine Ministerin Pinochets zur treuen Verbündeten Schäfers. Dasselbe passierte Pinochets Pressesprecher, dem homosexuellen katholischen Priester Raúl Hasbún. Wenn Kritiker plötzlich verstummten, Geistliche versetzt wurden und die Justiz Akten schloss, dann mochte die Colonia Dignidad mit Erpressungsmaterial gewinkt haben. Die Frage, wie sich Schäfer und die Colonia Dignidad weit länger als Pinochet halten konnten, mag hier eine Antwort finden. Der chilenische Senator Jaime Naranjo sagte zu dem Aktenfund von 2005, was er schon Jahre zuvor gesagt hatte: Das Archiv diente der Erpressung und der Erlangung von Vorteilen (*La Nación* 18.6.05).

Bundesnachrichtendienst und Verfassungsschutz

Die Colonia Dignidad arbeitete mit dem deutschen Bundesnachrichtendienst (BND) zusammen. Eine zentralen Stellung dürfte dabei der BND-Kontaktmann Mertins eingenommen haben.[39]

Christoph Georg Willeke, ein deutschstämmiger und deutschsprachiger DINA-Agent der ersten Stunde, war für die Auslandsverbindungen der DINA zuständig. Die Kommunikation der DINA mit ihren Niederlassungen im Ausland lief über die Colonia Dignidad und vor allem über deren Sendeanlage. Im Juli 1975 war Willeke mit Townley in Frankfurt, um den chilenischen christdemokratischen Oppositionspolitiker und späteren Präsidenten Patricio Aylwin zu observieren. Willeke stellte dabei Verbindungen zum BND her, ein Kontakt, der laut Townley von den Führern der Colonia Dignidad eingefädelt worden war. BND und DINA tauschten Listen verdächtiger Mitglieder des MIR und der JCR aus. Willeke und Townley sollten in Contreras' Auftrag im Rahmen der *Operación Cóndor* ein antiterroristisches Netzwerk aufbauen, das u. a. gegen die Baader-Meinhof-Gruppe (Rote Armee Fraktion) gerichtet war. Zu diesem Zweck schloss das Pinochetregime Allianzen mit europäischen Rechtsterroristen. 1976 war Willecke mit der ebenfalls deutschsprachigen DINA-Agentin Ingrid Olderock in Paris, um als Teil der *Operación Cóndor* gegen europäische Linksterroristen vorzugehen. Die Bedeutung Willekes wird daran deutlich, dass er 1975 zusammen mit den beiden mächtigsten Männern der DINA, Manuel Contreras und Pedro Espinoza,

---

39 Zur Rolle des BND Gaby Weber: «Die Bundesregierung hat hier systematisch vertuscht, und zwar böswillig. Es steht außer Frage, dass der BND detaillierte Kenntnis von den Zuständen in der Kolonie hatte. Dies sprach mir eines der Colonia-Dignidad-Gründungsmitglieder, Heinz Kuhn, einmal ins Mikrofon. Kuhn verhalf einigen Sektenmitgliedern zur Flucht ins Ausland und unterhielt Kontakte zur US-Botschaft und zum FBI. Mit Beamten des BND hat er sich ‹mehrfach getroffen. Da ging's um bestimmte Fälle›, so Kuhn. Global ‹war der BND über sämtliche Missstände in der Kolonie informiert, auch über den Fall Weisfeiler.› Der US-Bürger Boris Weisfeiler war 1985 in der Nähe der Kolonie aufgegriffen worden und verschwand für immer. Er soll einen Geigerzähler mit sich geführt haben.» (Gaby Weber in: KONTEXT Extra: Ausgabe 280)

zu einem offiziellen Besuch in Washington war (Dinges 2004 S. 118, 129, 221).

Es gab offenbar auch eine Zusammenarbeit des Bundesamtes für Verfassungsschutz (BfV) mit der Colonia Dignidad. Nach dem Putsch suchten verfolgte Chilenen in der deutschen Botschaft in Santiago Schutz. Die Bundesregierung führte eine Sicherheitsüberprüfung durch, bevor sie sie nach Deutschland ließ. Zu diesem Zweck schickte das BfV einen Beamten in die Botschaft, der die Botschaftsflüchtlinge und die Asylbewerber außerhalb der Botschaft überprüfte. Er fragte ausführlich nach Waffenverstecken. Die Liste, die er erstellte, richtete sich nach dem pinochetistischen und politisch kurzsichtigen Schema, dass die Kreise um den sozialistischen Agitator Carlos Altamirano am gefährlichsten seien. Es empfahl, einige Personen nach der Ankunft an einem deutschen Flughafen unauffällig zu observieren.[40]

Ein chilenischer Staatsbeamter, der mit dem Thema vertraut war, sagte mir, «der deutsche Geheimdienst» (wahrscheinlich das BfV) habe sich für diese Sicherheitsüberprüfung der Colonia Dignidad bedient. Das bedeutet einen indirekten Kontakt zur DINA.[41]

Krisenjahr 1985

Mit der Auflösung der DINA 1977 war die schlimmste Zeit der Repression vorüber. Die Pinochetdiktatur konnte eine für sich halbwegs positive Bilanz ziehen: Sie hatte den Widerstand zerschlagen und hatte zuverlässige Bundesgenossen. Das tatsächliche Ausmaß ihrer gemeinsam mit der Colonia Dignidad verübten Verbrechen war verborgen geblieben. Schäfer seinerseits regierte sein Reich unangefochten weiter. Doch das Jahr 1985 wurde durch eine Reihe von Ereignissen zum Krisenjahr.

---

40 Unterlagen hierzu im FDCL, Berlin

41 Das BfV hat nach eigenen Angaben keine Unterlagen hierzu. Auf (indirekte?) Kontakte deutscher Behörden mit einem chilenischen Geheimdienst lässt die Empfehlung der deutschen Botschaft von 1977 schließen, drei in Deutschland lebenden MIR-Mitgliedern «besondere Aufmerksamkeit zu schenken»: Gladys Díaz, Carlos Liberona und Roberto Moreno (PAAA ZA 108.017). Das fünfseitige Schreiben enthält viele Details über den MIR und Lesarten, die für die DINA typisch waren und die nicht auf botschaftsinterne Quellen zurückgehen können. http://www.menschenrechte.org/lang/de/lateinamerika/akteneinsicht-gladys-diaz

Zuerst floh im Dezember 1984 das Ehepaar Baar aus der Siedlung, und im Februar 1985 folgte das Ehepaar Packmor. Aus Angst vor der deutschen Botschaft, von der Schäfer immer gesagt hatte, er habe sie in der Hand, gingen die Packmors zur kanadischen Botschaft, die sie aber an die deutschen Kollegen verwies. Die deutsche Botschaft versteckte die Geflohenen und ließ sie ihre Informationen auf ein Diktiergerät sprechen. Was sie über sexuellen Missbrauch, Waffenschiebereien, Freiheitsberaubung und die Zusammenarbeit mit der DINA berichteten, bestätigte das, was *Amnesty International* und die Presse längst gesagt hatten. Hugo Baar war früher engster Vertrauter Schäfers gewesen, dann aber von diesem fallengelassen und unterdrückt worden. Baar wechselte nach seiner Flucht nicht etwa die Seiten. In Deutschland angekommen, informierte er erst einmal die mit der Schäfer-Sekte sympathisierenden Würzburger Professoren Lothar Bossle und Dieter Blumenwitz («Bum der Zweite»). Bossle, ein Protegé und persönlicher Freund von Strauß, besuchte die Kolonie insgesamt viermal. Anfangs waren die Beziehungen freundlich, was sich nun ändern sollte. Auch Blumenwitz besuchte die Siedlung (Gemballa 1988 S. 158).

Der Journalist Gero Gemballa, der die Berichterstattung über die Colonia Dignidad in diesen Jahren prägte, und AI interviewten die beiden Ehepaare. Die Aussteiger gaben ihre Informationen selektiv und portionsweise preis. Hier wie in späteren Fällen mussten erst alte Loyalitäten bedacht und Schäden kalkuliert werden. Es war nicht möglich, ausschließlich Schäfer zu belasten. Schäfer hatte die Schuld kollektiviert, und Baar versuchte sie individuell zuzurechnen, ohne dem Täter- und Sünderkollektiv allzu sehr zu schaden. Schäfer hatte andere die Drecksarbeit tun lassen, und in dem so entstandenen Gestrüpp gemeinsamer Schuld agierte Hugo Baar vorsichtig. Auch hatte es Baar noch nicht aufgegeben Schäfers Nachfolger zu werden. Dazu brauchte er eine weiße Weste.

Aus unterschiedlichen Interessen gingen AI und Gemballa darauf ein. Baar führte eine Reihe geheimer Gespräche mit AI. Gemballa verfolgte die Linie, sich auf die in der Siedlung unterdrückten Deutschen zu beschränken und die Folterungen an Chilenen knapp zu behandeln. Das versprach größeren publizistischen Erfolg. AI war nicht an Publizistik, sondern an Material für den Bonner Prozess gelegen. Der Schaden, den die Flucht der beiden Ehepaare für Schäfer hätte bedeuten können, hielt sich infolge dieser Konstellation und der stillen Diplomatie von Bossle und Blumenwitz zunächst in Grenzen. Auch die veränderte

Sichtweise (weg von den chilenischen Opfern, hin zu den misshandelten Deutschen), die sich damals in der deutschen Öffentlichkeit durchsetzte, war günstig für Schäfer, denn sie lenkte von seinen größeren Verbrechen ab.

Hopp musste Feuerwehr spielen. Er hatte Kontakte zu höchsten chilenischen Regierungskreisen. Er war, wie die Colonia Dignidad selbst sagte, «sehr bekannt mit Herrn und Frau Pinochet». Nachdem in diesem Krisenjahr Auswärtiges Amt und deutsche Botschaft von der Colonia Dignidad abgerückt waren, ging er ins chilenische Außenministerium. Er sollte auch die Würzburger Professoren bearbeiten und scheiterte. Bossle hielt nichts von Schäfers Manieren. Er «hasste Schäfer auf den Tod», so Hopp zu Mertins. Nach einem Gespräch Bossles mit Pinochet beeilte sich die Colonia Dignidad, ihn beim Diktator zu verunglimpfen: Bossle ginge es nur um ein Geschäft, das er einfädeln sollte und woran er verdienen wollte. Es ging um den möglichen Auftrag an die bundesdeutsche Firma Hoch-Tief, einen Flughafen in Chile zu bauen. Bossle war tatsächlich der Mittelsmann. Er schlug Hopp die Nachfolge Schäfers vor (ein solches Gespräch fand im Hotel Carrera in Santiago statt). Offenbar wollte Bossle sich aus der Affäre ziehen, indem er den Übergang von der Schmuddelsekte zu einem sauberen Mustergut anstieß. Aber die Telefonate zwischen Hopp und Bossle arteten in Streitereien aus. Blumenwitz sagte in einem Telefonat mit Hopp, Bossle habe die Leute nach Chile und in die Colonia Dignidad gebracht und jetzt fliege ihm das um die Ohren. Jetzt wolle er sich die Hände in Unschuld waschen. (JIPOL)

Ein williger Helfer war der Münchner Stadtrat Wolfgang Vogelsgesang (CSU, Spitzname «Zwitsch» von «zwitschern»). Er besuchte die Siedlung und schrieb ein Manuskript darüber, das sie ihm mitsamt der Rechte daran für einen hohen sechsstelligen D-Mark-Betrag abkaufte, um es aus dem Verkehr zu ziehen.[42]

Vogelsgesang knüpfte Kontakte, schrieb günstige Artikel, stellte Anfragen. Aber in der Krise erwies er sich als politisch zu unbedeutend. Die Colonia Dignidad teilte ihm mit, wenn er nicht innerhalb von drei Stunden eine bestimmte Benachrichtigung liefere, könne er seinen Rücktritt[43] einreichen und sich in der Colonia Dignidad nie wieder sehen lassen. «Wir brauchen keinen Kommunalpolitiker als Helfer.» Schäfer

42 Information von Uwe Herzog, der für Gemballa recherchierte.

43 «Rücktritt» ist hier aus den JIPOL-Unterlagen rückübersetzt. Welche formale Funktion Vogelsgesang hatte, geht aus dem Zusammenhang nicht hervor.

ließ, wie bereits bei Arnswaldt, seine eifrigsten Unterstützer nach Belieben fallen, wenn sie nicht parierten.

Schäfer bekam in diesem Jahr, zurecht oder nicht, einen weiteren mächtigen Feind. Anfang Januar 1985 verschwand der US-Amerikaner Boris Weisfeiler in der Nähe der Colonia Dignidad. Er wurde 1941 in Moskau geboren. Die Familie ist jüdisch. 1975 floh er aus der UdSSR. Er wurde US-amerikanischer Staatsbürger und erhielt eine Professur für Mathematik an der Pennsylvania State University. Seine Kollegen schildern ihn als «wirklichen Athleten» und «streng konservativen» Antikommunisten.

Weisfeiler liebte lange Wanderungen auf schwierigem Gelände. Im südchilenischen Antuco begann er eine seiner einsamen Wanderungen. Er traf auf einen Schafhirten. Weisfeiler konnte kaum Spanisch. Während der mühsamen Unterhaltung deutete er auf der Landkarte auf sein Reiseziel San Fabián. «Aber San Fabián ist zufällig auch der Südzugang des unzugänglichen Eigentums der Colonia Dignidad», heißt es später in einem vertraulichen US-Bericht, «eine Reise ohne ersichtlichen Grund.» Nach einigen Kilometern Marsch wurde Weisfeiler vom Bruder des Schafhirten gesehen, der dies den Carabineros meldete. Alle Fremden sollten dort gemeldet werden, hatte man ihm gesagt. Die Carabineros veranlassten, dass eine Armeepatrouille ausgeschickt wurde, die aus vier Soldaten bestand.

Am 5. Januar 1985 wurde Weisfeiler zum letzten Mal gesehen. Die Carabineros schlossen aus Fußspuren und dem durchnässten Rucksack, der am Ufer eines Flusses lag, dass er beim Versuch, diesen Fluss zu überqueren ertrunken sei, – so die offizielle Version. Eine inoffizielle, aber sehr glaubwürdige Information besagt, dass in Weisfeilers Gepäck ein Geigerzähler zum Messen von Radioaktivität gefunden wurde, zudem gab es Hinweise auf eine Verhaftung. Die Fundstelle des Rucksacks ist etwa 10 km von dem bebauten Teil der Colonia Dignidad entfernt. Weisfeiler ist seitdem verschwunden.

Die US-Botschaft schickte zwei «Konsularbeamte» – einen Mann und eine Frau – in die Region. Die Frau war nach einem Zeitungsbericht Mitarbeiterin der CIA. Die US-Beamtin erweckte das Misstrauen der Carabineros, als sie fragte, ob Weisfeiler nicht vielleicht entführt und in die Colonia Dignidad gebracht worden sein könnte. Die Carabineros stoppten ihr Auto, observierten vor dem Hotel, stellten ihr Fragen und folgten ihr tagelang. Die CIA rief bei AI in Bonn an[44] und kam auch in die deut-

44 Information des damaligen Generalsekretärs Helmut Frenz

sche Botschaft in Santiago, um zu fragen, was Deutschland gegen die Siedlung zu tun gedächte. Diese Interventionen des CIA deuten darauf hin, dass Weisfeiler mehr war als ein vom Weg abgekommener Tourist.

Die US-Beamten konnten Weisfeilers Schicksal nicht aufklären. Aber sie stießen auf eine Reihe von Widersprüchen. In ihrem Bericht heißt es, dass ein Bauer, der ausgesagt hatte, er habe in der Nähe des gefundenen Rucksacks Fußspuren gesehen, später eingeräumt habe, er habe diese Aussage unter Druck gemacht. Einer der Carabineros, die in der Gegend stationiert waren, erwähnte in seiner ersten Aussage vor einem Untersuchungsrichter die Patrouille, die Weisfeiler stellen sollte. In einer zweiten Aussage in Anwesenheit seines Vorgesetzten erwähnte er die Patrouille nicht mehr. Die US-Beamten bemerkten, dass die Carabineros «äußerst besorgt darüber waren, dass politische Extremisten über die argentinische Grenze kommen könnten, um nach San Fabián oder San Carlos zu gelangen». Im April 1985 wurden drei und wenig später ein weiterer der fünf Carabineros, aus der die Garnison in der abgelegenen Gegend bestand, versetzt; der fünfte wurde im August zwangsweise in den Ruhestand geschickt. Der chilenische Offizier, der Weisfeiler festgenommen hatte, sagte später aus, das Siedlungsgelände sei danach «gesäubert» worden. Offenbar versuchte Schäfer alles, was nicht nach verschrobener Deutschtümelei aussah, zu tarnen oder vom Heer wegschaffen zu lassen.

Im Januar 1988 sandte die US-Botschaft in Santiago ein vertrauliches Telegramm an das US-Außenministerium, in dem berichtet wird, dass ein Konsularbeamter am 8. Januar 1988 einzeln mit vier der Carabineros gesprochen hatte, die zur Zeit des Verschwindens Weisfeilers in der Gegend stationiert waren. Offenbar waren diese auf das Gespräch vorbereitet worden. Sie machten keinen Hehl daraus, dass Weisfeiler «mehr als nur ein Tourist» gewesen sei. Die Carabineros widersprachen sich in einigen Punkten. Die vier Armeesoldaten, die Weisfeiler gesucht hatten, waren nie vernommen worden. Der Schafhirte, der mit Weisfeiler gesprochen hatte, wurde ein Jahr später erhängt aufgefunden. Angeblich war es Liebeskummer. Die US-Behörden sprachen von «mysteriösen Umständen».

Ein ehemaliger chilenischer Heeressoldat «Daniel», der angibt, innerhalb der Colonia Dignidad gedient zu haben, teilte Ende 1997 der US-Botschaft anonym seine Version des spurlosen «Verschwindens» Weisfeilers mit. Weisfeiler wollte, so der Soldat, 1984/85 im Auftrag des israelischen Geheimdienstes Mossad den KZ-Arzt Josef Mengele aus der Colonia Dignidad herausholen. Eine chilenische Militärpatrouille habe ihn verhaftet und einem Kommando der Colonia Dignidad übergeben. Schäfer habe ihn «wild» und «lange Zeit verhört» und dann gesagt, er sei ein jüdischer Spion. «Ihr seid Nazis und Mörder», habe Weisfeiler geschrien. Die Colonia Dignidad sei zu dieser Zeit so stark bewacht gewesen, weil eine geheimnisvolle und wichtige Person namens «Professor Smith» dort zu Besuch gewesen sei. Noch zwei Jahre später habe der Soldat Weisfeiler in einem umzäunten Gelände Ziegelsteine machen sehen. Der Soldat spricht außerdem von unterirdischen Anlagen innerhalb der Siedlung, zu denen nur ausgewählte Personen Zutritt hatten, die dort Gefangene abholten. Es gebe dort eine starke Sendeanlage, und in der Siedlung würden kosmetische Operationen vorgenommen und falsche Papiere ausgestellt, so «Daniels» Information gegenüber der US-Botschaft. «Daniels» Version ist bis heute nicht bestätigt. Es könnte sich um ein Ablenkungsmanöver Schäfers oder eines chilenischen Geheimdienstes gehandelt haben.

Was Weisfeiler in der Nähe der Siedlung wollte, ist bisher nicht bekannt. Sein «Verschwinden» wirkt bis heute nach. Die gerichtlichen Untersuchungen gehen weiter. Im September 2000 wurde Gerhard Mücke deshalb verhaftet. Auch im Geheimarchiv der Colonia Dignidad, das 2000 beschlagnahmt wurde, hatte Weisfeiler eine Akte, die aber wohl nur aus Zeitungsausschnitten bestand. Weisfeilers Schwester Olga, die in den USA lebt, bemühte US-Abgeordnete, die sich an Präsident George W. Bush wandten. Bush sprach den chilenischen Präsidenten Lagos bei einem Staatsbesuch im Juli 2004 im Weißen Haus auf Weisfeiler an. Lagos konnte mit dem Namen nichts anfangen. Zurück in Chile versuchte er die Blamage dadurch wettzumachen, dass er eine interne Untersuchungskommission einberief. Als im März 2006 die neue chilenische Präsidentin Michelle Bachelet ins Amt eingeführt wurde, mahnte die US-Außenministerin Condoleezza Rice, die an der Zeremonie teilnahm, eine Lösung des Falles Weisfeiler an. Gleichzeitig trafen sich US-Beamte mit dem zuständigen Richter. Kurz darauf schrieben 27 US-Abgeordnete und Senatoren an die neue Regierung, sie solle dem Fall Priorität einräumen. Im April 2006 besuchte eine Delegation des FBI, die im Fall Weisfeiler ermittelte, Chile, und um die Mission offiziell abzusegnen, traf sich der US-Botschafter mit dem untersuchenden Richter Zepeda. Im Juni 2006 traf sich die chilenische Präsidentin Bachelet bei einem Staatsbesuch in Washington mit Weisfeilers Schwester Olga. Kurz darauf schloss sich der Rat zur Verteidigung des Staates (CDE) der Klage wegen des «Verschwindens» Weisfeilers an. Im März 2016 entschied Richter Zepeda, das Verfahren wegen Verjährung einzustellen. Zwar sei Weisfeiler verhaftet und dies verdunkelt worden, aber das sei auf eigene Initiative der acht beteiligten Militärs und Polizisten geschehen und deshalb keine Menschenrechtsverletzung, sondern ein gemeines Verbrechen. Acht uniformierte Staatsbeamte, die den Auftrag hatten, auf alle Fremden in der grenznahen Gegend zu achten, sollen Weisfeiler also privat verhaftet haben! Wegen Fristablauf bekamen die Verwandten keine Entschädigung. Dieses skandalöse Urteil wurde von der entpolitisierten chilenischen Öffentlichkeit nicht wahrgenommen. Die New York Times berichtete darüber (NYT, 10.3.2016).

Die CSU als Verbündete verloren, dafür den CIA, das FBI und die deutsche Botschaft als neue Feinde. So begann für Schäfer das Jahr 1985. Pinochets Herrschaft zeigte damals erste Risse. Die chilenische Wirtschaft schlitterte durch eine Rezessionsphase. Die Opposition formierte sich. 1983 hatten monatliche «Protesttage» begonnen, und ein Parteienbündnis machte Pläne für eine Zeit nach Pinochet.

Die zweite Jahreshälfte brachte weitere Probleme für die Siedlung. Alfred Schaak, der Geschäftsführer der Lebensmittelläden der *Privaten Socialen Mission*, starb. Die kleinen Läden waren eine der realen Attrappen der Colonia Dignidad. Sie verkauften tatsächlich Lebensmittel, dienten aber auch dem Schmuggel und mysteriösen finanziellen Transaktionen. Ein Augenzeuge sah, wie Schaak Schrotflinten in Holzkisten versteckt hatte. Schaak wusste wahrscheinlich etwas von der Giftgasproduktion, in die er als Organisator des Schmuggels verwickelt war. Offenbar wollte er jetzt auspacken und abspringen.

Schäfer begann eine seine Inszenierungen. Zuerst ließ er Schaak sein Testament zugunsten der Colonia Dignidad, also sich selbst machen. In der Colonia Dignidad wurden Briefe darüber vorgelesen, wie das Geschäft in Siegburg läuft. Dann kam die Lautsprecherdurchsage, dass alle in den Saal kommen sollten, da es «Onkel Alfred» schlecht gehe. Dann beteten die Siedler, der Chor sang. Später hieß es, Schaak sei gestorben. Seine Frau Eva, die heute in Deutschland lebt und immer noch an Schäfers gutes Werk glaubt, hatte ihn, als sie das erfuhr, 17 Jahre lang nicht gesehen. Der Verlauf in Deutschland sah anders aus. Zwei Colonia-Dignidad-Mitglieder, nach glaubwürdigen Aussagen Winfried Schmidtke und Helmut Seelbach, waren aus Chile gekommen und offenbar mit Schaak am 5. Oktober 1985 vom Frankfurter Flughafen nach Siegburg gefahren. Schaak ging in sein Zimmer, da ihm unwohl war. Als Rita Seelbach nach ihm sah, sei sein Gesicht schwarz verfärbt gewesen, schreibt Gemballa. Schaak kam ins Krankenhaus von Beul und wurde von dort in die Universitätsklinik Bonn verlegt. Am 11. Oktober meldete die Klinik, er sei tot. Am 22. Oktober flog Hopp aus Chile ein, um die Leiche abzuholen. Gemballa zitiert Hopp: «Eine toxische Ursache ist nicht auszuschließen.» (Gemballa 1988 S. 74f)

Kaum war Hopp mit der Leiche zurück in Chile, veranstaltete die Colonia Dignidad eine «außerordentliche Generalversammlung» vom 26. Oktober 1985. Ob und wie diese Versammlung tatsächlich stattgefunden hatte, liegt im Dunkeln; es kann sich um eine der zahlreichen Gemeindeversammlungen gehandelt haben. Die Siedlung nahm ihre Statuten nicht genau. Die Colonia-Dignidad-Führung hatte für diese Versammlung ein Konvolut mit Aussagen ihrer Mitglieder zusammengestellt. Laut Protokoll wurden die Monate zuvor geflohenen Ehepaare Baar und Packmor geächtet, ein Streit zwischen Baar und Schaak angedeutet, und es wurde gemunkelt: «Die Folge dieser (Baars, D. M.) Hetze ... haben (!) der Sociedad (Colonia Dignidad, D. M.) erhebliche Schwierigkeiten und Verfolgung in Chile und in der Bundesrepublik durch das Eingreifen Dritter bis zur Tragödie hin Leiden, Trauer und fatale Konsequenzen eingebracht.» In dem Protokoll wird außerdem der Vorwurf des Waffenschmuggels erwähnt (abgedruckt in Heller 1993 S. 237). Die propagandistische Absicht des Protokolls ist offenkundig, denn es lässt sich über die elf bzw. neun Monate vorher geflohenen Ehepaare aus, ist aber unzweifelhaft eine Reaktion auf Schaaks Tod. Das Protokoll wurde an chilenische Botschaften geschickt.

Schaak war nicht der einzige Todesfall dieses Krisenjahres. Schäfers Jagdausflüge ähnelten, wie oben beschrieben, militärischen Operationen. Bei einer dieser Jagden war Manuel Contreras, damals bereits Ex-Chef der DINA, dabei und legte sich so ins Zeug, dass er den jungen Hartmut Münch erschoss, der ihm in die Schusslinie geraten war. Contreras, direkt mit einem von ihm verschuldeten Todesfall konfrontiert, bekam einen hysterischen Anfall, schrie und weinte und wollte sich der Polizei stellen, aber Schäfer beruhigte ihn und vertuschte den Totschlag. Er sagte der Familie, der Junge sei vom Auto gefallen. Ein Zeuge musste eine Version, die auf einem Zettel stand, auswendig lernen und vor dem Richter aufsagen. Eine spätere Exhumierung ergab Tod durch eine Schussverletzung.

Am 12. Dezember 1985 schließlich wanderte der achtzehnjährige Niederländer Marteen Visser in dem nicht markierten militärischen Sperrgebiet am Vulkan Osorno. Seitdem ist er verschwunden. Visser war als Globetrotter nach Chile gekommen und hatte sich kurz nach seiner Ankunft bei einer Gastfamilie auf einen politischen Streit über Pinochet eingelassen. Die Familie war pinochet-treu. Ein anonymer Informant sagte später Vissers Familie, dieser sei in die Colonia Dignidad gebracht worden und habe dort als «der Pirat» mindestens eine Zeit lang gelebt. Der Fall wurde nie aufgeklärt, die Leiche nie gefunden. Es gibt keinen Beleg für einen Zusammenhang zwischen Vissers Verschwinden und der Colonia Dignidad, aber der Fall bedeutete unerfreuliche Publizität.

Schäfer saß in dieser Zeit beim Duschen der Jungen geistesabwesend auf seinem Stuhl, und beim sexuellen Missbrauch versagte er, wie Vedder schreibt. Seine Predigten wurden düsterer. Er beschwor das Ende der Welt herauf. Die Führungsclique musste unauffällig die meisten von Schäfers Aufgaben übernehmen (Vedder 2005 S. 104). Etwa um 1985 musste sich Schäfer einer Lungenoperation unterziehen (Vedder 2005 S. 114), denn bei einem Jagdunfall hatte ihn in den sechziger Jahren eine Kugel an Niere und Lunge verletzt. Da er sich von Rebeca hatte gut bekochen lassen, war er übergewichtig und litt an Bluthochdruck. Seine Führerqualitäten schrumpften. Immer häufiger schlief er bei seinen Predigten auf dem «Thron» ein, und wenn er aufwachte, predigte er erfrischt seiner übermüdeten Gemeinde weiter, die ihm bis zu zwei Stunden mäuschenstill beim Schlafen zugesehen hatte. Hinter vorgehaltener Hand hieß er jetzt «Paul Schläfer».

Nach dem Krisenjahr 1985 ermittelte die Staatsanwaltschaft Bonn gegen Schäfer. Das Auswärtige Amt und die Deutsche Botschaft in Santiago gingen auf Distanz und versuchten, wie Bossle sagte, Schäfer aus seiner Siedlung «herauszulösen». Bossles Sicht auf die Dinge war simpel: «Schäfer ist der einzige, der nicht hineinpasst», er finde nicht den richtigen Ton (PA AA B 130, Bd. 13631). Bossle hatte sich so gründlich täuschen lassen, dass er die Colonia Dignidad für eine im Prinzip saubere Sache hielt. Wegen solcher Fehleinschätzungen konnte sich Schäfer noch 12 Jahre in der Siedlung halten.

Auswärtiges Amt, deutsche Botschaft und CSU

Die deutsche Botschaft in Santiago hätte spätestens seit 1966, als Müller geflohen war, und nach dem bereits erwähnten Bericht ihres Mitarbeiters Kaufmann-Bühler vor der Colonia Dignidad gewarnt sein müssen. Ihr lag neben Müllers Bericht ein Brief vor: «Die Kinder werden furchtbar geschlagen ... Die Mama war auch schon ein Jahr und zehn Monate eingesperrt ... Sie ist auch fast nur noch Haut und Knochen ... Ich war in der Botschaft, um um Hilfe zu bitten, und hatte den Antrag gestellt, um nach Deutschland zurückzukommen. Dann hat mir Kurt Schnellenkamp versprochen, dass sie uns (nach Deutschland, D. M.) zurückschicken werden, und ich sollte doch den Antrag an die deutsche Botschaft zurücknehmen, und diktierte mir den Brief an die deutsche Botschaft. Nun sehe ich mich betrogen und komme nicht raus.» (Heller 1993 S. 207).

Es gab mehrere solcher Fälle. Ob die Botschaft volljährige Siedler zurückschickte, ist nicht belegt. Eine private Aufstellung kommt auf etwa 30 Fluchtversuche, die in der Botschaft endeten. Wahrscheinlich verliefen diese Fluchten so, dass jemand ohne Geld und Sprachkenntnisse aus der Siedlung entkam und dann zwei Tage brauchte, um zur Botschaft zu kommen. Dort wartete längst ein Auto der Colonia Dignidad. Schäfers Vertrauensleute beobachteten die Geflohenen und überredeten sie vor oder in der Botschaft zurückzukehren. Dass die Botschaft hiergegen nicht einschritt, ist Teil ihres jahrelangen Versagens und deutet mindestens auf einiges Wohlwollen der deutschen Diplomaten gegenüber Schäfers Siedlung hin.

Als das Militär putschte, war Kurt Lüdde-Neurath deutscher Botschafter in Santiago. Er setzte sich für politisch Verfolgte ein und hatte Informationen zur Rolle der Colonia Dignidad für die Diktatur. Anfang 1974 traf ein Botschaftsmitarbeiter sich im Haus einer Deutschen Renaca mit Leuten der im Untergrund operierenden Sozialistischen Partei, darunter Carlos Lorca und Jorge Sepúlveda. Lüdde-Neurath sprach dabei von der Colonia Dignidad und dem dortigen geheimen DINA-Lager. Das Treffen war von den «quadro alemanes» (den vier Deutschen) arrangiert worden, vier linken Deutschen, die damals in Chile waren (Information von Sibylle Riethmiller, eine der vier). Carlos Lorca wurde später verhaftet und soll in der Colonia Dignidad «verschwunden» sein. Jorge Sepúlveda gelang es, ins Ausland zu fliehen.

Wirklich herzlich wurde das Verhältnis zwischen Botschaft und Colonia Dignidad erst, als Erich Strätling 1976 Botschafter wurde. Endlich habe es mal ein deutscher Botschafter für nötig befunden die Siedlung zu besuchen, sagte der offiziell immer noch tote Schäfer im November 1976 zu Strätling, der gerade seinen Dienst in Chile angetreten hatte, wo er bis 1979 blieb. Strätling hatte «eine Reihe von Berührungspunkten» mit der Siedlung, so eine Aussage von Mertins. Bei seinem ersten Besuch wurde er sieben Stunden in dem «Mustergut» herumgeführt und kam sich vor «wie im Märchen von Schneewittchen». Nach den Foltervorwürfen von *Amnesty International* 1977 sah sich Strätling zu einem weiteren, zweitägigen Besuch veranlasst und riet der Sekte, gegen die Menschenrechtsorganisation zu klagen (s. Kapitel «Deutsche Botschaft und Auswärtiges Amt suchen nach einer Lesart»). Er ließ von der chilenischen Luftwaffe Luftbilder der Siedlung anfertigen, die in Bonn ausgewertet wurden. Dann gab er gegenüber der Presse eine Ehrenerklärung für die Colonia Dignidad ab. Er verschwieg, dass Schäfer ihn geführt und sich dabei geweigert hatte, ihm eine in Kellerräume führende Tür zu öffnen. Die zur selben Zeit erstellte Aufzeichnung des Botschaftsmitarbeiters Raban von Mentzingen (s. u.) spricht ohne Wenn und Aber von Menschenrechtsverletzungen in der Colonia Dignidad (Heller 1993 S. 277).

Die US-Botschaft in Santiago hatte ihre Zweifel an Strätlings Version und wahrscheinlich auch die besseren Informationen. Der US-Botschaftssekretär Charles Stout fragte seinen deutschen Amtskollegen Henning Leopold von Hassell, ob die Botschaft mit der Besichtigung zufrieden sei. «Von Hassell sagte Nein, es gäbe zu viele seltsame Dinge in Bezug auf die Kolonie, ihren eigentümlichen Charakter einmal beiseitegelassen. Sie hatten sehr moderne Installationen und Ausrüstungen. Wo war das Geld her? Sie seien in engem Kontakt mit dem Mutterhaus in Deutschland, und der Ursprung der Operation sei obskur. Sie haben ein komplexes und teures Kommunikationssystem. Und sie planen den Ankauf eines Düsenflugzeugs, das internationale Reisen machen kann.»[45]

«All good questions!», steht handschriftlich am Rande dieser Stelle des Gesprächsprotokolls. Der US-Diplomat sprach von Hinweisen auf enge Beziehungen mit der DINA. Von Hassell antwortete, er sei sich nicht sicher, es könne aber wegen der 18 im Gebiet der Colonia Dignidad liegenden Andenpässe ein «natürliches Sicherheitsinteresse» oder aber auch «andere Gründe» geben. «Von Hassell stimmte meiner Bemerkung zu, wenn irgendetwas Finsteres vorging, könne es in der Kolonie versteckt werden, oder es könne eine Niederlassung der chilenischen Regierung in der Nähe oder auf dem Gebiet der Colonia Dignidad geben.» Warum sagte Stout «in der Nähe oder auf dem Gebiet»? Hatte er einen Hinweis auf *Monte Maravilla* oder *Cerro Gallo*? Von Hassell fügte in dem

45 Tatsächlich kaufte die Colonia Dignidad zu diesem Zweck 1995 ein Flugzeug des Herstellers Dornier. Es flog in vielen Etappen von Europa nach Chile und wurde dort wegen eines Schadens irgendwann verschrottet.

Gespräch noch hinzu, die Colonia Dignidad habe Pinochet wegen «seiner verständnisvollen Einstellung» einen Mercedes 600 geschenkt. Die Botschaft werde einen Bericht erstellen, und wenn sich irgendetwas Neues ergebe, werde er es Stout wissen lassen.

Die Colonia Dignidad rechnete Strätling zu ihren Verbündeten. Bei der Aufzählung ihrer Freunde nannte sie ihn in einem Atemzug mit Mertins, Blumenwitz und Vogelsgesang (JIPOL). Sie rief nach der Veröffentlichung von *Amnesty International* und vom «Stern» sofort die Botschaft an, und diese meldete am 18.3.1977, also unmittelbar nach dem «Stern»-Bericht, nach Bonn, der «Vorwurf von Folterungen» beruhe «auf Aussagen, die nicht eigene sichere Wahrnehmungen, sondern Vermutungen, Mutmaßungen und Schlussfolgerungen wiedergeben.» Eine parlamentarische Kommission habe der Colonia Dignidad 1968 eine «Unbedenklichkeitserklärung» ausgestellt. Diesen Kommissionsbericht benutzte die Colonia Dignidad, wie erwähnt, immer wieder als Alibi, und Strätling tat es nun auch.

Sollte Strätling den Bericht, der einiges an Bedenken enthielt, überhaupt gekannt haben, so machte er sich nun die Interpretation der Colonia Dignidad zu eigen. Er hob daraus in seinem Schreiben alles hervor, was die Siedlung entlasten konnte.[46]

Es gab in diesen Wochen des Jahres 1977 eine Anzahl von Kontakten der Colonia Dignidad mit der Botschaft, die auf die Initiativen beider Seiten zurückgingen. Strätling kabelte nach Bonn, dass Hans Jürgen Blank am 10.4. nach Deutschland fliege, um Rechtsanwälte zu beauftragen. Kurz darauf meldete Strätling an das AA, er habe Unterlagen, die ihm «von den Beauftragten der Colonia Dignidad der Botschaft übergeben» worden seien und die er ans AA weiterleite. Es war eine achtzehnseitige Ausarbeitung, die Blank zur Vorbereitung einer Klage in Deutschland abgefasst und vor seiner Abreise der Botschaft übergeben hatte. «Nach erster Prüfung», so der Botschafter, sei es «eine sorgfältige Arbeit», die

46 Kaufmann-Bühler geht in seiner Aufzeichnung von 1972 auf den Kommissionsbericht ein und findet einige der Bedenken nicht wirklich ausgeräumt: «Doch verstand es die Kolonie, maßgebliche Kreise mit ihren kolonisatorischen Leistungen für sich einzunehmen. So erbrachte auch eine parlamentarische Untersuchung in Chile im Jahre 1968, die die Missstände in der Kolonie aufdecken sollte, praktisch kein Ergebnis. Die Kolonie bewertet den Untersuchungsbericht heute als ihre Rehabilitierung.» Sollte dem Botschafter Kaufmann-Bühlers Schriftstück überhaupt bekannt gewesen sein (er betrieb ein intensives Aktenstudium), dann hatte er es konsequent ignoriert.

«sicherlich auch einen Beweiswert» habe. Das AA übernahm bald darauf den Tenor von Strätlings unkritischer Zusammenfassung des von Blank gelieferten Entwurfes und machte daraus, wie wir sehen werden, nach einigen Umformulierungen eine Vorlage für den Minister. (s. S. 96 ff)

Gleichzeitig hatte sich herausgestellt, dass von Mentzingen, ein früherer Botschaftsmitarbeiter, der mittlerweile in Bonn arbeitete, über die Colonia Dignidad gut informiert war. Das AA bat ihn um einen Bericht. In der Aufzeichnung,[47] die von Mentzingen erstellte, sprach er ohne Wenn und Aber von Menschenrechtsverletzungen in der Colonia Dignidad und nannte Quellen und Fälle. Eine Zusammenarbeit der Colonia Dignidad mit den Militärs, wie sie *Amnesty International* belegt hatte, war nach diesen Aufzeichnungen nicht mehr zu bestreiten. Von Mentzingen übersandte seine Aufzeichnung am 5.4.1977 an das AA mit einem Brief, in dem er sagt, er habe auf einer Dienstreise Ende 1976 in die Provinz Linares, in der die Colonia Dignidad liegt, mit verschiedenen Persönlichkeiten gesprochen (darunter zwei Bischöfen). «Ich bin mir bewusst», schreibt Mentzingen, «dass ich mich mit einer (meiner?, D. M.) Aufzeichnung in einem gewissen Gegensatz zur Berichterstattung der Botschaft befinde, die sicher über Informationen verfügt, die Zweifel an der Integrität der Kolonie aus dem Wege räumen.» Zum Schluss bat Mentzingen um vertrauliche Behandlung seiner Aufzeichnung, da er auf «weitere gute Beziehungen» zu Strätling Wert lege.

Strätling, der von der Bitte des AA an von Mentzingen unterrichtet worden war, sandte ein «Privatdienstschreiben» ans AA (1.4.1977). Er zeigt sich «verwundert», dass von Mentzingen angefragt wurde; zuständig sei er, er bäte darum, zur Berichterstattung nach Bonn gerufen zu werden. Es gehe, so Strätling, um «alte Auseinandersetzungen» und «Gerüchte» (immer wieder spricht er von Gerüchten, mal unterstrichen, mal gesperrt), aber nichts Neues. Am 3.5.1977 legte der Botschafter in einem siebenseitigen Schreiben nach: Wiederum spricht er von «Gerüchten»; ein «Emil Zott» (gemeint ist Erick Zott, der in der Colonia gefoltert wurde, D. M.) sei in der Botschaft unbekannt, die Aussage eines früheren politischen Gefangenen zu einem Mitgefangenen (Alfonso Chanfreau, D. M.), der in der Colonia Dignidad gesehen worden sei, sei in der Botschaft «ohne zusätzlichen Vermerk zu den Akten genommen worden». «Im übrigen überrascht es, dass Herr von Mentzingen alle von ihm aufgeführten Fälle so gut im Gedächtnis hat»,

47 In dieser Aufzeichnung kommt auch der oben erwähnte Fall Chanfreau vor, wenn auch ohne Namensnennung.

zumal er dafür nicht zuständig gewesen sei. «Gerüchte und unbewiesene Behauptungen [dürften] nicht ausreichen, um eine Gemeinschaft von deutschen Staatsangehörigen im Ausland pauschal moralisch zu verurteilen.» Es müsse das «im Zweifel für den Angeklagten» gelten. Nach dieser Logik hätte Strätling allerdings die international geachtete Menschenrechtsorganisation *Amnesty International* statt der Sekte in Schutz nehmen müssen, denn in Bonn angeklagt war schließlich *Amnesty International*. Die Botschaft praktizierte eine Mischung aus Laxheit («zu den Akten genommen»), Ignoranz, antikommunistischen Reflexen und Komplizenschaft. In der Person des Botschafters mögen professionelle Inkompetenz und Komplizenschaft zusammengetroffen sein.

Unmittelbar nach den Amnesty-Enthüllungen hatte die bundesdeutsche Diplomatie noch keine Sprachregelungen entwickelt. Eine Journalistin rief die deutsche Botschaft in Santiago an, und Konsul H.G. Petermann sagte spontan, die Botschaft sei gegenüber der Sekte sehr skeptisch, die Colonia Dignidad habe gute Kontakte zur Polizei; und der Botschaft lägen persönliche Berichte und beglaubigte Aussagen über Folter unter Beteiligung der Deutschen vor (Heller 1993 S. 122). Für viele Jahre sollte dies die einzige konkrete öffentliche Aussage der Botschaft bleiben. Was danach kam, waren allenfalls doppeldeutige Signale, die Diktatoren vom Schlage Pinochets nicht verstanden oder zu ihren Gunsten deuteten. Pinochet konnte davon ausgehen, dass die Botschaft und das Auswärtige Amt in Bonn ihm in Sachen Colonia Dignidad nicht in die Quere kommen würden.

Zwischen 1972 und 1983 gab es nach Angaben der Colonia Dignidad zwölf Besuche von Botschaftsangehörigen, darunter den eines Botschafterehepaares. Handwerker der Colonia Dignidad renovierten 1977 die Botschafterresidenz und installierten bei dieser Gelegenheit ein paar Abhörwanzen. Die Sektenführung hörte die Gespräche Strälings, der gerne trank, mit seinen Gästen und seiner Gattin in Echtzeit ab und lachte herzlich dabei.

Der Zahlmeister der Botschaft unterhielt in seinem von deutschen Steuergeldern angemieteten Haus ein Warenlager der Siedlung, das dem Verkauf von Lebensmitteln diente. In der Botschaft gab es Mettwurst aus der Colonia Dignidad, und im Lehrerzimmer der ihrer Dienstaufsicht unterstehenden Deutschen Schule verkauften Schäfers Leute Kuchen, Brot und Marmelade. Schulrektor Klaus Rudek verstand sich gut mit der Siedlung und besuchte sie.

Der deutsche Botschafter in Chile von 1986—1988, Dr. Horst Kullak-Ublick, führte vor seinem Dienstantritt in Santiago ein Gespräch im Auswärtigen Amt, an dem sein persönlicher Bekannter Mertins und Kurt Schnellenkamp teilnahmen. Als Kullak-Ublick 1987 zu einem Bericht über die Colonia Dignidad nach Bonn zitiert wurde, traf er sich vorher am Flughafen Köln mit Mertins. Wollte der Botschafter beide Seiten hören oder ging es um ein Krisenmanagement? Kullak-Ublick wurde 1986 Botschafter in Santiago, zu einer Zeit also, als die Colonia Dignidad in Bonn und München in Ungnade gefallen war, in Chile aber noch im Zentrum der Macht stand. Die Hubschraubermission Ende 1987 (s. u.) belegt diesen ungleichen Stand. Außenminister Genscher bestellte Kullak-Ublick im August 1988 zum persönlichen Vortrag nach Bonn (PA AA 178.920, Fernschreiben v. 20.8.1988). Er soll «gebrüllt haben wie nie zuvor» und versetzte den Botschafter nach nur zwei Jahren an der Botschaft Santiago. Nach einer privaten und sehr glaubhaften Mitteilung hatte Genscher Angst, wegen des heiklen Themas Colonia Dignidad gestürzt zu werden.

Die deutsche Diplomatie stand vor dem Dilemma, den Knoten Colonia Dignidad zu lösen, ohne die bisher kaum bekannte Dimension des Skandals öffentlich zu machen. Sprach man Verantwortliche in Botschaft und Auswärtigem Amt auf den geheimen Militärstützpunkt an, gab es kein Ja und kein Nein, sondern hochgezogene Augenbrauen. Schäfers Verbindungen zum BND waren zwar an der Botschaft vorbeigelaufen, aber 1988 dürfte dem Auswärtigen Amt wenigstens die Grundinformation vorgelegen haben. Entsprechende Nachfragen sind belegt.

Schäfer zitierte aus vertraulichen Mitteilungen zwischen Botschaft und Auswärtigem Amt. Dazu verhalfen ihm die Wanzen, die die Handwerker der Sekte in der Botschaftsresidenz installiert hatten, oder ein U-Boot in der Botschaft. Ein solches U-Boot ist namentlich bekannt. Es war Alfons Roth, und die Colonia Dignidad verpasste der Botschaft den Spitznamen «Alfonseria». Roth hielt sogar noch nach seiner Versetzung in die Schweiz Kontakt mit der Colonia Dignidad (JIPOL). Eine weitere undichte Stelle gab es in der Botschaft mindestens bis 1986, als die Colonia Dignidad aus internen diplomatischen Schreiben zitierte, bei denen es um ihren Plan ging, Konsul Dieter Haller loszuwerden. Außerdem hörte ein chilenischer Geheimdienst die Botschaft ab, so dass diese über Codewörter mit dem AA kommunizieren musste (n-tv, 11. Mai 2016).

Zu den Freunden der Colonia Dignidad in der Botschaft gehörte der Militärattaché Müller-Borchert, der seinen Posten wegen einer infamen

Lobesrede auf die chilenischen Carabineros räumen musste und ein persönliches Abschiedsessen im *casino familiar* gab. Botschaftssekretär Dietrich Linke (CSU), der zugleich die Hanns-Seidel-Stiftung in Santiago vertrat, informierte das chilenische Außenministerium über die Pläne Bonns gegenüber Schäfer. Auch er wurde versetzt, da er Müller-Borcherts Rede abgezeichnet hatte.

Stabile Beziehungen unterhielt die Colonia Dignidad einige Jahre lang mit der CSU und der bayrischen Landesregierung. Hopp war Mitglied der CSU. Bayern unterstützte den bereits erwähnten Wolff von Arnswaldt und seinen Kollegen Antal Lipthay und deren DINA-Verbindungsbüro ORBE in Starnberg. Bossle holte bayerische Besucher in die Siedlung. Dann wurde in der Landesfarben Bayerns (blau-weiß) geschmückt. Spruchbänder wurden aufgehängt, Lederhosen angezogen und Bier ausgeschenkt.[48] Die Mädchen mussten sich in Dirndel zwängen, an die eigens ein Aufsatz angenäht war, damit niemand ihre Brust sehen konnte.

Der spätere bayerische Ministerpräsident Franz Josef Strauß (CSU) betrieb damals seine eigene Nebenaußenpolitik gegen die Bonner sozialliberale Regierung, und in ihr spielte Chile eine besondere Rolle. Fast die ganze Welt hielt eine gewisse Distanz zu Pinochet, aber Strauß besuchte Chile 1977 zu einer Gedenkfeier. Fünf CSU-Politiker aus seinem Tross nutzten die Gelegenheit für einen Abstecher in die Colonia Dignidad. Ihr Eindruck war so zwiespältig, dass der persönliche Referent von Strauß, Dieter Huber, diesem von einem Besuch abriet. Strauß fuhr auch nicht hin, aber Schäfer erzählte seinen Anhängern, er sei dort gewesen. Der angebliche Besuch ist bis heute ein publizistischer Triumph Schäfers. Ein von Strauß signiertes Portraitfoto, das im *casino familiar* hing, hatten Schäfers Getreue bei einem Autogrammtermin abgegriffen.[49]

---

48 Auch Lipthay hatte Kontakte zur Colonia Dignidad, in deren Kartei er aber als «ekelhaften Kerl» bezeichnet wird. Vogelsgesang traf Lipthay im August 1982 auf einem Empfang der chilenischen Botschaft, bei der Lipthay Kulturattaché war.

49 Dieter Huber, während des Chile-Besuchs persönlicher Referent von Strauß, erzählte dem Journalisten Warner Poelchau die Episode ausführlich. Niemand hat Strauß in der Siedlung je gesehen. Im Strauß-Nachlass (in der HSS) findet sich kein Hinweis darauf. Die Akten des PA AA enthalten eine lückenlose Übersicht über Strauß' Chile-Besuch. Selbst für einen heimlichen Besuch in der Siedlung, der mindestens einen halben Tag gedauert hätte, war in dem Besuchsprogramm keine Zeit.

Nach dem Bericht der Ehepaare Baar und Packmor hatten sich Blumenwitz und Bossle mit den Informationen der Geflohenen an die chilenische Botschaft in Bonn und das Außenministerium in Santiago gewandt, und sie informierten die deutsche Botschaft in Chile und deutsche Besucher der Siedlung. Die Colonia Dignidad bat Mertins, Kontakte «auf höchster Ebene» herzustellen, was offenbar nicht gelang oder kein Ergebnis brachte. Die bayerische Landesregierung ging auf Distanz. Offenbar diente Bossle als Emissär. Im Oktober 1987 erhielt er Audienz bei Pinochet und sagte ihm, dass die menschenrechtswidrigen Zustände in der Colonia Dignidad eine neue Kampagne gegen Chile auslösen könnten. Pinochet antwortete seinen ehrfurchtsvollen Zuhörern, es sei nichts bewiesen und zuständig seien die deutschen Gerichte.

Als Schäfer 1985 die Unterstützung der CSU verloren hatte, benannte er sein deutsches Dorf noch schnell in Villa Baviera (Bayerndorf) um, aber die Bayern, die Mord und Folter toleriert hatten, setzten sich nun vom Kinderschänder Schäfer ab. Bossles letzter Besuch (1988 oder früher) in der Colonia Dignidad sollte ausloten, wie es mit der Siedlung ohne Schäfer weitergehen könne. Schäfer nannte ihn jetzt hintenherum «Arschloch». Offenbar scheiterte Bossles Mission. Die CSU entzog Hopp still und leise die Parteimitgliedschaft.

Die Berichte der Ehepaare Baar und Packmor brachten auch für die konsularische Praxis der deutschen Botschaft den Wendepunkt. Konsul Dieter Haller, der in diesem Jahr seinen Dienst in Santiago antrat, und Botschafter Kullak-Ublick ließen es nun nicht mehr zu, dass die Pässe der Siedler stoßweise und aufgrund von Vollmachten der Passinhaber verlängert wurden.

Pinochet hatte versprochen, der Colonia Dignidad Bescheid zu geben, wenn eine deutsche Untersuchungsdelegation käme, damit die Siedlung sich mit einem juristischen Schutzantrag wehren könne (JIPOL). Was später geschah, mag auf Rivalitäten innerhalb der Streitkräfte zurückgehen. Im Dezember 1987 reiste eine Delegation nach Chile, die aus dem pensionierten deutschen Diplomaten Johannes Marré, Botschafter Kullak-Ublick, dem Weihbischof von Quito und dem deutschen Geschäftsführer des katholischen Hilfswerks Adveniat bestand. Zwei Ministerialbeamte, ein Polizeipsychologe und der Carabinero-General Carlos Menne waren ebenfalls dabei. Die Delegation flog mit einem Hubschrauber der Carabineros zur Siedlung, und aus dem Karteikartenarchiv geht hervor, dass diese Teilstreitkraft hinter der Aktion stand. Der Hubschrauber stürzte beinahe ab, weil Schäfer landwirtschaftliches Gerät und im

Rotorenwind aufflatternde Bänder auf dem Landeplatz platziert hatte. Als sie dann landeten, schnauzte Hopp den Piloten an, wenn ihm seine Uniform lieb sei, solle er verschwinden. «Hopp drohte dem General, er werde wegen Hausfriedensbruchs abgesetzt», berichtete Kullak-Ublick über seinen Kontaktversuch (PA AA B 130, Bd. 13.631). Die Colonia Dignidad erklärte General Menne «den politischen Hintergrund der Sache». Als der General nicht abfliegen wollte, sagten sie, dass «alles, was jetzt komme, auf seine Verantwortung gehe.» Er sei ohne Erlaubnis auf Privatgelände gelandet. Der General sagte, er habe auf Befehl gehandelt. «Also ist der Befehl falsch. Wir leben in einem Rechtsstaat und nicht in einem Polizeistaat», war die Antwort. Es folgten wechselseitige Entschuldigungen. Nach einer knappen Stunde flog die Delegation wieder ab (Karteikartenarchiv, Carlos Menne). Kullak-Ublick nahm noch einen zweiten Anlauf und versuchte, Schäfer zu erreichen, jedoch ohne Erfolg.[50]

Die Tatsache, dass die Landeaktion mit dem Einverständnis militärischer Kreise stattgefunden hatte, bedeutete für Schäfer, dass sein Einfluss bei der Junta geschwunden war. Er reagierte mit einer Umkehrung der bisherigen Argumentation. Das deutsche Mustergut, das sich gerade erst zum «Bayerndorf» gewandelt hatte, gab sich nationalistisch-chilenisch. «In unserem Herzen sind wir Chilenen», hieß es nun; man arbeite für die «Vergrößerung von Chiles Ruhm» und verbitte sich die «interventionistische» Delegation und den «Druck einer ausländischen (der deutschen, D. M.) Regierung». Offenbar setzte Schäfer in den Fraktionskämpfen der beginnenden *transición* (Übergang zur Demokratie) auf die nationalistisch-diktatorische Linie.

In dem Maße, wie sich nach dem Krisenjahr 1985 der Fokus von Mord und Folter an Chilenen zur Misshandlung an Deutschen verschoben hatte, traten neue Akteure auf. Die «Not- und Interessensgemeinschaft für die Geschädigten der Colonia Dignidad» in Hamburg machte öffentliche Aktionen und wurde im Auswärtigen Amt empfangen. Der damalige Bundesarbeitsminister Norbert Blüm flog nach Chile, stritt sich mit Pinochet und schrieb danach: «Wir Deutschen schämen uns für diese Folterstätte.»

---

50 Bei einem anderen Anlass kam es zu einem Wortwechsel mit Schäfer. Kullak-Ublick: «Hier gibt es nur einen Willen, und das ist Ihrer ... Sie werden was erleben, was Sie noch nie erlebt haben. Ihnen steht das Wasser bis zum Hals.» Schäfer: «Das weiß ich. Ich kämpfe um alles oder nichts.» (n-tv, 11. Mai 2016)

Am 22.2.1988 hielt der Unterausschuss für Menschenrechte und humanitäre Hilfe des Auswärtigen Ausschusses des Deutschen Bundestages in Bonn eine Anhörung zum Thema Colonia Dignidad ab. Der Titel «Befinden sich deutsche Staatsangehörige unfreiwillig und unter menschenrechtsverletzenden Bedingungen in der Colonia Dignidad in Chile?» war Programm; Mord und Folter an Chilenen sollten nur als Hintergrundmotiv vorkommen. Die geladenen Zeugen, darunter Hugo Baar, Georg Packmor, Hartmut Hopp (dieser als Vertreter der Beschuldigten), Lothar Bossle und Gero Gemballa mieden, soweit es ging, die Themen Folter und Verschwinden politischer chilenischer Gefangener. Zwei geladene Botschafter kniffen bei der Anhörung oder hatten vom AA keine Aussageerlaubnis bekommen. Hätten alle im Hintergrund und vor den Mikrophonen Beteiligten im Krisenjahr 1985 und bei der Anhörung die Colonia Dignidad mit allem, was sie wussten, belastet, hätten Schäfer und seine Clique sich vielleicht weniger lange halten können.

Die Botschaft wollte die chilenische Seite nicht verprellen, der an einer vollständigen Enthüllung noch weniger gelegen war. Auch während der 1982 eingeleiteten *transición* reagierte die Militärregierung empfindlich auf ausländische Einmischung. Dadurch gewann Schäfer Zeit. In Chile stand die Colonia Dignidad noch viele Jahre lang für einen unaufgearbeiteten Rest der Pinochet-Zeit, unter die man offiziell einen Schlussstrich gezogen hatte. Hier zeigte sich ein Widerspruch zwischen der neu entstandenen demokratischen Zivilgesellschaft und dem noch vorhandenen Apparat der Diktatur.

Die chilenische Regierung sagte, die Colonia Dignidad sei ein deutsches Problem, und die deutsche sagte mit größerem Recht, sie sei ein chilenisches. Diese gegenseitige Blockade brach auf, als im November 2001 der SPD-Bundestagsabgeordnete Lothar Mark und weitere Abgeordnete der SPD, der Grünen und der FDP beantragten, dass die Bundesregierung den chilenischen Behörden bei der Suche nach Schäfer helfen und den in der Colonia Dignidad unterdrückten Siedlern in einer Ära nach Schäfer vor allem therapeutische Hilfe geben solle. Eine unabhängige Expertenkommission solle, so der Antrag, innerhalb von sechs Monaten eine Lösungsstrategie erarbeiten. Der Antrag wurde angenommen, erregte in Chile einiges Aufsehen und die sechs Monate verstrichen, ohne dass etwas Erkennbares geschah. Die geforderten therapeutischen Hilfen konnten allerdings ohnehin erst beginnen, wenn die Führungsclique der Colonia Dignidad entmachtet war, und zur technischen Hilfe war hinter vorgehaltener Hand zu hören, dass Deutschland Gerät (einen Georadar zur Lokalisierung von Räumen unter der Erdoberfläche) und Personal angeboten habe, die chilenische Seite allerdings die Transportkosten nicht übernehmen wollte.

Aber auch wenn die Initiative Marks zunächst folgenlos war, brachte sie doch zum ersten Mal Überlegungen auf die Tagesordnung, was mit einer Colonia Dignidad nach Schäfer zu tun sei. Eine deutsche Hilfe für die chilenischen Folteropfer der Colonia Dignidad und die Angehörigen der dort «Verschwundenen» war in dem Antrag nicht ausdrücklich vorgesehen. Eine parlamentarische Anfrage einer PDS-Abgeordneten beantwortete die Bundesregierung ausweichend (Bundestagsdrucksache 14/9667). Im persönlichen Gespräch hörte ich im Bonner Auswärtigen Amt dazu ein klares Nein («Ich zahle doch nicht für Chilenen.» «Ich» steht im ministeriellen Sprachgebrauch für die uneingeschränkte Identifikation mit der Institution).

Für das Auswärtige Amt war die Colonia Dignidad eine heiße Kartoffel. Auch nach 1985 gab es keine konsistente Linie. Das Verhalten der deutschen Botschaft war bis zu Schäfers Verhaftung vom Engagement einzelner Mitarbeiter abhängig. Der erste von ihnen war Botschaftsmitarbeiter Dieter Haller, der 1985 die Praxis der pauschalen Passverlängerungen beendete und sich mit einem Tisch, Formularen und einem Stempelkissen vor der Colonia Dignidad niederließ und einen Konsularsprechtag anbot. Niemand kam. Die Colonia Dignidad deckte ihn mit Dienstaufsichtsbeschwerden ein, und er und seine Familie wurden persönlich bedroht. Roland Kliesow, der 1990 bis 1996 Gesandter der deutschen Botschaft war, erhielt einen Anruf, er solle aufhören, sich um die Colonia Dignidad zu kümmern, man wisse, mit welchem Bus sein Sohn zur Schule fahre.

Außenminister Steinmeier bezieht Stellung

Am 26.4.2016 fand Außenminister Frank-Walter Steinmeier auf einer Veranstaltung im Weltsaal des AA als erster deutscher Außenminister klare Worte zu den Verbrechen der Colonia Dignidad. Er kritisierte die frühere Politik seines Ministeriums und der Deutschen Botschaft in Santiago gegenüber der Siedlung. Zur Vorgeschichte dieser Veranstaltung gehörte, dass das AA mit Restmitteln aus dem Programm *Integration der Villa Baviera in die chilenische Gesellschaft* das vom Haus der Wannseekonferenz getragene 1. Internationale Seminar «Colonia Dignidad: Dialoge über Wahrheit, Gerechtigkeit und Erinnerung» am 11.

und 12. Dezember 2014 in Santiago gefördert hatte. Dem schloss sich ein ebenfalls vom AA finanziertes und vom Haus der Wannseekonferenz getragenes Seminar im Februar 2016 in Berlin an. Ziel dieser Seminare war, Anregungen zur Erinnerungskultur und einem zukünftigen Museum vor oder in der Siedlung zu geben.

Eine klarere Sprache des AA hatte sich in Antworten auf parlamentarische Anfragen bereits angekündigt («Die Bundesregierung ist sich des Leides der Opfer der Colonia Dignidad sehr bewusst», April 2016, Frage Nr. 04-001). In einer Ankündigung nannte das AA die Colonia Dignidad «ein Terrorregime». Solche Worte waren undenkbar, als der Terror der Colonia Dignidad noch wütete.

Steinmeier sagte in seiner Rede (s. Anhang):

> «Der Umgang mit der Colonia Dignidad ist kein Ruhmesblatt, auch nicht in der Geschichte des Auswärtigen Amtes. Über viele Jahre hinweg, von den 60er- bis in die 80er-Jahre haben deutsche Diplomaten bestenfalls weggeschaut – jedenfalls eindeutig zu wenig für den Schutz ihrer Landsleute in dieser Kolonie getan. Auch später – als die Colonia Dignidad aufgelöst war und die Menschen den täglichen Quälereien nicht mehr ausgesetzt waren – hat das Amt die notwendige Entschlossenheit und Transparenz vermissen lassen, seine Verantwortung zu identifizieren und daraus Lehren zu ziehen.
>
> (...) So kam es, dass der deutsche Botschafter Erich Strätling öffentliche Ehrenerklärungen für die Kolonie formulierte, während es gleichzeitig Berichte gab, nach denen Minderjährige, die aus der Kolonie flohen und in der Botschaft in Santiago um Schutz baten, unter Verweis auf das Sorgerecht zurückgeschickt wurden. In der chilenischen Öffentlichkeit war der Name Colonia da schon mit Kindesmisshandlung, Freiheitsberaubung und Folter verbunden.
>
> Aber das Amt hätte entschiedener ‹Deutschen nach pflichtgemäßem Ermessen Rat und Beistand gewähren› müssen, wie es das Konsulargesetz vorsieht. Und es hätte früher versuchen können, durch diplomatischen Druck die Spielräume der Colonia-Führung zu verengen und juristische Schritte zu erzwingen.
>
> Die Botschaft hat es zu lange versäumt, darauf zu beharren, dass deutsche Staatsangehörige – und das waren die Bewohner der Colonia ja ganz überwiegend – frei mit Konsularbeamten reden können. Im Spannungsfeld zwischen dem Interesse an guten Beziehungen zum Gastland und dem Interesse an der Wahrung von Menschenrechten ging Amt und Botschaft offenbar die Orientierung verloren.»

Dann kündigte Steinmeier an, die Frist zur Öffnung der Akten des AA über die Colonia Dignidad um zehn Jahre zu verkürzen, was auch für die «Verschlusssachen» gilt, also für Dokumente, die eine Geheimhaltungsstufe haben. Außerdem sollte das Thema Colonia Dignidad in der Ausbildung junger Diplomatinnen und Diplomaten behandelt werden. (Das erste Ausbildungsmodul dieser Art war bereits im Juni 2016.)

Zu der anschließenden Podiumsdiskussion war auch ich eingeladen. Ich hatte über das Versagen des deutschen diplomatischen Dienstes in der schlimmsten Zeit der Repression geschrieben, ich hatte vor dem AA demonstriert und gegen das AA prozessiert, um Akteneinsicht zu erhalten. Und dann saß ich in dem großen und überfüllten Weltsaal des AA. Die Veranstaltung war ein Durchbruch. Sie hat Blockaden gelöst und neue Perspektiven eröffnet. Überlegungen zu einem Gedenkort vor oder in der Colonia Dignidad wurden nun konkreter. Die Forderung nach einem chilenisch-deutschen Hilfsfond für die Opfer stand auf der Tagesordnung,— wegen der Weigerung der chilenischen Seite kam es nicht dazu. Steinmeiers Kritik an der früheren Politik des AA, der kritische Dialog mit der Zivilgesellschaft und die Öffnung eines großen Aktenbestands waren ein Novum in der Geschichte der Bundesrepublik.

Hans Schreiber, einer der beiden faktischen Manager der Villa Baviera, war kurzfristig auf eigene Kosten zu der Veranstaltung eingeflogen. Er ist der Sohn Albert Schreibers und steht für die restaurative zweite Generation. Wie zu Schäfers Zeiten sparte die Villa Baviera, wo sie konnte und vor allem an Löhnen, Geld für Anwälte und Reisen war aber trotz drohender Insolvenz immer wieder da. Als eine Journalistin Schreiber zur wirtschaftlichen Lage der Siedlung befragen wollte, sagte er, er wohne nicht mehr dort und habe auch nichts damit zu tun, und nahm Reißaus.

Auch die Fetischisierung von Information gehört zur öffentlichen Mystifizierung des AA. Steinmeier gab Akten zur Colonia Dignidad von 1986—1996 und alle Verschlusssachen bis 1996 frei (Pinochets Diktatur hatte 1990 geendet, für die Zeit nach 1996 düfte es keine politisch interessanten Akten mehr geben). Die Akten davor waren ohnehin zugänglich. Die Presse machte daraus, der Minister habe nur einen Teil der Akten freigegeben, aber warum nicht alle?

Bundespräsident Joachim Gauck besuchte im Juli 2016 Chile. Mag sein, dass das Thema Colonia Dignidad dem Moralisten Gauck zu schmuddelig war, auf jeden Fall räumte er ihm wider besseren Rat bei seinem Chile-Besuch geringe Priorität ein. Dieser politische Fehler fiel ihm auf die Füße. Der Umgang mit der Colonia Dignidad wurde in der Berichterstattung zum wichtigsten, ja fast einzigen Thema des Besuchs. Es drängte sich kraft seines Eigengewichts in den Vordergrund. Auf einer Pressekonferenz zusammen mit der chilenischen Präsidentin Michelle Bachelet sagte Gauck: «Wir akzeptieren keinerlei Forderungen nach Wiedergutmachung». Eine Mitverantwortung für Folter und Mord, die während der Diktatur in der Colonia Dignidad begangenen wurden, einzuräumen «wäre nun zu viel der Selbstbezichtigung» (FAZ 14.07.2016). Gauck hielt eine juristische Mitverantwortung Deutschlands für abwegig. Schließlich ginge es nicht um Kriegsverbrechen oder Gräueltaten von SS und Wehrmacht in Griechenland, Italien oder Frankreich. Die rechtliche Ausgangslage sei das eine, humanitäre Hilfe und Unterstützung bei der Aufklärung der Verbrechen das andere. (Kölnische Rundschau, 14.07.16). Mit «Wiedergutmachung» und «Kriegsverbrechen oder Gräueltaten von SS und Wehrmacht» verschobt Gauck den selbstkritischen und zukunftsweisenden Diskurs Steinmeiers in die Sphäre der Aufarbeitung der NS-Vergangenheit Deutschlands. Gauck benutzt «juristische Mitverantwortung» im Kontext historischer Schuld; «Selbstbezichtigung» findet sich, mit empörtem Unterton, in der Schmuddelliteratur der Rechten, die verlangt, dass mit der deutschen Selbstquälerei endlich mal Schluss sein solle.

Ein Vergleich der Reden Steinmeiers und Gaucks zeigt, wie der Ansatz zur Aufarbeitung in unbeholfene Abwehrhaltung umschlägt. Steinmeier sprach vier mal von «Verantwortung» und nur einmal davon, dass das Auswärtige Amt «nicht daran schuld (sei), dass es in Chile einen Militärputsch und 17 Jahre Militärdiktatur gab.» «Schuld» (oder «Mitschuld») ist an schuldhafte Handlungen gebunden und gebietet Strafe, Zerknirschtheit (Gaucks «Selbstbezichtigung») oder Buße. «Verantwortung» («Mitverantwortung») kann man nach freiem Entschluss übernehmen, sie verweist auf Gegenwart oder Zukunft. Von «Mitverantwortung» durch Wegsehen (Steinmeier) oder Unterlassung des gebotenen Handelns kann nur gesprochen werden, wenn die realen Einflussmöglichkeiten der Mitverantwortlichen auf die Verbrechen einer Diktatur benannt werden. Im Falle der Colonia Dignidad gab es zwischen 1973 und 1976, als es am schlimmsten zuging, so gut wie keinen Kontakt der deutschen Botschaft zur Colonia Dignidad und wenig überprüfbare Hinweise auf deren Verbrechen. Ein entschiedeneres Vorgehen der Botschaft gegenüber der Sekte vor dem Putsch war im Rückblick dringend geboten. Was aber nach dem Putsch geschehen wäre, wenn das Auswärtige Amt frühzeitig versucht hätte, «durch diplomatischen Druck die

Spielräume der Colonia-Führung zu verengen und juristische Schritte zu erzwingen» (Steinmeier), dürfte nicht mehr zu klären sein. Für die DINA war die Colonia Dignidad nützlich, aber nicht notwendig. Damit ist die Schuldfrage offen, und es ist die Frage, ob sie durch eine abgeschlossene Aufarbeitung zu klären ist. Gauck verschob leichthin den historischen Kontext und zog einen Schlussstrich.

Gauck traf sich nicht mit den Angehörigen der mit großer Wahrscheinlichkeit in der Colonia Dignidad «Veschwundenen». Sie mussten mit einem Gespräch mit seinem Staatssekretär im Medienzentrum des *Museo de la Memoria* vorlieb nehmen. Bei einem Empfang in der deutschen Botschaft tauchte auch Reinhard Zeitner auf, der zu Schäfers Wachdienst gehört hatte und dann im Hintergrund die Fäden in der Villa Baviera zog. Seine Anwesenheit löste Proteste aus (FAZ: Eklat bei Gauck-Besuch in Chile, 16.7.2016). Die Botschaft hatte bei den Einladungen die Geschäftsführer der halbmafiosen Firmen der Villa Baviera als gleichsam organische Vertreter eingeladen und dabei verkannt, dass die Siedlung überhaupt keine irgendwie legitimierten Repräsentanten hatte. Der Spiegel (30/2016) schrieb, dass Steinmeiers Umgebung erzürnt gewesen sei; der Minister stehe jetzt als Sonntagsredner da.

Um ihrer Enttäuschung über das verweigerte Gespräch mit dem Bundespräsidenten auszudrücken, sagten die Angehörigen Myrna Troncoso und Rosa Merino ihre Teilnahme an einem Empfang in der Botschafterresidenz ab. «Als Angehörige eines Verschwundenen möchte ich nicht an einem Empfang in der Residenz des deutschen Botschafters teilnehmen und anderen zuprosten. Wir haben erwartet, dass der Bundespräsident mit uns spricht und uns zuhört», so Troncoso. Zu dem Empfang waren mehrere hundert Personen geladen, darunter auch der deutsche Multimilliardär Horst Paulmann, der landwirtschaftliche Produkte der Sektensiedlung in seinen Supermarktketten vertrieb und enge Beziehungen zu Paul Schäfer unterhalten haben soll. «Horst Paulmann war regelmässiger Besucher der Colonia. Seit ich mich erinnern kann, sah ich diesen Herren mit Paul Schäfer durch die ehemalige Colonia Dignidad spazieren», erklärte Winfried Hempel gegenüber Radio Cooperativa. Nach dieser Sendung sagte Paulmann seine Teilnahme an dem Botschaftsempfang ab.[51]

Die Einladung Reinhard Zeitners und Hans Schreibers zum Botschaftsempfang führte zu einer Kontroverse zwischen dem AA und der Partei

51 Opfer der Colonia Dignidad von Gauck-Besuch enttäuscht. Verurteiltes Colonia Dignidad Mitglied nimmt an Botschaftsempfang des Bundespräsidenten teil (FDCL Berlin)

Die Linke. Die Bundesregierung hatte (für das AA) gesagt, die Einladung sei kein Protokollfehler, sondern Ergebnis eines Abwägungsprozesses gewesen. Die Beihilfetat Zeitners liege weit zurück und seine Strafe sei auf Bewährung ausgesetzt gewesen. Jan Korthe, Bundestagsabgeordneter von *Die Linke*, legt an diese Antwort einen strengen moralischen Maßstab an: Die Einladung Zeitners und Schreibers sei ein «Schlag ins Gesicht der Opfer» und Teil der «Zusammenarbeit der Botschaft mit der derzeitigen Führungsriege» der Colonia Dignidad. Korthe argumentiert, in der Colonia Dignidad habe es keinen «Verbrechensbergehungszwang» gegeben. Richtig an diesem Argument ist, dass Schäfer kein Alleintäter war, sondern mit Hilfe einer Führungsclique herrschte. Zeitner und Schreiber sind Repräsentanten der zweiten Generation dieser Herrschaft. Allerdings gab es den Zwang Täter zu werden. Wer nicht denunzierte und schlug, wurde bestraft. Gisela Seewald wurde zur Folterärztin, als Schäfer ihr die Pistole an den Kopf hielt uns sagte: «Machst du das jetzt?». Von da ab machte sie das, und sie machte es lange und gründlich. Die Kontroverse zwischen dem AA und Korthe zeigt, dass einem auch moralisch komplizierten Gebilde wie Colonia Dignidad / Villa Baviera mit protokollarischen Abwägungen nicht beizukommen ist. Der Skandal um den Botschaftsempfang war eine Warnung an den deutschen diplomatischen Dienst, die Schatten der Vergangenheit auch im Detail zu fürchten. Das AA musste nun den Scherbenhaufen zusammenkehren. Die chilenische Regierung versagte auch diesmal. Sie verweigerte sich allem, was an historischer Aufarbeitung und materieller Hilfe gefordert wurde. Zeitner setzt sich kurz darauf nach Deutschland ab.

Straflosigkeit

Als alle geheimen Haftorte Chiles aufgelöst, umbenannt oder geschleift waren, bestand die Colonia Dignidad weiter. Die Agenten der DINA versuchten irgendwo möglichst unauffällig im Alltag abzutauchen. Schäfer und seine Anhänger lebten am Tatort als Kollektiv
. Die Colonia Dignidad wurde zum einzigen wohlkonservierten Relikt der Pinochetzeit. Nirgends waren die Täter dieser Epoche so exponiert wie in dieser abgelegenen Siedlung.

Am Beispiel der Colonia Dignidad lässt sich aufzeigen, wie die Straflosigkeit für Menschenrechtsverletzungen in Chile funktioniert. Die meisten Militärdiktaturen, darunter auch die Chiles, haben Straflosigkeit zur

Bedingung für ihr Abtreten gemacht. Das geht etwa so: In der Endphase der Diktatur wird ein Kompromiss mit der demokratischen Opposition ausgehandelt. Häufig sind die katholische Kirche und ausländische Vermittler beteiligt (im chilenischen Fall auch Bossle und Blumenwitz). Dabei muss definiert werden, was unter die Straflosigkeit fällt. «Politische» Delikte fallen darunter, kriminelle nicht. Die Diktatur vernichtet Beweise und tritt ab. Dann wird eine Wahrheitskommission eingerichtet, die die Menschenrechtsverletzungen dokumentiert, aber keine Täter nennt. Das ist der Schlusspunkt. Manchmal gibt es ein Schlusspunktgesetz.

Diese Regelung muss auch dann Bestand haben, wenn die Diktatoren über keine Herrschaftsmittel mehr verfügen, um sie durchzusetzen. Gesetze, die die Straflosigkeit festschreiben, sind keine ausreichende Garantie, denn sie sind änderbar. Also muss die Straflosigkeit gesellschaftlich-institutionell verankert werden. Mittel dazu sind die Organisation der Parteigänger der Diktatur, die Loyalität von Polizei und Justiz mit dem Kompromiss, die Möglichkeit der Erpressung mit belastendem Material, die Einschüchterung und Ermordung von Zeugen, die Drohung mit einem erneuten Putsch und eine Machtreserve der diktatorischen Kräfte im neuen demokratischen Staat. Alles das gab es auch in Chile.

Die Konstruktion der Straflosigkeit hat aber zwei Schwachpunkte. Sie kann das Ausland nicht einbeziehen, und sie kann nicht schlüssig definieren, was politische und was kriminelle Delikte sind. Im chilenischen Fall war es denn auch das Ausland, das die Straflosigkeit ins Wanken brachte. Die Verhaftung Pinochets in London 1998 wegen eines spanischen Haftbefehls schwächte das Konstrukt Straflosigkeit an der Basis. In Madrid, wo der Haftbefehl ausgestellt worden war, und in London, wo über die Auslieferung verhandelt wurde, wurden Klagen eingereicht, die in Santiago in Schubladen verschwunden waren. Die im Rahmen der *Operación Cóndor* begangenen Auslandsmorde ließen die Justiz von gut einem Dutzend Länder gegen chilenische Täter ermitteln. Zudem setzte sich in Chile der Rechtsstandpunkt durch, dass das «Verschwindenlassen» politischer Gefangener Entführung sei, also ein kriminelles Delikt, das so lange fortdauert, wie die betreffenden Personen verschwunden sind.

Mit diesen beiden Schwächen der Straflosigkeit war auch die Colonia Dignidad behaftet. Die deutsche Justiz war für Kindesmissbrauch und Mord zuständig, und ihr Sündenregister umfasste weit mehr als klassische politische Delikte. Wie konnte die Colonia Dignidad sich dennoch so lange halten? Warum wurde Schäfer erst 2005, also sieben Jahre nach Pinochet und 15 Jahre nach Ende der Diktatur verhaftet?

Durch ihren privaten Enklavenstatus gezwungen, musste die Colonia Dignidad schon früh ihre eigene Straflosigkeit organisieren. Sie war besser strukturiert als übliche kriminelle Vereinigungen. Das erschwerte die Aufgabe der Ermittlungsbehörden.[52]

Sie hat sich mit Erpressungsmaterial eingedeckt, einen Freundeskreis von politischem Gewicht aufgebaut, ihren Einfluss auf Justiz und Polizei abgesichert und Beweise vernichtet. 1991, also schon unter einer demokratischen Regierung, verschwanden Gerichtsakten, die die Colonia Dignidad betrafen, auf dem Weg von Parral nach Santiago. Auch im Innenministerium in Santiago wurden große Mengen an Material beiseite gebracht, und der dafür verantwortliche Staatssekretär hatte nach Schäfers Verhaftung die Stirn, sich seiner früheren Verdienste um die Aufarbeitung der Colonia Dignidad zu brüsten. Der Einfluss der Sekte bei der Justiz reichte vom Sekretär des Gerichtes in Parral, Luis Alberto Matus, der die Untersuchungen gegen sie leitete und zugleich ihr Freund war, bis zum Obersten Gerichtshof in Santiago. Richterin Lydia Villagran war eine Freundin der Colonia Dignidad und führte Prozesse gegen sie. Das Heer brachte ganze Lastwagenladungen mit Beweisen in Sicherheit. Die Colonia Dignidad beeinflusste die Berichterstattung[53], bot Journalisten fürstliche Honorare dafür an, dass sie die Finger von sensiblen Themen wie ANDREA ließen, verprügelte andere wiederum (z. B. Warner Poelchau) und kolportierte Falschmeldungen, um sie als Diffamierungen widerlegen zu können.

Ein Teil von Justiz und Polizei wollte konsequent gegen die Siedlung vorgehen. Zu ihm gehörten die 5. Abteilung der Kriminalpolizei (das «*Quinto*») und einige Richter. Das *Quinto* war konsequenter als mancher Richter. Es ermittelte, und im letzten Moment, als niemand mehr das Rad zurückdrehen konnte, bat es einen Richter um den Haftbefehl. Chef des *Quinto* war Luís Henríquez. Der bekam die «*colonitis*», eine in einschlägigen Kreisen wohlbekannte Krankheit.[54]

52 so Richter Alejandro Solis auf dem *1. Internationalen Seminar «Colonia Dignidad: Dialoge über Wahrheit, Gerechtigkeit und Erinnerung* am 11. und 12. Dezember 2014 in Santiago (s. Hevia, Stehle 2015, S. 113)

53 Ein solcher, nicht ganz geglückter Versuch von Mertins bei der Illustrierten Quick wird geschildert in Heller 1993 S. 201. Mertins versuchte es auch beim Stern, dem Time-Magazin und dem Reader's Digest.

54 Die «*colonitis*» steckte auch einige Richter an, die sich zu gut in die Materie eingearbeitet hatten. Sie führte mehrfach zu Versetzungen in andere Regionen oder zum Abbruch oder der Blockade von Karrieren. Sie grassierte noch nach Schäfers Verhaftung.

Er hatte zu gut gearbeitet, und wer zu gut war, wurde geschasst. Im Jahr 2002 hatte er alles für eine erneute Durchsuchung des Siedlungsgeländes vorbereitet, berichtet der SPD-Bundestagsabgeordnete Lothar Mark. Eine Polizeieinheit sollte aus Santiago eingeflogen werden, ohne dass die Leute erfuhren, wohin es ging. Aber am 1.12.2002 wurde Henríquez überraschend befördert und war nicht mehr für die Colonia Dignidad zuständig.

Nach der Ablösung einiger ermittelnder Richter wurden die meisten Verfahren bei Richter Jorge Zepeda in Santiago zentralisiert. Zepeda ersetzte die kompetenten Beamten des *Quinto* durch eigene Leute, die es fertigbrachten, ohne vorbereitende Kontakte zu deutschen Behörden nach Deutschland zu fliegen, wo sie nur in chilenischen Konsulaten und der Botschaft vernehmen konnten. Zepeda steckte einen Mitarbeiter des *Quinto*, Gustavo Toledo, für ein paar Tage ins Gefängnis, da er dienstlich ein Foto des gefangenen Paul Schäfer gemacht und in der Colonia Dignidad gezeigt hatte. Mittlerweile ist Zepeda nicht mehr für die Colonia-Prozesse verantwortlich.

Die erste Verurteilung gab es wegen der Beschädigung eines Polizeifahrzeugs bei einer Razzia. Das steht in keinem Verhältnis zu den Verbrechen der Colonia Dignidad, durchbrach aber die Straflosigkeit. Urteile konnten von Zufällen abhängen. Adriana Borquez gewann wegen der Zusammensetzung der Kammer zum Zeitpunkt des Urteilsspruchs ihren Prozess wegen Entführung und Folter, während die Verfahren ihrer Mitgefangenen eingestellt wurden, weil die Kammer anders besetzt war.[55]

Die massiven Menschenrechtsverbrechen blieben lange Zeit straffrei

Gerd Mücke hatte 2005 seine Teilnahme an der Erschießung von 22 chilenischen politischen Gefangenen 1978 auf dem Gelände der Colonia Dignidad gestanden. Ein örtliches Gericht verhängte Haftstrafen von 17, zehn und sieben Jahren für die Schuldigen an diesem Massaker. Der Oberste Gerichtshof Chiles *(Corte Suprema)* reduzierte diese Strafen im Dezember 2007 deutlich. Die drei verurteilten chilenischen Offiziere durften das Gefängnis verlassen. Die Angehörigen der 22 Opfer pro-

55 so Rechtsanwalt Roberto Calderón auf dem *1. Internationalen Seminar «Colonia Dignidad: Dialoge über Wahrheit, Gerechtigkeit und Erinnerung.* (s. Hevia, Stehle 2015, S.81)

testierten vor dem Gerichtsgebäude gegen die Urteile. Die Siedlung wird in dem Urteil nicht einmal erwähnt. Gerhard Mücke, der für die Operation auf deutscher Seite mit verantwortlich und dessen Strafe zur Bewährung ausgesetzt worden war, kam im Februar 2013 zusammen mit Gerd Seewald und Kurt Schnellenkamp für elf Jahre in Haft.

Im Oktober 2015 verurteilte Richter Zepeda den DINA-Agenten Fernando Gómez (dessen Operationsbasis das Haus der Siedlung in Parral war), Gerhard Mücke und Kurt Schnellenkamp wegen «illegaler Entführung» (nicht rechtmäßiger Verhaftung) zu fünf Jahren Haft, die als Hausarrest verbüßt werden können. Es handelte sich um politische Gefangene aus der Region, die in die Colonia Dignidad gebracht und dort gefoltert worden waren.[56]

Hausarrest für 50 Entführungen mit anschließender Folter! Zwischen Tatzeit und diesem milden Urteil liegen 40 Jahre. Dutzende von Prozessen gegen die Siedlung werden seit Jahren verschleppt. Fast die gesamte Führungsmannschaft der Sekte blieb bis 2013 in Freiheit. Einige der Hauptverantwortlichen, darunter Albert Schreiber und Hartmut Hopp, flohen nach Deutschland. (Ich komme darauf zurück.) Nachlässigkeit und Komplizenschaft setzten sich bis in die unteren Behördenränge fort.

Es wäre leicht gewesen, die Abgeschlossenheit der Colonia Dignidad aufzubrechen, wenn man die in Chile geborenen wehrpflichtigen Männer der Siedlung zum Militär eingezogen hätte. Sie hätten von den Zuständen in der Siedlung berichtet, und Schäfer wäre aufgeflogen. Aber die Streitkräfte spielten nicht mit. Die örtlichen Carabineros (Militär) deckten die Colonia Dignidad noch lange. Immer wenn das *Quinto* (zivil, wegen der Infrastruktur auf die Carabineros angewiesen) in den neunziger Jahren eine Untersuchung der Colonia Dignidad plante, warnten sie Schäfer.

Die Freundeskreise

Zu den unsichtbaren Bastionen, mit denen Schäfer sein Reich schützte, gehörten der deutsche und der chilenische Freundeskreis.

Kopf des deutschen Freundeskreises sollte der CSU-Politiker Lorenz Allgäuer werden, der zur «Konservativen Aktion» gehörte und die deut-

56 http://www.pjud.cl/web/guest/noticias-del-poder-judicial/-/asset_publisher/kV6Vdm3zNEWt/content/ministro-jorge-zepeda-dicta-condena-contra-de-ex-agente-de-la-dina-y-ex-miembros-de-la-colonia-dignidad

sche Friedensbewegung mit «Moskaus Partisanen» gleichsetze. Offenbar sollte der honorige CSU-Politiker das formelle Schutzschild eines harten und weniger respektablen Zirkels werden. Aber Allgäuer stürzte bei einer Klettertour in Chile in den Tod. An seine Stelle trat Gerhard Mertins. 1979 begann er, den bundesdeutschen Freundeskreis der Colonia Dignidad aufzubauen. In einem Brief als Kopf dieses Freundeskreises schreibt er, er stehe der CDU/CSU sehr nahe, wolle ihr aber nicht beitreten, da er eine Belastung für sie sein könne. Da Mertins wegen seiner illegalen Geschäfte die Bundesrepublik verlassen musste, blieb der deutsche Freundeskreis im Ansatz stecken.

Die Colonia Dignidad bemühte sich um weitere deutsche Freunde. Zu ihnen gehörte der katholische Pfarrer Bernhard Kruse aus Bremen, der nach einem Besuch in der Siedlung ein paar abwiegelnde Leserbriefe schrieb. In einem Brief an die deutschen Bischöfe schreibt Kruse, was er auf einer Chilereise besonders in der Colonia Dignidad gesehen habe, verdanke er «unserem Freund» W. (Wilhelm, D. M.) Frisius, der seit Jahrzehnten in Chile lebe und seit Jahren Kontakte mit den Leuten der Colonia Dignidad habe (zu Frisius s. das Kapitel «War die Colonia Dignidad eine Nazisiedlung?»). Auch der in Chile lebende katholische Priester Bernhard Starischka war ein Freund und Besucher der Colonia Dignidad. Laut Starischka haben die chilenischen Generäle mit dem Putsch «eine vaterländische Tat vollbracht, die ganz groß in die Geschichte eingehen wird».[57]

Starischka hatte zusammen mit Lothar Bossle und dem früheren Generalbundesanwalt Ludwig Martin die erwähnte Audienz bei Pinochet und war Freund von Dietrich Linke, dem damaligen Sekretär der deutschen Botschaft in Santiago und dortiger Vertreter der Hanns Seidel-Stiftung.

Der chilenische Freundeskreis war besser organisiert. Auch hier gab es ein paar Aushängeschilder, unter ihnen Abgeordnete, Ärzte, protestantische Prediger und frühere Patienten des Krankenhauses. Der Freundeskreis organisierte Unterschriftensammlungen, und er tat es mit Nachdruck. Ein Arzt aus Concepción, der die Siedlung besucht hatte, unterschrieb 1979 trotz zweimaliger Aufforderung nicht. Im Karteikartenarchiv der Colonia Dignidad wurde ihm deshalb ein Tadel eingetragen. Inoffiziell waren die Sektionen des chilenischen Freundeskrei-

57 Bernhard Starischka: Der Sturz des Präsidenten Allende in Chile. In: Rudolf K. Fr. Schnabel (Hg): Die Opposition in der modernen Demokratie, J. Fink Verlag Stuttgart 1974, Politicum Reihe Bd. 16, 1972. S. 41

ses Spitzelnetzwerke. Das Karteikartenarchiv nennt als Quellen immer wieder Listen, z. B. Asoc. lista 2, Dic. 80, lista 3, 1984 (Asoc(iación de amigos, steht für Freundeskreis). Hinter dem chilenischen Freundeskreis agierten ehemalige Mitglieder von *Patria y Libertad* und Schlägertypen mit Sonnenbrille, die z. B. 1989 den deutschen Journalisten Warner Poelchau zusammenschlugen. Vizepräsident des chilenischen Freundeskreises war Simón Bolivar Guzmán, der sich damit brüstete, sein Haus vor oder während des Putsches voller Scharfschützen gehabt zu haben, die Guerilleros erschossen hätten. Auch die im Zusammenhang mit Schäfers Jagdausflügen erwähnte Familie Marín gehörte zum Freundeskreis. Eine Tochter der Maríns wurde an der Grenze mit einem Bündel falscher deutscher Blankopässe erwischt. Empfänger sollte Hopp sein.

Zu den Freunden der Deutschensiedlung gehörte auch Carlos Forestier. Er hatte mehrfache familiäre Bindungen zu Deutschland (sein Onkel Henrique Forestier war während des Zweiten Weltkrieges in Deutschland). 1971 war Carlos Forestier Oberst in Concepción, wo er sich mit Hermann Schmidt anfreundete. Er war ein enger Vertrauter des Waffenhändlers Carlos Cardoen und nach dem Putsch einer der härtesten Generäle. In den Karteikarten steht zu Forestier: «Sehr gut und *derecho* (geradheraus, rechtschaffen, wohl das «anständig» der Nationalsozialisten, D. M.), Kämpfer, einer unserer Männer.» «Unserer» Männer? Da das Archiv ein Geheimdienstarchiv und kein Sektenarchiv ist, dürfte sich das «unsere» auf das gesamte Netzwerk von Pinochtanhängern beziehen, das mit DINA/CNI und der Colonia Dignidad gearbeitet hatte. Zusammengehalten wurde dieses Netzwerk nicht von einer kohärenten Ideologie, sondern vom Pinochetismus[58] und seinem Menschenbild vom befehlsgewohnten, aggressiven, nach außen skrupellosen und nach innen kameradschaftlichen Mann.

Zum Umfeld der Colonia Dignidad gehörten einige Vertreter des esoterischen Hitlerismus, die behaupteten, dass das Hitlerreich in der Antarktis und den Anden weiterbestehe (s. Heller/Maegerle 1998), darunter der Chilene Miguel Serrano, ein esoterischer Hitlerbewunderer und Besucher der Siedlung (Heller/Maegerle 1998), und der Deutsche

58 s. meine Pinochetbiografie (Heller 2012), wo ich diesen Begriff mehrfach ausführe. Der Pinochetismus ist die Ausrichtung heterogener Gruppierungen auf Pinochets autoritäre Personaldiktatur und ihren Gründungsmythos von der Reinigung des chilenischen Volkskörpers vom Marxismus mit dem Putsch vom 11.9.1973.

Hans Albrecht Loeper, der mit einem Vermögen von Paraguay nach Chile übergesiedelt war (Heller 1993 S. 181). Auch der in Argentinien lebende «Juan Maler» (Reinhard Kopps), ein geflohener Agent der deutschen Abwehr, verteidigte die Colonia Dignidad auf vielen Seiten seiner Bücher (Heller/Maegerle 1993 S. 182 ff und Heller 1998 S. 177). Wahrscheinlich fühlten sich diese Sektierer von der deutschen Siedlung stärker angezogen als die Schäfer-Sekte von ihnen.

1988 gab es, so die Colonia Dignidad, eine «völlige Umstrukturierung» des Freundeskreises. Er wurde von einer Honoratiorenvereinigung zu einem Kampfinstrument (Heller 1993 S. 199). Mit diesem Umbau reagierte Schäfer wohl auf die Folgen der Krise von 1985 (s. u.). Schäfer ließ zum Dank die Namen der wichtigsten Freunde auf einer großen Tafel anbringen, die zum Außengelände der Siedlung wies. Diese Tafel signalisierte eine der für Schäfer typischen verborgenen Botschaften: Ihr habt euch mit uns eingelassen, vergesst das nicht! Die Colonia Dignidad benutzte häufig solche indirekten Drohungen: «... wenn sie Dignidad angreifen, greifen sie ein ganzes Land an», sagte der Landwirt Juan Sepúlveda bei einer Ansprache vor Freunden der Colonia Dignidad im September 1989. Die Botschaft ist eindeutig: Wer die Colonia Dignidad angriff, griff die nationale Souveränität und Würde (spanisch: *dignidad*) Chiles an, und die verteidigte Pinochet. Als der Freundeskreis sich aufzulösen begann, ließ Schäfer die Tafel still und leise abbrechen (Vedder 2005 S. 157).

Neben dem sichtbaren Freundeskreis gab es einen unsichtbaren, viel effektiveren: das Netzwerk von Verbindungsleuten, geheimen Treff- und Stützpunkten, darunter Restaurants und gut geschützten Farmen, in denen Schäfer und sein engster Kreis sicher vor Verfolgung waren.

Ein ausgestiegener Siedler nannte mir als Namen für die Netzwerke der Schäfer-Sekte «AAG» (Außerstaatliche Allianz auf Gegenseitigkeit (span: AEM = *alianza extraestatal mutual*). Ihr Chef sei Kurt Schnellenkamp gewesen, daneben zeitweise Adolfo Burgos und einer der Maríns (s. o.). Hermann Schmidt sei zeitweise nach außen in Erscheinung getreten. Was «AAG» gewesen sein könnte, ist schwer zu sagen. Die Begriffe «außerstaatlich», «Allianz» und «Gegenseitigkeit» bezeichnen jedenfalls genau das Zweckbündnis, zu dem die Colonia Dignidad gehörte. Der informelle Charakter erklärt, warum die Siedlung die Auflösung der DINA und sogar das Ende der Diktatur zunächst unbeschadet überstand. Sie hatte sich nie so weit festgelegt, dass sie zusammen mit einem Bündnispartner eingebrochen wäre, konnte immer ihre Eigenschaft als juristische Privatperson geltend machen und den Partnern die Verantwortung zuschieben. Der Schilderung nach gehörte zur AAG auch der ChilAlRotary als Spendensammlungsadresse.[59]

Kontrolle über die Region und die Besucher

Schäfer ließ zusammen mit der DINA und später dem CNI die politischen Gegner in der Region, zu der Chiles zweitgrößte Stadt Concepción gehört, beobachten. Das Karteikartenarchiv enthält viele Hundert Eintragungen zu Linken, Kandidaturen der Bewohner aus der Zeit vor dem Putsch, von Angestellten in Bildungs- und Gesundheitseinrichtungen mitsamt ihrer politischen Einstellung, zufällig mitgehörten Gesprächen und abgehörten Telefonaten, den «kleinen Landwirten», die aus Angst vor einer Agrarreform die Aktionen gegen die UP unterstützten, und Priestern.

Die Carabineros der Region hatten mit Unfällen, Verbrechen und alltäglichen Streitigkeiten zu tun. Darin lag eine Gefahr für die Colonia Dignidad, deren Beziehungen vor allem zum Heer und in die großen Städte reichten. In der Region waren örtliche Carabineros zuständig. Die Colonia Dignidad überwachte und bestach die Carabineros. Ein Spion der Colonia Dignidad gab sich als Reporter aus und interviewte eine Anwohnerin. Die sagte in dem teilweise wörtlich transkribierten Interview, «dass ein LKW der Deutschen Penrroz totgefahren habe. Sie zahlten der Witwe 700.000 Pesos, und die Carabineros von Quillón zwangen sie das Geld zu nehmen. Die Carabineros sind von den Deutschen gekauft und besuchen umsonst das *casino familiar* (das Restaurant der Colonia, D. M.)». (Karteikartenarchiv)

Zur Allianzpolitik Schäfers gehörte die Einladung Tausender genehmer Besucher in die Siedlung und das *casino familiar* in Bulnes. Die Kellner, die in das *casino* abgeordnet wurden, mussten Eheringe tragen, damit sie verheiratet aussahen. Die Ehepaare in der Siedlung durften dies wiederum nicht. Spät in der Nacht mussten die Kellner Schäfer Rede und Antwort stehen, ob im *casino* etwas Besonderes vorgefallen war. Einige Eintragungen im Karteikartenarchiv dürften auf diese Verhöre zurückgehen.

59 Im Jargon der Sekte, die für alles und jeden Spitznamen gebrauchte, wurde ChilAlRotary auch CARO genannt (nach der Marke Caro-Kaffee). Auf dem Gelände der Siedlung stand in den ersten Jahren ein Widmungsstein des chilenischen Rotary-Clubs. Pinochet war Rotarier.

Unter den Besuchern waren viele Mitglieder der beiden Freundeskreise, aber auch andere prominente Gäste. Der frühere Bischof von Linares, Carlos Camus, beschrieb diese Taktik so: «Sie luden fast alle führenden Leute der (Militär-)Regierung dorthin ein. Sie veranstalteten große Feste. Sie zeigten ihnen ihre landwirtschaftlichen Fortschritte. Schließlich bewunderten diese Leute die Colonia Dignidad. Sie wurden gut bedient.»

Zur chilenischen Prominenz, die die Colonia Dignidad häufig besuchte, gehörten Manuel Contreras und dessen Frau. Contreras tauchte immer wieder im *casino* auf, wo er von Gerd Mücke und Ricardo Alvear zu Schäfer begleitet wurde, um die Lage zu besprechen.

Der prominenteste Besucher war Pinochet. Die Deutschen bereiteten ihm am 20.8.1974 einen «Staatsempfang». Sie schwenkten Fähnchen, rissen seinen Wagenschlag auf und sangen. Das tat dem international geächteten Diktator gut. Der Empfang dauerte drei Stunden. Danach sahen sich Pinochet und seine Begleiter die in der Colonia Dignidad nachgebauten Waffen an. Pinochet tat bei seinem Besuch in der Colonia Dignidad, was man auf dem Land eben tut, und gesellte sich nachts zu seiner Gattin, die zuvor gesagt hatte, Schäfer gefalle ihr nicht. Schäfer nahm das Geschnaufe und Gestöhne heimlich auf und sagte am nächsten Tag: «Chao, chancho.» (Tschüss, du Schwein.) Das war wohl als Herrenwitz gemeint. Im kleinen Kreis nannte Schäfer die Diktatorsgattin später «la puta» (die Hure) (s. Heller 2012 S. 105). Noch 1995 sah Vedder Pinochet, «plötzlich klein und alt geworden», mit Hopp an einem Tisch des *casinos* sitzen (Vedder 2005 S. 140).

Mertins, Contreras und der zweithöchste DINA-Offizier Pedro Espinoza (mit seinen beiden Söhnen) besuchten die Goldmine in Tirua. Espinoza und die DINA-Offizier Raúl Iturriaga Neumann und Armando Fernández Larios besuchten regelmäßig die Siedlung. Es kamen Verteidigungsminister Patricio Carvajal, mehrfach Justizministerin Mónica Madariaga, die Frau von General Stange und die Generäle Zinke, Palacios und Polloni. Anfang 1974 fuhr Schäfer seinerseits im blauen Mercedes am Juntagebäude *Diego Portales* in Santiago vor (*7 más 7*, 10.9.04). Juntageneral Fernando Matthei flog beim Hungerstreik 1977 zur Aufmunterung in die Siedlung und machte dort später Familienurlaub. Seine Tochter Evelyn wurde beim Joggen auf irgendeinem Feldweg des Dörfchens, das immer wieder beteuerte, dass es nichts zu verbergen habe, von Leuten angehalten, die sagten, hier dürfe sie nicht weiter.

Prominente zivile Besucher wurden nachdrücklich zur Kasse gebeten. Spenden von fünfstelligen Dollar-Beträgen waren üblich. Sie waren die Eintrittskarte zur Siedlung. Kassierer war Kurt Schnellenkamp im Namen des ChilAlRotary.

Bei den Siedlern waren die hohen Besuche beliebt, denn für sie wurden Staatsempfänge inszeniert, und dann gab es eine Dusche und frische Wäsche außer der Reihe. Wenn Contreras kam, spielte das Orchester seine Lieblingsmusik, den Triumphmarsch aus Verdis Oper «Aida». Je nach Rang bekamen die Besucher Geschenke. Pinochet bekam, wie erwähnt, den Mercedes 600. Seine Generäle bekamen Torten. Einer von Schäfers Gefolgsleuten berichtet von einer solchen, recht schwierigen Tortentour: «Habe eine Torte zu General Ormeño ins Haus gebracht. Auf persönliches Geheiß des Generals musste ich einkehren bei Frau, Tochter, Schwiegersohn und Kind. Fundotorte (fundo = Colonia Dignidad, D. M.) und Whisky haben wir eingenommen ... Bei General Lutjens hat mich seine Gattin an der Gartenpforte empfangen und ins Haus eingeladen. Ich habe gedankt, die Torte ihr übergeben und mich verabschiedet. Eine nette, freundliche Frau.» Auch der chilenische Fernsehsender *canal 13* bekam Torten. Torten waren etwas für Generalsgattinnen. Der Geheimdienstoffizier Juan Morales Salgado bekam eine Pistole mit Schalldämpfer. Morales war früh in das «Verschwindenlassen» politischer Gefangener verwickelt und an der *Operación Cerro Gallo* beteiligt. Er war Kommandant der Leibwache von Geheimdienstchef Contreras, aufbrausend und aggressiv. Bei einem Essen gab er damit an, er sei ein «Lieblingskind» («regalón») der Colonia Dignidad (Karteikartenarchiv, Juan Morales Salgado).

Zu den politischen Kontakten in der Umgebung gehörten der Bürgermeister von Parral, Enrique Fuentes und eine große Zahl von Beamten, Grundbesitzern, Militärs, Geschäftsleuten und Journalisten der Region. Der Chef von McDonalds (Chile) kam häufig ins Casino. Auch der Gebrauchtwagen- und Drogenhändler Eduardo Bathich kam, und auch Pinochets Pressesprecher Jaime Guzmán, der später Abgeordneter der rechten Partei UDI wurde, erholte sich bei Schäfer.

Politiker der pinochetistischen Partei UDI, die mit der Colonia Dignidad in Verbindung standen, waren Victor Pérez und Hernán Larraín. Larraín hatte so exponiert für die Colonia Dignidad Stellung bezogen, dass er später fast den Tränen nahe seinen «Irrtum» eingestehen musste (Information von E. Vedder). Der ebenfalls zur UDI gehörende Abgeordnete Ignacio Urrutia war Gesellschafter in einem der Strohmann-Unternehmen der Colonia Dignidad.

Die Besucher der Siedlung und des *casino familiar* im benachbarten Bulnes wurden systematisch überwacht. Eine geheime Kamera filmte die Autonummern, die sofort mit Santiago abgeglichen wurden. Das Karteikartenarchiv listet sie zu Hunderten auf, oft mit heimlich aufgenommenen Fotos und Zusatzinformationen, die von chilenischen Geheimdiensten stammen mussten. Einige Zeit lang war Gerhard Mücke (Kürzel auf den Karten: «Mk») für diese Überwachung zuständig. Er dokumentierte die Besucher mit genaueren Angaben mit Dienstgrad, Dienststelle und, wo nötig, Querverweisen, dazu die Fotos. «Mk» wusste, welcher Besucher mit welcher Frau eine private Beziehung hatte. «Mk» wusste, dass ein Gast des *casino* beim staatlichen Rüstungsbetrieb FAMAE arbeitete und ein anderer dem Generalsekretariat der Regierung zuarbeitete. Über einen Korvettenkapitän notierte Mücke, dass er an einem Ausbildungskurs für U-Boote in Kiel teilgenommen hatte.

In einer Notiz zu einem Bewohner von Bulnes kommt sogar das Unwort «Menschenrechte» vor. «Kümmert sich um die Menschenrechte. Kommt nicht ins *casino familiar*.» Mücke, der als Quelle genannt ist, ging wohl davon aus, dass sich Menschenrechtsengagement und Besuch im *casino* ausschloßen. Als der Mann «mit vielen Leuten» zur Bürgermeisterin von Bulnes, Isidora Valverde, kam, um Präsident einer Nachbarschaftsvereinigung *(junta de vecinos)* zu werden, sagte die Bürgermeisterin, er sei Politiker und sie akzeptiere keine Politiker. «Die Präsidenten der Nachbarschaftsvereinigungen sollen Menschen sein, die zusammenarbeiten» (Karteikarte José Monsalve. «Politiker» ist hier, wie in Pinochets Sprachgebrauch, ein Schimpfwort.) Anlass der Notiz war wohl Pinochets Besuch im *casino familiar* 1986. Die Bürgermeisterin wollte ihm ein sauberes Bulnes präsentieren. Als die dortigen Katholiken aus Anlass des Diktatorenbesuchs einen Hungerstreik machen und auf die Straße gehen wollten, sagte sie: «Das sollen sie ruhig tun. Dann habe ich sie alle beisammen und kann sie verhaften lassen.» (Karteikarte Isidora Valverde)

Die Eingangspforte der Siedlung war die Schnittstelle zwischen sexueller Norm und Abweichung. Wer hinein wollte, musste seine Personalien nennen und wurde befragt. Eine nach einem solchen Kontakt angelegte Kartikarte wird zur unfreiwilligen Selbstauskunft der Colonia Dignidad: «Mina hat sie ausgehorcht ... Diese Frau hätte z. B. schon immer wissen wollen, wie das denn bei uns ist mit Heiraten usw., sie und ihre Freundinnen hätten das wissen wollen. María Eugenia de Fuentes (vom Freundeskreis der Colonia Dignidad, D. M.) war ganz empört und antwortete: «Was denken Sie eigentlich (!), unsere Freunde leben doch nicht wie die Conejos (Kaninchen, D.M.).» Daraufhin haben Mina und María sich die Frau etwas näher angesehen. Mina: «Die Frau gehört nicht hier herein.» (Karteikarte Liliana Oyarzun Poisson). «Heiraten usw.»! Das «usw.» gehört in den Kaninchenstall und die Frau, die danach fragt, «nicht hier herein».

Ein Besucher des *casino* hatte einen Aufkleber «Chile NO» am Auto. «In dieser Situation schrieb ein ‹Unbekannter› auf einen Zettel «SI Pinochet» (Ja, Pinochet) und steckte ihn an die Windschutzscheibe. Die Besitzer des Wagens schrieben auf denselben Zettel: «Tod, Folter, Ausbeutung, Arbeitslosigkeit, Elend, ‹Verschwinden›» und unter den Namen Pinochet das Wort «Mörder». Die Colonia Dignidad kopierte den Zettel und bewahrte ihn auf.

Mücke forschte die Anwohner des *casino* aus, meist einfache *campesinos*. Einer sagte, «die Deutschen haben Hunde so groß wie Pferde». Von solchen Mythen zehrte die Colonia Dignidad. Der Informant hatte Respekt und konnte notfalls als Übertreiber hingestellt werden. Andere Anwohner beschwerten sich über den Staub der sekteneigenen Steinbrechanlage, die neben dem *casino* arbeitete. Aber allen wurde politische Unbedenklichkeit bescheinigt.

Eine Serie von Karteikarten vermerkt in Echtzeit den Verlauf eines Besuches in der Colonia Dignidad. Der Bürgermeister von Parral teilt Hopp mit, dass ein General, Miguel Luís Sánchez Tapia, mit einer Gruppe hoher Offiziere auf einer Inspektionsreise in der Gegend ist und um 16 Uhr die Colonia besuchen will. Ein Fahrer der Stadtverwaltung überbringt die Nachricht auf hochoffiziellem Briefkopf, der auf der Karteikarte klebt. Eine hektische Vorbereitung beginnt, ein chilenischer Staatsbediensteter wird per Funk bestellt. Der Chor der Colonia singt zur Begrüßung Beethovens «Die Himmel rühmen», die Offiziere sehen sich das Krankenhaus und dort ein neugeborenes Kind an. Auf der Karteikarte ist handschriftlich die Liste der Besucher mit militärischem Rang vermerkt.

Von Horst Paulmann, dem deutschen Besitzer der chilenischen Supermarktkette Jumbo, über die die Colonia Dignidad einige ihrer Produkte vertrieb, wird behauptet, er habe die Siedlung besucht. Paulmann ist Multimilliardär. Den Grundstein zu seinem Supermarkt- und Immobilienimperium legte er zur Pinochetzeit. Er ist von Pinochet so überzeugt, dass er noch 2005 sagte, man müsse ihm «ein Denkmal setzen, weil er den Chicago Boys freie Hand gelassen hat» (Süddeutsche Zeitung 7.3.2005). Paulmanns Vater Werner Paulmann war in Kassel SS-Richter und floh mit seiner Familie 1945 nach Argentinien, wo er zunächst als «Dr. Schoof» in der NS-Auffangorganisation CAPRI unterkam, in der auch Adolf Eichmann arbeitete.[60]

Da Horst Paulmann in Kassel geboren war, lud ihn der dortige Lions-Club im Februar 2012 als Festredner des alljährlichen Grimm-Mahls ein. Gegen diese Einladung gab es Proteste, und das Festessen fiel aus. Paulmann drohte der Presse, eine einstweilige Verfügung gegen die Behauptung zu erlangen, er sei in der Colonia Dignidad gewesen, woraufhin die Presse diese Aussage nicht wiederholte.

Für Polizei und Militär war die Colonia Dignidad ein logistischer Stützpunkt. Wenn sie in der Gegend zu tun hatten, schliefen und aßen sie dort und versorgten sich mit Proviant.

Nach der juristischen Auflösung 1991 lud die Colonia Dignidad im Zuge ihrer PR-Offensive Gruppen chilenischer Kinder aus der Umgebung ein. Schäfer wurde ihnen unter allen Onkeln *(tíos)* als *tío permanente* (Daueronkel) vorgestellt. Das wurde zu seinem Spitznamen.

Zu den Besuchern aus Deutschland gehörten, wie z.T. bereits erwähnt, Gerhard Mertins, Dieter Huber (persönlicher Referent von F.J. Strauß), Lorenz Allgäuer und Lothar Bossle, Prof. Horst Nachtigall (Universität Marburg) und Klaus Rudek, damals Direktor der dem Auswärtigen Amt unterstellten deutschen Schulen in Chile. Immer wieder kamen Deutsch-Chilenen, die Decknamen hatten und ungeniert mit «Heil Hitler» grüßten. Es kamen ein deutscher Skatclub aus Argentinien und eine deutsche Reisegruppe, die nach diskreter Beobachtung scheinbar spontan eingeladen wurden.

Einige Hinweise, dass europäische Rechtsterroristen die Colonia Dignidad besucht oder sich dort versteckt haben, wurden durch das Karteikartenarchiv bestätigt. 1985 erschien der offenbar angetrunkene Eugenio Berríos, einstiger Giftgaschemiker der DINA, mit «drei Damen» am Tor der Siedlung. Als Referenzen gab er an, er habe mit Contreras im Dienste von «Papi» (wohl Pinochet) gearbeitet. Er berief sich auf «Stefano» (mit phonetisch wiedergegebenem Nachnamen). Das ist Stefano delle Chaie, ein italienischer Terrorist, der in Bolivien zu der Terrorbande «Verlobte des Todes» *(novios de la muerte)* gehörte und für die DINA gearbeitet hatte (s. Heller 2012, S. 151, 166). Weiter berief sich der Chemiker auf Erwin Robertson, einen Chilenen, der zur damaligen «neuen Rechten» gehört und an der Feier zum 100. Geburtstag Hitlers in Chile teilgenommen hatte.[61] Außerdem nannte Berríos einen «von

---

60 Akten des BND zu Eichmann

61 s.a. *análisis* 23.11. 87. Robertson wurde im Besitz von Dynamit festge-

Oppen», bei dem es wohl um ein Mitglied der mit der Colonia Dignidad liierten deutsch-chilenischen Unternehmerfamilie (Ultramar) von Appen ging.[62]

Der Sicherheitsdienst der Siedlung ließ Berríos und die Frauen nicht hinein. Der Geheimdienst brachte Berríos kurz darauf in Uruguay unter, weil er zuviel musste. Dort bewachte er ihn rund um die Uhr und ermordete ihn schließlich.

Der Kosakenenkel: Wie wird ein Mensch zum Folterer?

Einer der häufigen Besucher der Colonia Dignidad war Miguel Krassnoff, ein DINA-Offizier. Wenn er als offizieller Besucher in die Colonia Dignidad kam, gab es eine Gemeindeversammlung, und der Chor sang ein russisches Lied. Schäfer imitierte, in die Knie gehend, einen Kosakentanz. Es ist anzunehmen, dass Krassnoff auch Arbeitsbesuche im geheimen DINA-Lager der Siedlung machte.

Der Folterer Krassnoff war aber nach allem, was bekannt ist, kein Sadist. Er war Karriereoffizier. Wie wird ein solcher Mensch zum Folterer und dutzendfachen Mörder? Ein Exkurs über seine Person mag dazu beitragen, diese Frage, die sich beim Thema Colonia Dignidad überall aufdrängt, zu beantworten.

In Krassnoffs Familiengeschichte überlappen sich während dreier Generationen biografische und welthistorische Entwicklungslinien. Krassnoff ist Spross eines alten Kosakengeschlechts. Sein Großvater Peter Krasnow kämpfte nach der Oktoberrevolution 1917 gegen Trotzkis Rote Armee. Nach der Niederlage der Weißen floh er nach Paris und, als Hitler an der Macht war, nach Berlin. Er schrieb dort eine Reihe schlechter Romane, die von Judenhass und Antikommunismus durchdrungen sind. In seinem bekanntesten, auch ins Spanische übersetzten Buch «Vom Zarenadler zur roten Fahne» gibt es eine Passage, die man als Vorlage für die Methoden der DINA lesen kann. Ein Mitglied der sowjetischen Geheimpolizei Tscheka erzählt dem Romanhelden, dass die Gefangenen jetzt «einfach auf Nimmerwiedersehen verschwinden». Er schildert, wie die Gefangenen in einer Garage erschossen, ihre Leichen zerteilt und an

nommen.

62 s. a. http://www.elmostrador.cl/noticias/pais/2013/05/17/el-oculto-pasado-nazi-del-patriarca-del-clan-von-appen/

die wilden Tiere im Zoo verfüttert werden. «Ist doch großartig. Bedenken Sie nur: Das bedeutet die Vernichtung der Existenz im wahrsten Sinne des Wortes.» Die Angehörigen, die um die Leichen bitten, werden abgewimmelt. «Konnte ich ihnen die Körper ihrer Märtyrer aus den Magen der Panther und Hyänen herausholen?», sagt der Tschekist.

Im selben Roman schlägt der Held im Lazarett sein Neues Testament auf, und die ersten ihm ins Auge springenden Worte lauten: «Die Rache ist mein, ich will vergelten.» Diese Bibelstelle kommt in den Romanen des alten Kosakengenerals mehrfach vor. Es ist das von Paulus aufgegriffene Wort, mit dem Gott im Alten Testament (5. Mose 32, 35) die in der frühen Antike üblichen Teufelskreise der Blutrache beendet und sich selbst die Rache vorbehält. Krasnow deutet die Stelle als Auftrag, selbst zum Werkzeug der göttlichen Rache zu werden, und er hat sich als Schriftsteller und General daran gehalten. Rache und Hass sind Leitmotive seiner dickleibigen Werke. Eines davon trägt den Titel «Der endlose Hass», ein «elendes und einseitiges Mistbuch», so Victor Klemperer (Victor Klemperer: Ich will Zeugnis ablegen bis zum letzten: Tagebücher 1933–1941. Berlin 1995, S. 573).

Im Zweiten Weltkrieg befehligte Krasnow eine aus gefangenen sowjetischen Soldaten gebildete Kosakendivision, die auf deutscher Seite kämpfen sollte. Hitler duldete aber nur den Einsatz im Hinterland, da er den Russen nicht traute. Halb Kriegsgefangene, halb Freiwillige, bauten sie Befestigungsanlagen oder terrorisierten die Bevölkerung in den besetzten Gebieten. Als die deutsche Niederlage sich schon abzeichnete, hielt der alte General vor seinen Kosaken eine Rede, in der ein Satz vorkam, den sein Enkel sich als DINA-Offizier zum Auftrag machen sollte: Wenn es gegen den Kommunismus geht, «spielt es keine Rolle, wo ihr zu diesem Kampf eingesetzt werdet».

Die Kosaken standen zu Kriegsende in Österreich in der Nähe von Lienz und ergaben sich dort der britischen Armee. Die Briten hielten sich an das alliierte Abkommen und lieferten sie an die Sowjets aus. Der alte Krasnow und seine zwei Söhne wurden in der Moskauer Geheimdienstzentrale Lubjanka gefangen gehalten und gefoltert. Peter Krasnow wurde dort erschossen und seine Söhne wurden nach Sibirien deportiert. Miguel Krassnoffs Vater ist dort verschollen. Ein Neffe, der ebenfalls deportiert worden war, überlebte die Haft und schrieb erschütternde Erinnerungen auf.

Die schwangeren Kosakenfrauen, darunter Krasnows Schwiegertochter, wurden von den Briten nicht an die Sowjets ausgeliefert. So kam es, dass Miguel Krassnoff am 15. Februar 1946 in Österreich geboren wurde.

Mithilfe eines italienischen Diplomaten ging sie nach Chile (daher die italienisierte Schreibweise des Namens). Er wurde Offizier. Seine Großmutter erzog ihn zum Hass auf den Kommunismus. Die roten Fahnen der dreijährigen Volksfrontregierung mussten seine Familiengeschichte wieder wachgerufen haben. Dann kam der Putsch. Chile war nun der Ort, an dem er zum Kampf gegen den Kommunismus eingesetzt wurde.

Krassnoff stieg nach dem Putsch rasch auf. Er wurde Mitglied der Leibwache Pinochets, wie sein Großvater, der die Leibwache des Zaren kommandiert hatte. Er begleitete Pinochet auf Auslandsreisen in die USA und 1975 zu Francos Begräbnis nach Spanien. Im Juni 1974 stieg Krassnoff in die Leitung der DINA auf. Er leitete das Folterzentrum in der Straße Londres Nr. 38 in Santiago. Von dort «verschwand» Alfonso Chanfreau, dessen letzte Spuren sich in der Colonia Dignidad verlieren. Krassnoff arbeitete hart. Er machte Überstunden. Er versteckte sich nicht; er nannte beim Verhör seinen Namen und zeigte sein Gesicht. Er stand zu seinem Auftrag. Krassnoff war an Folterungen beteiligt. Er ging systematischer vor als seine Kollegen, die nichts anderes konnten als foltern. Er wertete die Informationen aus und erstellte Organigramme der Widerstandsorganisationen. Er wollte die Spitze und den Kern des Widerstands zerschlagen. Wenn er später sagte, er sei Analytiker der DINA gewesen, ist das immerhin die halbe Wahrheit. In seinem brutalen Umfeld stach er als intellektueller Stratege hervor.

Krassnoff konnte mit seiner Kombination aus Brutalität und Intelligenz den größten Erfolg der DINA erzielen: das Aufspüren des Generalsekretärs der Untergrundorganisation MIR, Miguel Enriquez, am 5. Oktober 1974 in Santiago. Sorgsam verglichene Informationsbruchstücke führten zu seinem Versteck. Krassnoff, der nicht wusste, dass er vor dem richtigen Haus stand, hörte das Klicken einer Maschinenpistole und ging in Deckung. Dann begann ein Gefecht. Erst nach zwei Stunden kamen keine Schüsse mehr aus dem Haus. Die Männer der DINA traten die Tür ein. Enriquez war tot. Einer riss seine blutende Lebensgefährtin Carmen Castillo an den Haaren, schlugt ihr die Zähne ein und spuckte ihr ins Gesicht. Ein Nachbar sorgte dafür, dass ein Krankenwagen kam, der sie in ein Militärkrankenhaus brachte, wo sie operiert wurde. Nach der Operation wurde sie in eine streng bewachte Abteilung des Krankenhauses verlegt. Sie hatte das Glück, zu einer einflussreichen chilenischen Familie zu gehören. Das schützte sie vor der Folter. Die DINA-Männer, die sie verhörten, versuchten es mit Drohungen. Sie schwieg.

Dann kam Krassnoff und sagte: «Was macht deine Verletzung? Ich war es, der dir das Leben gerettet hat. Ich war es, der den Befehl gegeben hat, dich aus dem Haus zu bringen. Ich war es, der den Transport mit dem Krankenwagen genehmigt hat. Der Mann, der dir ins Gesicht geschlagen hat, hätte dich an Ort und Stelle liquidiert, wenn ich nicht gerade noch rechtzeitig gekommen wäre.» Er habe sie vor der wütenden Menge und vor den DINA-Agenten gerettet, die sie auf der Stelle umbringen wollten. Den Fahrer eines Krankenwagens habe er mit vorgehaltener Pistole zwingen müssen, sie ins Krankenhaus zu fahren (so in Silva Encina: *Miguel Krassnoff: Prisionero por servir a Chile* s.u.). Das war eine Lüge, denn Krassnoff war einfach an der blutenden Frau vorbeigegangen.

Krassnoff spielte bei Verhören gerne den «Guten». Die anderen folterten und fluchten. Dann kam Krassnoff und gab sich verständnisvoll. «Wir müssen ein Blutvergießen vermeiden», sagte er, «es ist idiotisch, dass sich die wenigen guten Leute des MIR für nichts und wieder nichts töten lassen.» Er mag es so gemeint haben, denn ein Kosak hat Achtung vor dem Feind. Im Pariser Exil schreibt Carmen Castillo ihr Buch «Santiago de Chile – ein Tag im Oktober». Sie beschreibt Krassnoff als dynamisch, ehrgeizig und intelligent. «Er ist etwas unscheinbar und trägt immer dieselbe, leicht abgetragene Sportjacke. Sein Haar ist glatt, zur Seite gekämmt.» Sein Gesichtsausdruck irritierte und faszinierte sie. Krassnoff verhörte sie mehrfach. Er ging methodisch vor, war rigoros, hatte es aber nie eilig. Krassnoff glaubte tatsächlich, dass er Gefangene durch Argumente überzeugen konnte. Die Gespräche in seinem Büro, bei denen er auch über das Schicksal seiner Familie sprach, glichen, wie ein überlebender Gefangener sich erinnert, soziologischen Seminaren.

Krassnoff war zwei Dingen verpflichtet: seiner Offiziersehre und seinem Vaterland. Aber welchem? In Chile wurde er später zu mehreren hundert Jahren Haft verurteilt. Kurz bevor er sich im Januar 2005 zum Haftantritt wegen des «Verschwindens» eines politischen Gefangenen meldete, hatte er einen sechsseitigen Brief verfasst. Seine Familie hat den Brief mit einem kurzen Zusatz («männlich, ritterlich») ins Internet gestellt. «Landsleute», schließt Krassnoff diesen Brief, «ich bin Träger eines Namens, der mich wegen meiner Vorfahren adelt, die in anderen Breiten gekämpft und ihr Leben geopfert haben für dieselbe Sache, die mir Gott auf den Weg gegeben hat: die Freiheit und Würde der Menschen ... Ich bin ein Soldat, der zum politisch Verfolgten geworden ist, aber ich bin weder ein geschlagener chilenischer Soldat und noch viel weniger ein hingestreckter Kosak.»

Folterer müssen ihre Identität aufspalten, denn ihr Alltagsleben, in dem die Folter tabuisiert ist, geht weiter. Nachdem sie das Tabu gebrochen haben, stehen sie unter dem Zwang, ihr Verhalten und ihre Umgebung so umzudeuten, dass sie vor sich selbst legitimiert sind. Krassnoff ist ein einmaliges Beispiel dafür, wie ein Folterer und Mörder sich die Welt zurechtlegt und Raum und Zeit überspringt, damit diese Welt zu ihm passt. Von seiner Gefängniszelle aus betrieb er den Geschichtsrevisionismus, den sein Großvater mit seinen Romanen begann. Das Buch Gisela Silva Encinas *Miguel Krassnoff: Prisionero por servir a Chile* kann als Werk Krassnoffs gelten; Silva hat es in enger Zusammenarbeit mit ihm geschrieben. Das Kapitel über die Zeit in der DINA ist eine unverschämte Verhöhnung der Opfer: Es herrschte Kameradschaft, Krassnoffs folternde Untergebene waren «anonyme Helden», Folter und das «Verschwindenlassen» von Gefangenen kennt Krassnoff nur vom Hörensagen.

Solche Lügen fügen sich in eine Politik der Leugnung, die die heutigen Pinochetanhänger zusammenhält. Krassnoff ist eine ihrer Symbolfiguren. Er war es, der nach über 20 Jahren Demokratie aus seiner Gefängniszelle heraus noch einmal die alten Fronten der Diktaturzeit wiederherstellte. Im November 2011 wurde in Santiago die vierte Auflage seines Buches vorgestellt. Diese Buchvorstellung endete in einer Straßenschlacht. Etwa 300 unverdrossene Pinochetisten, meist Militärs im Ruhestand, erschienen zur Vorstellung der vierten Auflage. Vor dem Gebäude protestierten etwa 2.000 Menschen. Die Polizei setzte Wasserwerfer ein. Drei Stunden nach Ende der Veranstaltung wurden die Pinochetisten mit Polizeibussen weggefahren.

Krassnoff ist sich selbst treu geblieben. Aber wer ist er? Er ist nicht er selbst. Seine Identität ist entliehen. Er war Flüchtlingskind der europäischen Katastrophen, aber er fühlte sich als Kosak. Chile war für ihn der Austragungsort, an dem er sich für das seiner Familie zugefügte Unrecht rächen konnte. Wenn er in Schäfers Siedlung kam, kam er in eine muffige Sekte, aber er musste geglaubt haben, bei den ehemaligen Kampfgefährten seines Großvaters zu sein. Er und Schäfer spielten sich gegenseitig etwas vor, und beide glaubten womöglich an den Trug. Für beide war Chile der Schauplatz von Kämpfen gegen Teufel oder Kommunismus, die sie in diesem abgelegenen Land noch einmal nach ihrem hergebrachten Schema führen konnten. Krassnoff war ein Ritter mit Elektroschockgerät. Wenn er seine Rächerrolle durchhält, wird er wohl als aufrechter Kosak im falschen Jahrhundert und im falschen

Gefängnis enden. Auch als Bekenner einer untergegangenen Tradition kann ein Mensch zum Folterer werden.[63]

Der Übergang von der Colonia Dignidad zur Villa Baviera

Der Übergang von der Diktatur zur Demokratie *(transición)* dauerte in Chile viele Jahre. Üblicherweise wird als Beginn das Plebiszit von 1980 angesetzt, bei dem die Chilenen über die von Pinochet ausgearbeitete und auf ihn zugeschnittene Verfassung abstimmten. Ob die *transición* nach Ende der ersten oder der zweiten demokratischen Amtsperiode endete, ist eine Frage der Interpretation. Die Colonia Dignidad versperrte sich diesem Übergangsprozess. Sie verblieb noch lange Zeit in einem eingefrorenen Zustand der alten Verhältnisse, wenn auch mit verminderter innerer Repression.

Schäfers Strategie der Straflosigkeit funktionierte solange, bis ihn 1996 mehrere chilenische Eltern wegen sexuellen Missbrauchs ihrer Kinder verklagten. Da wegen des Sexualverbots innerhalb der Sekte keine deutschen Jungen mehr vorhanden waren, hatte Schäfer auf chilenische zurückgreifen müssen. Noch 1995 sah Vedder Schäfer in einer Speisekammer «mit hochrotem Gesicht» einen kleinen Chilenen vergewaltigen, der ihn «mit heruntergelassener Hose mit erschreckt aufgerissenen Augen ansah» (Vedder 2005 S. 140). Die Bilder eines anderen weinenden chilenischen Jungen, der von Schäfer missbraucht worden war, gingen durchs chilenische Fernsehen. Dass Schäfer sich an den deutschen Jungen der Siedlung verging, duldeten die chilenischen Behörden stillschweigend. Aber Übergriffe auf chilenische Jungen waren im Konstrukt der Straflosigkeit nicht vorgesehen. Der Freundeskreis bröckelte ab. Die Presse und sogar *El Mercurio*, das 17 Jahre lang pinochettreue Aushängeschild der chilenischen Presselandschaft, bekamen kalte Füße.

---

63 Hier sei eine persönliche Beobachtung gestattet. Ich hatte Gelegenheit, eine Reihe von Täterbiografien zu beobachten. Sie waren geprägt von Angstzuständen, anderen psychischen Störungen und Alkoholismus. Mehrere Folterer und Mörder begingen Selbstmord. Ich habe Luz Arce und Alejandra Merino kennengelernt, die unter der Folter zerbrochen waren und zu Agentinnen der DINA wurden. Beide Frauen sind tief verstört. Das letzte Opfer der Folter ist der Folterer selbst.

Auch mit ihren Menschenrechtsverbrechen wurde die Siedlung konfrontiert. Sie legte eine Karteikarte zu einer Protestdemonstration von Angehörigen «Verschwundener» am Eingang der Colonia Dignidad an. Das war am 19.1.1990, also kurz vor dem offiziellen Abtritt Pinochets, als solche Aktionen bereits möglich waren. Die Organisatorin Soledad del Carmen Leiva hielt eine Rede: «Wir wollen lediglich die Colonia Dignidad kennenlernen. Und auch jetzt wird uns verboten, überhaupt den Boden unserer Heimat zu betreten. Das muss aufhören! Es wird Gerechtigkeit geben, die Verbrechen können nicht unaufgeklärt bleiben. Sie sollen uns sagen, was mit unseren Angehörigen geschehen ist ... Wir haben nichts getan als nach ihnen zu suchen, und haben Schläge, Verhaftungen (von hinten kam ein Zuruf: Bomben), Bomben und Haft bekommen, aber sie werden uns nicht aufhalten. Wir machen weiter, bis wir es geschafft haben, bis sie geantwortet haben, wer diese Verbrechen an unseren Angehörigen verübt hat.» Die von Mücke angelegte Karteikarte fügt an, dass der «verschwundene» Mann der Rednerin, die nichts über seinen Verbleib wusste, tot ist.

Pinochet trat 1990 ab. Als der demokratisch gewählte Präsident Patricio Aylwin als eine seiner ersten Maßnahmen im Februar 1991 die Colonia Dignidad per Dekret auflöste, antwortete Schäfer auf mehreren Ebenen. Er ließ seine Anwälte gegen das Dekret vorgehen Er hatte die Colonia Dignidad seinerseits in zehn Teilgesellschaften aufgelöst und begann eine neue PR-Kampagne. Er ließ seine Schäfchen ein weiteres Mal hungerstreiken. Es war einer von mindestens vier Hungerstreiks, von denen einer 17 Tage gedauert hatte. Die Siedler lagen auf Feldbetten und tranken Tee. Auch diesmal aß Schäfer. Er sagte: «Wenn der Kopf wackelt, bricht das ganze Kartenhaus zusammen.» Die zensierte chilenische Presse brachte wenig über diese Hungerstreiks, denn was hinter dem Zaun der Colonia Dignidad geschah, war nicht kontrollierbar, und allzu viel war inszeniert. Die Hungerstreiks unter faktischem Ausschluss der Öffentlichkeit deuten auf Schäfers zunehmenden Realitätsverlust hin.

Der chilenische Freundeskreis sammelte Unterschriften gegen das Schließungsdekret und übergab sie in Santiago vor dem Präsidentenpalast. Der esoterische Hitlerbewunderer Miguel Serrano gab eine Erklärung zugunsten der Deutschen ab. Einige Fuhrunternehmer, deren Auftraggeber die Colonia Dignidad war, streikten aus Solidarität. Die Sekte hielt rund um die Uhr auf ihrem Grundstück eine «Dauerwache» *(Vigilia permanente)* mit Liedern und nächtlichen Feuern ab, um die Rücknahme des Regierungsdekrets zu erreichen. Viele Anwohner nahmen begeistert daran teil. Die Sekte bot ihr Programm von Lustbarkeiten aus den 50er-Jahren in Deutschland auf. Die Teilnehmer waren nach Geschlechtern getrennt, und hatten keinen Kontakt untereinander. Sie trugen gleiche Kleidung und Wimpel, sangen, machten Geländespiele und mussten ihre Gefühle aufschreiben. Schäfer, der selbst Dauerwache hielt, wurde einmal mehr zum «Daueronkel» *(tío permanente)*. Ein undatierter Text der Villa Baviera (nach 1991) beschreibt, wie schön es für die Kinder war. Sie lernten Disziplin, gutes Benehmen und körperliche Sauberkeit, deshalb – so der Text unvermittelt – wurden im Krankenhaus der Villa Baviera «Dutzende von Operationen», besonders bei Fimose (Vorhautverengung) und Kriptordismus (Lageanomalie der Hoden) vorgenommen. Diese Operationen am männlichen Genital führte Hopp in überproportionalem Maße aus.

Schäfer gab den Druck auf sein Dorf an seine Klientel weiter; die Mütter, die im Krankenhaus entbanden, bekamen keine Milch mehr, verschiedene Dienstleistungen wurden unterbrochen, und Schuld sollte die Regierung sein. Ein Fahrradkorso radelte mit Plakaten durch Parral. 17 rechte Parlamentarier riefen das oberste Gericht an, es solle die Verfassungsmäßigkeit der Aberkennung der Gemeinnützigkeit der Colonia Dignidad überprüfen. Auf die Häuser bekannter Gegner der Siedlung wurden Schüsse abgegeben.

In der Siedlung streute Schäfer Angst. Der mögliche Verlust des Kollektivs drohte, und hinter dem Zaun hatte sich ein «Abgrund der Hölle» aufgetan, wie Schäfer predigte. Seine Sprache wurde maßlos. Als deutsche Rentenkassen begannen, die Renten nicht mehr auf das gemeinsame Konto der Colonia Dignidad zu überweisen, sondern individuelle Empfänger verlangten, sprach die Colonia Dignidad von «Seelenfolter».

Mit dem Auflösungsdekret war die zukünftige Rückkehr nach Deutschland in den Blick geraten, was vielen der älteren Bewohner wie eine (in einigen Fällen zweite) Zwangsdeportation vorkommen musste. Ein Kolonist klagte: «Ich war mein halbes Leben lang hier und jetzt soll ich weg». (JIPOL) Schäfer malte nun ein noch düsteres Deutschlandbild. Nun war von «falscher Freiheit» und «Freiheit, die Welt zu vergiften» die Rede. Er stellte der Colonia Dignidad mit ihren Zwangsmedikationen und ihrer dauernden Selbstmordgefahr Deutschland als Hort des Selbstmordes und Drogenkonsums dar. Schäfers Propaganda nach innen sollte sich für diejenigen, die 15 Jahre später dann wirklich nach Deutschland kamen, als Hypothek erweisen.

Schäfers Flucht

1995 (also erst fünf Jahre nach Ende der Diktatur) begannen Polizei und Justiz eine Serie von Durchsuchungen und Ortsterminen in der Siedlung. Die Polizei fürchtete anfangs bewaffneten Widerstand oder einen Massenselbstmord und ging rücksichtsvoll vor. Tatsächlich stellte sich später heraus, dass die Frauen Schusswaffen unter ihren altertümlichen Röcken trugen. In einem gefährlichen Moment zog die Polizei es vor sich zurückzuziehen, weil Kolonisten auf sie zielten und sie Blutvergießen vermeiden wollte. Als die Polizei bei einer anderen Gelegenheit einen Todesfall untersuchen sollte, wurde sie von einem Kinderchor empfangen. Die Siedler boten dem polizeilichen Dolmetscher Saft an, woraufhin dieser krank wurde und nach Santiago zurück musste.[64]

Aber die Polizei lernte die Tricks und Versteckspiele der Colonia Dignidad. Sie verteilte Flugblätter, denn sie dachte, einige Siedler würden die Gelegenheit nutzen und sich absetzen. Ein Siedlerehepaar verließ tatsächlich die Kolonie. Andere hatten ihr Handgepäck griffbereit, getrauten sich aber im letzten Moment nicht. Keiner machte brauchbare Aussagen. Mücke war renitent und Hopp hielt sich im Hintergrund.

Schäfer hatte die Welt außerhalb des Zaunes immer verteufelt. Als nun die Polizei anrückte, nutzte er die Angst seiner Gemeinde. Angesichts des äußeren Feindes fand sie neuen Zusammenhalt. Einige berichteten noch Jahre später über ihre Heldentaten im Kampf gegen diejenigen, die sie von ihrer Tyrannei befreien wollten. Sie schrien, lenkten ab, legten falsche Fährten, griffen Polizisten an. 1999 hieß es in einem für den Druck vorbereiteten, wohl nie veröffentlichten «Weißbuch» der Colonia Dignidad: «Dignidad ergibt sich nicht», und die Angreifer hätten «hohe moralische Werte» übersehen.

Die Razzien hatten keinen großen Erfolg, aber der Ermittlungsdruck gegen Schäfer und seine Clique stieg und machte eine Lösung erforderlich. Glaubwürdige Informationen, die ich von Carlos Liberona bekam, berichten von einer informellen Übereinkunft zwischen der Führungsclique, den chilenischen Streitkräften und der chilenischen Regierung, bei der Hopp der Mittelsmann war. Dieser Deal bestand darin, dass Schäfer die Colonia Dignidad verlassen sollte, die Bewohner Informationsfrei-

64 Luís Henríquez auf dem *1. Internationalen Seminar «Colonia Dignidad: Dialoge über Wahrheit, Gerechtigkeit und Erinnerung* am 11. und 12. Dezember 2014 in Santiago

heit und das Recht, die Siedlung zu verlassen, erhalten sollten und das Militär seine technische Zusammenarbeit beenden sollte. Tatsächlich wurden die Standleitung zum Heeresgeheimdienst gekappt, die Sendeanlage deaktiviert und der Flugplatz für Militärmaschinen gesperrt.

Zunächst versuchte die Polizei mit Hopp auszuhandeln, dass Schäfer sich stellte und dann der Vorwurf des Kindesmissbrauchs geklärt würde. Schäfer weigerte sich erst. Dann fragte er die Gemeinde, ob er gehen solle. Sie lehnte einstimmig ab. Dann sagte er, er müsse doch für ein paar Tage weg und man solle alles so lassen, wie es sei. Nach seiner Verhaftung 2005 sagte er, man habe ihn dann nachts ins Flugzeug gesteckt, und der Pilot Max Rudolph habe ihn nach Argentinien geflogen.[65]

Tatsächlich wurde Schäfer in einem Heuwagen versteckt und so aus der Siedlung gebracht. Ein für die Flucht besonders präpariertes Flugzeug blieb unbenutzt. In einem Auto wurde Schäfer nach Santiago gebracht, wo er einige Wochen in einem Apartment lebte. Dann wurde er, wahrscheinlich in einem Privatflugzeug, nach Argentinien geflogen.

Das war 1997. Schäfer war zur Belastung geworden und zur Führung nicht mehr fähig. Er blieb aber als virtueller Führer anwesend. In der Siedlung wurden seine Briefe aus Argentinien vorgelesen. Hans Jürgen Riesland, der heute in Süddeutschland lebt und zum Katholizismus konvertiert ist, diente als Kurier zwischen ihm und seiner verlassenen Herde.

Die Siedler empfanden, jedenfalls im Rückblick, Schäfers Flucht als Einschnitt. «Uns traf der Schlag, als (...) unser Leiter heimlich floh, um sich der Justiz zu entziehen, die ihn berechtigt suchte, was wir für unmöglich gehalten hatten, aber nun als bittere Wahrheit erfuhren.» (Brief eines Siedlers von 2004)

Um über die Abwesenheit ihres Führers hinwegzukommen, machte die Colonia Dignidad einen mehrtägigen Ausflug ins Gebirge. Mitten hinein platzte die Nachricht von der Verhaftung Pinochets in London im Oktober 1998. Die Anführer riefen die Landpartie zum Gebet für

---

65 Rudolph gehört zu den Helfern der Colonia Dignidad. Als Junge hatte er noch Hitlerreden miterlebt und war fasziniert von der Volksstimmung. Eine der letzten Inszenierungen Schäfers war, dass er Rudolph als seinen Doppelgänger losschickte. Als die Polizei Schäfer nach dem Ende der Diktatur suchte, meldete sich Rudolph unter dessen Namen in einem argentinischen Hotel an und entkam der Verhaftung durch einen Sprung aus dem Hinterfenster. Er stellte sich auch für ein Foto zur Verfügung, das dann als Foto Schäfers durch die Presse ging.

den ehemaligen Diktator auf. Sie sahen nun alles, wovor sie früher geschützt wurden, zusammenbrechen.

Zunächst änderte sich nach Schäfers Abtauchen wenig. Die Führungsclique blieb. Der Umgang zwischen den Geschlechtern wurde etwas offener, die Disziplin weniger streng. Einige Siedler durften heiraten. Die Ehen wurden aber immer noch von oben arrangiert und reglementiert. Weihnachten und Sylvester 2001 durften ohne Geschlechtertrennung in Familien gefeiert werden. Nach einigen Auseinandersetzungen beschloss die Versammlung: «Von jetzt an wird nicht mehr geschlagen.»

Gegenüber Schäfer übten sich die Siedler im Verzeihen und Vergessen. Sie beschwiegen Schäfers Kindesmissbrauch, von dem viele insgeheim gewusst hatten und der der Gemeinde erst jetzt als kollektiver Schock bewusst wurde. «Wir müssen das Heute und Morgen leben und das Gestern schweigend abschließen», sagte Klaus Schnellenkamp in einem Interview (*Die Zeit* 28.4.05, nach seiner Ausreise nach Deutschland dachte er um und schrieb seine Erinnerungen auf). Seine Familie, die sich erst zusammengefunden hatte, als Schäfer weg war, sprach nicht über ihre Vergangenheit. Kurt Schnellenkamp spielte die vertraute Rolle des verrückten, aber harmlosen Hinterwäldlers. Hinter verschlossenen Türen berieten die Täter, was zugegeben und was geleugnet werden sollte. Die Colonia Dignidad begann sich eine akzeptable Lesart ihrer eigenen Geschichte zurechtzulegen.

Die Kolonisation von Leib und Seele hatte einen kollektiven Infantilismus erzeugt. Schäfers verlassene Herde reagierte wie Kinder, die bei der Trennung ihrer Eltern wegen des Taschengeldes zetern. Der schärfste Vorwurf gegen Schäfer waren nicht Folter oder sexuelle Übergriffe, sondern die Veruntreuung des Millionenvermögens. Schäfer hatte seinen Anhängern die Lebensperspektive gestohlen. Man kann versuchen, die Vergangenheit zu verdrängen, aber keine Zukunft zu haben ist unmöglich. Unter den Siedlern sprach sich herum, dass sie für das Untertauchen Schäfers und die Rechtsanwälte ihrer Unterdrücker schufteten und dass Schäfer dicke Konten im Ausland hatte. Das schmerzte.

Ein eindeutiges Bild von Schäfer konnten sich die Siedler auch nach dessen Abtauchen nicht machen. Ein ehemaliges Sektenmitglied hatte einen Traum: Schäfer sprengte sich in die Luft. Aber welcher Schäfer? Er hatte von einem Doppelgänger geträumt, einem guten und einem bösen Schäfer. Als die Polizei durch Untersuchung der Leichenteile feststellen wollte, welcher der beiden sich gesprengt hatte, wachte der Träumende auf. Die gegensätzlichen Rollen des sich permanent selbst inszenierenden Schäfer waren psychologisch nicht zu vereinen. Das blockierte die Aufarbeitung.

Pädophile teilen ihre Persönlichkeit häufig in Gut und Böse auf. Schäfer kehrte den guten Onkel oder seine göttlich Sendung heraus, um seine destruktiven Ziele zu erreichen. Das Doppelleben mochte ihm zur zweiten Natur geworden sein – wir wissen wenig über seine Psyche –, und er mochte an seine eigenen Lügen geglaubt haben. Durch diese Aufspaltung täuschte er das Sektenkollektiv, und es ließ sich täuschen. Er steckte das Kollektiv mit seinem Täuschungsspiel an, und es spielte mit, täuschte selbst, prügelte und betete. Schäfer lud Schuld auf sich und ließ andere sich schuldig fühlen: «Nach jeder Predigt hatte ich ein unbestimmtes Schuldgefühl», schrieb später ein Sektenmitglied.

Als Schäfer weg war, diente die Aufspaltung in Gut und Böse der eigenen Entlastung. Böse war nur Schäfer selbst gewesen, das Gute teilten sie den Bereichen von Kunst und Religion zu, die ja traditionell als Trägersubstanzen des Positiven gelten. Die Skizze «Positive Äußerungen und Züge von PS.» aus der Villa-Baviera-Zeit enthält das Schäfer-Zitat: «Die Kunst ist ein Umweg zu Gott.» Und Bemerkungen wie «An seiner Verkündigung war nichts auszusetzen.»

Schäfer hatte sich als die Stimme Gottes legitimiert («Er hat gepredigt und gebetet in Vollmacht», so die Skizze), seine verlassene Herde nutzte nun die Religion zur Selbstlegitimierung. So zählte sie sich selbst zu Schäfers guten Teil. Aber auch diese Selbstrechtfertigung half nicht. Es blieb die Kränkung, viele Jahre lang der Täuschung erlegen gewesen zu sein. Schäfer hatte es immer wieder verstanden, sich seine Entscheidungen vom Kollektiv («Gemeinde») absegnen zu lassen. Als er weg war, saßen die Siedler in einer Kollektivschuldfalle: Eine «kleine Herrenversammlung» (in der Nachfolge der alten Herrenversammlung) gab die Parole aus: «Wir haben alle Schuld.» Wer die Verbrechen der Colonia Dignidad anklagte, klagte sich selbst an und das schafften die wenigsten. Wer sie leugnete, verleugnete sich selbst.

Individuelle Emanzipation vom Zwangskollektiv war ein schwieriger Weg für Menschen, deren Individualität so lange unterdrückt worden war. Und nun sollten diese gerade erst erwachten Individuen ihr ganzes bisheriges Leben auch noch als Fehlschlag interpretieren! Dabei ging jedwede Selbstachtung verloren. Der Verlust einer ganzen Welt, an die man geglaubt hatte, kann nur durch Trauer erträglich gemacht werden. Im Falle der Colonia Dignidad wäre es eine abgrundtiefe, unerträgliche Trauer gewesen. Auch die Verdrängung funktionierte nicht: «Die Vergangenheit ist quicklebendig», notiert ein Beteiligter, «sie läßt sich nicht vergessen, sie läßt sich nicht wiedergutmachen, ihr kann man nicht entfliehen – sie weicht nur der Wahrheit.» Die Sekte ohne Führer verharrte im Zustand gescheiterter Trauerarbeit.

Das Kollektiv war nicht in der Lage, Schäfer, so wie er war, zu hassen. Noch 2002/03 wären die Siedler «für Schäfer gestorben», wie sie sagten. Ein harter Kern betete auf Knien für «die Gefangenen». Lange zögerten die Siedler das Badezimmer einzureißen, in dem Schäfer die Jungen befingert hatte. Zunächst versuchte jemand einen Brandanschlag, danach rammte ein anderer den Anbau mit einem Baufahrzeug, woraufhin er entfernt werden musste. Und es gab eine symbolische Ächtung: Nach Schäfers Tod sprachen sich Riesland und Blanck dafür aus, dass dieser nicht in der Colonia Dignidad begraben werden sollte. Die Versammlung stimmte zu.

Im März 1998 verließ das Siedlerehepaar Erwin Fege und Brigitte Malessa die Siedlung. Fege reiste nach Deutschland, wurde von einem Staatsanwalt vorgeladen und reiste am Vortag der Vernehmung überstürzt wieder ab. Die Familien Fege und Malessa ließen sich schließlich in Südchile nieder und verlangten große Summen von der Colonia Dignidad. Wenn sie gründlich ausgepackt hätten, wäre wohl die gesamte Siedlung aufgeflogen, denn Fege und sein Schwager Willi Malessa hatten zum engsten Zirkel um Schäfer gehört. Fege war für Abhöranlagen zuständig gewesen und hatte bei dieser Arbeit auch Schäfer abgehört. Die Sekte berief eine Versammlung ein. Hopp und Blanck sagten, dass die Ausreißer keinen Peso bekämen. Die Versammlung wurde auf Band aufgenommen. Die Führung fuhr zu den beiden Familien, spielte ihnen das Band vor und betete mit ihnen. Es half nichts. Einige Tage später mussten die Schäfer-Nachfolger eingestehen, dass eine hohe Geldsumme, einige Milchkühe und allerhand Handelsprodukte der Colonia Dignidad an die Familien übergeben würden. Es gab Proteste, und die Führung sagte, es seien Spenden Einzelner.

Von der Schäfersekte zur Franksekte: Ewald Frank, die «Freie Volksmission Krefeld» und die Restauration in der Villa Baviera

Statt Schäfer predigten nun Männer seines Umhofs wie Mücke. Die Siedler sagten, Schäfer sei «feuriger» gewesen. Dann tauchte ein fundamentalistischer Prediger aus Krefeld, Ewald Frank, in der Siedlung auf, der mit der Schäfer-Sekte aus ihrer Zeit in Deutschland Kontakt gehabt, aber keine gute Meinung von Schäfer hatte. Frank schrieb zum Jahresende 2004 an seine «innig geliebten Brüder und Schwestern in Chile»: «Bei den Aussprachen im Oktober und auch im Dezember wurde ohne anzuklagen zum Ausdruck gebracht, daß es für die direkt Betroffenen, die an Seele, Geist und Leib geschädigt wurden, unerträglich ist, wenn Bruder Mücke weiterhin die Leitung der Gemeinschaft ausübt ... Wie aus den Gesprächen hervorging, ist es tatsächlich ein christlich getarntes aber direkt ‹terroristisches› System und ein Konzentrationslager gewesen. Menschen sind ihrer Würde beraubt worden, haben nicht mehr für sich entscheiden können und wurden geistlich und leiblich versklavt. Geliebter Bruder Gerhard Mücke ..., Du hast ein einwandfreies Leben geführt, dennoch bleibt bei den Menschen die Vergangenheit zunächst einmal in Erinnerung. Ich möchte mich keineswegs in die inneren Angelegenheiten der Gemeinschaft einmischen, ich habe aber ein Hirtenherz und fühle mich von der ersten Stunde an bei Euch zu Hause, als wäre ich schon immer in Eurer Mitte gewesen. Bitte nehmt mich als Bruder und Hirte an.» So wurde Frank zu Mückes und indirekt zu Schäfers Nachfolger als «Hirte».

Frank war wie Schäfer von dem US-Prediger William Branham inspiriert. 1962 hatte er eines Morgens eine «Herrenerscheinung» und gründete daraufhin die «Freie Volksmission Krefeld» mit einem Ableger in Zürich. Franks Verkündigung ist sehr hausbacken. Der Teufel ist bei ihm eine reale Figur. Frank verkündete einen modern gewendeten christlichen Antisemitismus: «Die Juden» haben Christus nicht erkannt und deshalb zwei Jahrtausende lang gelitten (s. a. Frank 2006 S. 174 u. a.),– deshalb der Holocaust. Nach Frank sind also die Juden an ihrem Unglück selbst schuld.

Als Franck zum erste Mal in die Siedlung kam, erwähnte er in einer Predigt seine «Kain-Lehre». Es geht dabei um den «Schlangensamen», nach der der biblische Kain nicht der Sohn Adams und Evas, sondern ein Sohn Evas und der Schlange, also des Teufels gewesen sei. Darauf angesprochen, dass in der Bibel stehe, dass Kain und Abel beide Söhne Adams und Evas seien, zog sich Frank mit linguistischen Argumenten aus der Affäre (die Schlange sei männlich, es müsse eigentlich «der Schlang» heißen) oder verweigerte die Antwort. Die Lehre vom «Schlangensamen» ist frauenverachtend, denn sie schiebt der Ur-Frau Eva alle Schuld der Menschheit zu. Eva soll es gewesen sein, die wollüstig dem bösen Eingang in Gottes Schöpfung, die gut war, ermöglichte. Frank verkündete, dass Frauen des Teufels und der Müll der Schöpfung sind. Die Zeugung Kains durch den Satan gehört zudem zum Urbestand des Antisemitismus. Der Rassenantisemit Jörg Lanz von Liebenfels schlägt in seinem Hauptwerk *Theozoologie* (1904) Kains Nachkommen den Juden und die Abels den Ariern zu (F. P. Heller: Thule 2007 S. 27). Schäfers und Franks Frauenverachtung wirken bis heute in der Villa Baviera nach in Reden wie «Ich lasse mich von einem Weib nicht beurteilen!»

Was Frank verkündet, klingt nicht nach formeller theologischer Ausbildung. Allerdings hat Frank nach einer Zeitungsmeldung per Fernstudium an der North West London University in Theologie promoviert. Da er grundsätzlich auf jede Auslegung der Bibel verzichtet, stellt sich die Frage, welche Art von Theologie er überhaupt betreibt. Von seinem Doktortitel macht er keinen öffentlichen Gebrauch. Nach der Berichtserstattung zu Schreiber und der Mahnwache von 2006 (s. u.) wurde es Frank mulmig, und er säuberte Schrifttum und Website vom Gröbsten.

Frank bekommt, wie schon Schäfer, seine Eingebungen direkt von Gott. Er sagte einmal den Beginn des Tausendjährigen Reiches der Herrschaft Christi für 1977 voraus. Ein Siedler kommentierte, er sei ein «falscher Prophet», also einer derjenigen, von denen Jesus in der Bergpredigt warnt. Als seine Frau Krebs bekam, hatte er die Eingebung, dass Krebs vom Teufel sei, ließ sich scheiden und heiratete, von einer Donnerstimme an einem Strand in Kanada geleitet, eine weit jüngere Frau. Ein Auto springt nicht an. Die Mechaniker sind ratlos. Frank betet. Das Auto springt an! Bei seinen monatlichen Gottesdiensten wälzen sich Menschen lallend («Zungenreden») am Boden, wenn der Geist in sie gefahren ist. Schreie und Grimassen gehören zum Gottesdienst. Die Teilnehmer waschen sich nach biblischem Vorbild gegenseitig die Füße. Es geschehen Wunderheilungen. In der frank'schen Sekte gibt es ähnliche sadomasochistische Beziehungen wie einst bei Schäfer. Ein Mitglied rühmte sich damit, manchmal «den Gürtel auszuziehen» und mit seiner

Tochter, die längst erwachsen war, in den Keller zu gehen und sie zu prügeln.

Die Krefelder Missionszentrale, nach außen unscheinbar, ist innen mit technischen Raffinessen ausgestattet. Kameras überwachen die Besucher. Franks Predigten werden zeitgleich in alle Welt ausgestrahlt und in mehrere Sprachen übersetzt.

Frank füllte das spirituelle Vakuum, das Schäfer hinterlassen hatte. Er predigt ihnen, was sie hören wollen: Das Vergangene vergessen, in die Zukunft schauen. Er veranstaltete Massentaufen, bei denen die Siedler weiße Gewänder trugen. Nur Hopp kam aus Protest in Jeans. Frank war bei einem Teil der Siedler beliebt, die Anderen wollte ihn rausschmeißen. Die, die zu ihm hielten, empfingen ihn in Santiago mit dem Kleinflugzeug und sangen bei der Landung in der Siedlung Choräle. Frank kam mehrfach. Die «Freie Volksmission Krefeld» vertrieb Videos eines dieser Besuche. Frank begrüßt Mücke und Hopp wie alte Bekannte per Handschlag auf die Schulter. Er verkündete, die Leiden während der Schäfer-Zeit seien eine Prüfung Gottes gewesen, die Siedler seien Auserwählte, da sie diese Prüfung bestanden hätten. Es gälte nun, das Vergangene zu vergessen und in die Zukunft zu sehen. Er vergaß nicht hinzuzufügen, dass die Siedler nicht vor der Justiz gegeneinander aussagen, sondern alles untereinander und vor Gott regeln sollten. Das war eine Aufforderung zur Justizvereitlung. Wenn bis heute viele Straftaten der Colonia Dignidad noch unaufgeklärt sind, hat das auch mit Interventionen dieser Art zu tun.

Seit Frank die Siedlung besuchte, setzte dort die Restauration ein. Neuanfänge, die es nach Schäfers Flucht gegeben hatte, versickerten. Die alte Führungsclique und ihre Kinder bekamen wieder die Oberhand. Wem das Zusammenleben von Tätern und Opfern unerträglich wurde, zog weg. «Der Großteil der Gemeinde ist also bereits wieder eine Sekte und läuft Frank nach. Aber eine Gruppe von etwa einigen Dreißig hat ihn erkannt, sei es wegen seiner Irrlehre oder wegen der Leere seiner Predigt. Und wir müssen verhindern, dass Frank noch einmal hier auftaucht (er kam noch mehrfach, D. M.). Ja, dieser Zwiespalt ist unser Verderben», schrieb einer der Kritiker Franks.

Bemerkungen der Frank-kritischen Minderheit ergeben ein authentisches Stimmungsbild. Da ist die Rede von einem «schrecklichen Druck von den Frank-Leuten, so schrecklich, dass einige ihn nicht mehr ertragen können und gehen müssen.» Die «Gemeindesituation (drückt) sehr, zum Zerreißen. (...) Wir wissen keinen Ausweg.» Frank sei nun wieder

der, «an den sie sich halten können, ohne eigene Entscheidungen treffen zu müssen. Dann macht der Übergang von der Schäfersekte zur Franksekte keine Schwierigkeiten mehr, und sie sind zufrieden.»

Frank wurde zwischenzeitlich mit einem Einreiseverbot belegt. Er wollte deshalb sogar das AA in Berlin verklagen und sammelte fleißig Beweismittel. Er setzte das Vorhaben jedoch nie um. Stattdessen klagte er in Chile gegen das Einreiseverbot, woraufhin es aufgehoben wurde. Soweit bekannt, machte er davon bisher aber keinen Gebrauch.

Als Gegengift zu Schäfers und Franks Schrumpftheologien kam der von der Evangelischen Kirche Deutschlands (EKD) nach einer Übereinkunft mit dem AA beauftragte Pfarrer Timm Lohse in die Colonia Dignidad, der zum ersten Mal seit ihrem Bestehen eine Alternative zu Schäfers Privatreligion anbot. Lohse schlug vor, die Colonia Dignidad aufzulösen und die Pflegebedürftigen in Häusern der Diakonie in Deutschland unterzubringen. (Gespräch mit dem Autor) Die Villa Baviera blieb aber erhalten.[66] Auf Lohse folgten die jeweiligen von der EKD nach Chile entsandten Auslandspfarrer. Sie stießen immer nur bei einer Minderheit der verbliebenen Siedler auf Gehör.

Schäfers Verhaftung und Tod

Schäfer wurde am 10. März 2005 in seinem Unterschlupf in Argentinien wegen sexuellen Missbrauchs an Kindern verhaftet. Im Rollstuhl wurde er zwei Tage später gegen Mitternacht zu einem Flugzeug gefahren, das ihn nach Chile brachte. Eine Auslieferung eines deutschen Staatsbürgers von einem fremden Land in ein anderes kann sich über viele Wochen hinziehen; in diesem Fall waren es 24 Stunden.

Bei seiner Verhaftung waren seine Adoptivtochter Rebeca, deren Ehemann Friedhelm Zeitner, Peter Schmidt (Sohn eines Mitbegründers der Colonia Dignidad), Matthias Gerlach und Renate Freitag (Schäfers Krankenschwester) bei ihm. Es waren Menschen mit gebrochenen Biographien. Rebeca war als Kind in die Colonia Dignidad gekommen und von Schäfer ohne die Einwilligung ihrer Eltern adoptiert worden. Sie blieb 30 Jahre bei Schäfer und war ihm bedingungslos ergeben.

Schäfer und sein Gefolge lebten in zwei Häusern. Hier mögen sich die Erfahrungen niedergeschlagen haben, die die Colonia Dignidad beim

66 Ich habe keine Hinweise gefunden auf einen ausdrücklichen Beschluss, sie nicht aufzulösen.

Kampf gegen den linken Untergrund gewonnen hatte. Die Taktik bestand darin, dass die Untergrundzelle irgendwo ein normal-bürgerliches Leben führte, aber über ein Sicherheitshaus verfügte, über das sensible Kontakte liefen und in dem man Zuflucht finden konnte. Auch sonst hatte Schäfer vorgesorgt und eine falsche Fährte gelegt. Irgendjemand kaufte unverdrossen mit seiner Kreditkarte in Santiago ein, während die Polizei ihn schon in Argentinien observierte.

Die Polizei fand in dem Fluchthaus neben Pornofilmen eine Krücke, die zugleich eine Schießvorrichtung war, einen Aschenbecher, der eine Sprengladung enthielt, ein Kamera-Zoom, mit dem man einen Giftpfeil abschießen konnte, und eine Weste, die schoss, wenn man die Arme hochhielt.

Wo Schäfer in etwa war, wussten die Behörden seit Juli 2003. Die chilenische Polizei hatte registriert, wer zu seinem engsten Kreis gehörte und mit ihm abgetaucht war. 1997 waren Hopp und seine Frau, deren Adoptivsohn Michael, Friedhelm Zeitner, der sich «aus Sicherheitsgründen» Felipe nannte, und Rebeca Schäfer als Vorauskommando nach Argentinien gefahren, um Schäfers Flucht vorzubereiten. Das Vorauskommando hatte 1997 für 700.000 US-Dollar ein Gut gekauft, das als Unterschlupf diente. 1998 kam Schäfer nach. Die Siedler wussten, in welchem Land er versteckt war, drucksten aber, die Augen auf den Boden gerichtet, herum, wenn sie nach ihm gefragt wurden. Der Kollektivzwang und die Bindung an den spirituellen Führer waren stärker als der Wunsch, ihren Unterdrücker der Justiz auszuliefern. Auf nachdrückliches Fragen hin rückten sie schließlich damit heraus, dass er noch lebte und in Argentinien war. An der Fahndung, die dann anlief, waren die Deutsche Botschaft, der Bundesnachrichtendienst und das Bundeskriminalamt beteiligt. Grenzübertritte zum Abheben größerer Geldsummen von Konten in Uruguay, Brasilien, der Schweiz und in den USA ergaben ein brauchbares Fahndungsraster. Schäfer, der an den Nieren und Lungen litt und einen Bypass hatte, musste Ärzte besuchen und Medikamente erhalten. Auch das hinterließ Spuren. Schließlich hatte man Schäfer gefunden. Auch der chilenische Fernsehsender *Canal 13* und der Menschenrechtsanwalt Hernán Fernández hatten nach Schäfer gefahndet. Im Hintergrund wirkte Wolfgang Kneese (= Wolfgang Müller, der 1966 geflohen war).

Nach der Verhaftung saß Schäfers Entourage, zermürbt von sieben Jahren Flucht, in der Falle. Die fünf durften Argentinien lange nicht verlassen. Die Verbindung zu ihren Familien hatten sie längst gekappt.

Rebeca Schäfer wollte zu ihrem Papa nach Chile. Sie hatte ihr Leben für Schäfer geopfert, und nun fiel sie ins Nichts. Sie bekam eine Vision, dass Gott die Kerkermauern bersten lasse wie bei Paulus und Silas (Apostelgeschichte 16, 26) und ihren Vater befreie. Sie nahm einen Bus nach Chile, wurde an der Grenze verhaftet und irgendwann wieder laufen gelassen. Maria Strebe, Schäfers pro forma Ehefrau und tatsächlich seine Pflegerin, war während des Argentinienaufenthaltes gestorben.

Die Colonia Dignidad schickte einen Lastwagen nach Argentinien, wahrscheinlich, um brisantes Material zu holen. Aber er musste unverrichteter Dinge wieder abfahren. Schäfers Günstlinge wollten mit seiner verlassenen Herde nichts mehr zu tun haben. Die Nachfolgekämpfe hatten begonnen.

Schäfer saß seine Strafe von 20 Jahren wegen Kindesmissbrauchs im Krankenhaus des Hochsicherheitsgefängnisses in Santiago ab. Während dieser Haft folgten weitere Gefängnisstrafen. Zu seiner Pflichtanwältin fasste er nach und nach Vertrauen. Als sie ihm sagte, dass sie keinen Antrag auf Haftaussetzung stellen wolle, da es für ihn keinen anderen sicheren Platz in Chile gebe, sagte er nach einigem Nachdenken: «Ja, da haben Sie recht.»

Schäfer hatte schon bei seiner Verhaftung in Argentinien ein ironisches Lächeln aufgesetzt. Dann, in Chile, wurde sein Grinsen gezwungen, und er kicherte über seine Richter. Zum chilenischen Rechtssystem gehört, dass sich Täter und Opfer Auge in Auge gegenüberstehen. Eines der Opfer war der Arzt Luís Peebles, der in der Colonia Dignidad vom Geheimdienst DINA gefoltert worden war und als einer der ersten darüber berichtet hatte. Schäfer erkannte ihn, bestritt es dann wieder, tat, als ob er nicht verstehe, schob es auf die Übersetzung und konnte dann auf einmal wieder Spanisch. Er spielte den törichten Greis. Samuel Fuenzalida, der vor dem Bonner Landgericht als erster Ex-DINA-Mitarbeiter über die Colonia Dignidad ausgesagt hatte, sagte nach der Gegenüberstellung: «Der spielt den Dummen.» Aber als er die Geschichte eines politischen Gefangenen erzählte, den er selbst in die Colonia Dignidad gebracht hatte und der seitdem «verschwunden» ist, fing Schäfer an, an seinen Fingernägeln zu kauen und sich auf die Lippen zu beißen, dass sie bluteten.

Im Rollstuhl saß Schäfer nicht mehr. Er führte mit seinen wenigen Besuchern normale Gespräche, bis er sich selbst dabei ertappte und in seine Trottel-Rolle zurückfiel. Bei Verhören in seiner Krankenzelle empfing er Richter und Rechtsanwälte aufrecht stehend, floh dann in seinen Rollstuhl und war auf einmal taub und blind. Ein gerichtliches Gutachten bescheinigte ihm Verhandlungsfähigkeit. Er sei egozentrisch, heißt es da, kommandiere andere herum und mache sie schlecht. Er sei kalt und unnahbar und seine Fähigkeit zur Selbstkritik sei verringert (*El Mercurio*, 14.3.2006). Zu den Mitgefangenen aus seiner Sekte und zur Villa Baviera wünschte er keinen Kontakt. Sein Lebenswerk wurde, so sagte er, kaputt gemacht von all den Bücherschreibern usw., und jetzt blieb ihm nichts mehr zu tun.

Schäfer starb im April 2010 im Gefängnis. Bei seiner Beerdigung standen eine Handvoll Menschen am Grab. Einer entrichtete den Hitlergruß.

Je länger Schäfer weg gewesen war, desto mehr stellte sich die Nachfolgefrage. Einer der Aspiranten war Hopp. Im November 2004 hatte die Colonia Dignidad ein neues Führungsgremium gewählt, in dem auch Hopp vertreten war. Hopp spielte das Unschuldslamm. Er kehrte seine Arztrolle heraus und sagte, er habe immer nur das Beste gewollt und seine Zwangsbehandlungen im Krankenhaus seien auf Befehl Schäfers erfolgt. Nach Art eines Kronprinzen zog er in Schäfers Wohnung und kutschierte dessen alten Mercedes 300. Aber er begann Affären mit Töchtern von Männern der Führungsclique. Es waren peinliche Onkel-Doktor-Spiele mit den unaufgeklärten Frauen. Nun aber hatte er mit der heimlichen Opposition der Hälfte der Siedler und dem Zorn der Eltern dieser Töchter zu kämpfen. Als Nachfolger Schäfers kam er ohnehin nicht in Frage, da er wegen Beihilfe zum Kindesmissbrauch zu einer Haftstrafe verurteilt war und die Einsprüche gegen das Urteil nur eine Verzögerung waren.

Die Verhaftung Schäfers im März 2005 war per Lautsprecher auf dem ganzen Gelände bekanntgegeben worden und hatte die Herrschaft des virtuellen Führers beendet. Nun meldeten sich neue Zeugen und Aussteiger, wurden schlummernde Prozessakten aus den Schubladen geholt, durchsuchte die chilenische Polizei die Siedlung gezielter und fand die Reste von Massengräbern und vergrabene Autoteile, die «verschwundenen» politischen Gefangenen zugeordnet werden konnten. Es war die Archäologie eines der großen politischen Verbrechen nach 1945. Die Gräber enthielten jedoch keine Überreste der dort im Jahr 1973 und 1974 verscharrten Personen mehr, da diese im Jahr 1978 wieder ausgegraben und verbrannt worden waren. Bis heute sind die Identitäten der Ermordeten sowie die Namen der meisten Täter nicht bekannt. Führungsmitglieder der Colonia Dignidad haben gestanden, Fahrzeuge mit mehreren Dutzenden Gefangener in den Wald gefahren zu haben. Zuvor hatten sie dort Gruben ausgehoben. Die Schüsse hätten sie später jedoch nur aus der Ferne gehört.

Ende Mai 2005 saßen Hopp, Mücke und Van den Berg im Gefängnis. Als im Juni 2005 die Container mit Waffen gefunden wurden, klappte Hopp wieder einmal zusammen und war selbstmordgefährdet. Von den chilenischen Komplizen war neben Contreras, dem DINA-Offizier Laureani und Krassnoff auch Hugo Cardemil in Haft. Die Helden von einst beschuldigten sich gegenseitig. Mücke sagte, er habe nur Befehle Schäfers ausgeführt, Schäfer sagte, er habe nichts befohlen. Contreras beschuldigte Schäfer und umgekehrt.

Die Colonia Dignidad nach Schäfers Tod

Von der Colonia Dignidad zur Villa Baviera

Nun mauserte sich die Colonia Dignidad zur Villa Baviera.[67]

Der Name «Villa Baviera» war weniger belastet als «Colonia Dignidad», hatte aber den Haken, dass es Schäfer war, der ihn zur Ablenkung eingeführt hatte. Die chilenischen Menschenrechtsorganisationen lehnten den neuen Namen als Reinwaschaktion ab. Er stand nicht für einen Neuanfang, sondern für einen Generationenwechsel. Die Kinder der Täter wollten ohne Makel leben. «Villa Baviera» nutzte sich aber auch ab. «Heute gibt es eine neue Villa Baviera, im Geiste *(anímicamente)* errichtet von den Jungen und Mädchen, die während einer langen Gefangenschaft geboren wurden», heißt es in einer Erklärung vom Oktober 2015, die den Zweck hat, den Opfern die Entschädigung zu verweigern (s. u.).[68]

Die früheren Siedler sind heute in drei Gruppen zerfallen. Mehr als 100 von ihnen leben immer noch in der Villa Baviera, darunter viele Alte und Pflegebedürftige. Eine weitere Gruppe lebt in Chile außerhalb der Villa Baviera. Davon hat sich ein Teil in die chilenische Gesellschaft integriert, ein anderer lebt stigmatisiert und marginalisiert und kehrt gelegentlich in die Siedlung zurück. Eine dritte Gruppe von über 100 Menschen lebt in Deutschland und eine Familie in Österreich.

Die deutschen Siedler in Chile außerhalb der Villa Baviera

Die Wagemutigeren verließen den Schreckensort. Etwa 50 frühere Siedler blieben in Chile, weil sie nicht die deutsche Staatsangehörigkeit hatten, familiär gebunden waren oder eine individuelle Perspektive für

67 Ich benutze «Colonia Dignidad», wenn es um die Siedlung bis 1990 geht, «Ex-Colonia Dignidad», wenn es um die Siedlung von heute geht (beide Male als historischer Ort), und «Villa Baviera», wenn es um die Postadresse, die Veranstalter der Oktoberfeste, die Empfänger der deutschen Gelder und die heutigen Wirtschaftsunternehmen usw. geht (also als Körperschaft).

68 http://ciperchile.cl/2015/10/19/lideres-de-villa-baviera-niegan-validez-de-acuerdo-para-indemnizar-a-victimas-de-schafer/

sich sahen. Sie hatten Mühe, sich in dem Land, das nicht ihr eigenes war, zurechtzufinden. Sie trafen anfangs auf Misstrauen und Feindseligkeit. Man rief ihnen «*asesinos*» (Mörder) nach. Ein chilenisches Opfer Schäfers, Eduardo Salvo, verließ Parral, weil er auf der Straße beschuldigt wurde, Schäfer denunziert zu haben. Wirtschaftlich standen sie vor dem Nichts. Kulturell mussten sie mühsam in die chilenische Gesellschaft eingeführt werden. Sie konnten kaum Spanisch. Der Umgang mit Geld und gar mit verschiedenen Währungen war neu für sie, die Bedienung eines Automaten so schwer wie für ein kleines Kind.

Die Ex-Siedler in Chile, die den Absprung geschafft hatten, sind untereinander nicht organisiert. Ihre Interessen vertritt der in der Colonia Dignidad geborene Winfried Hempel. Er studierte nach seinem Schritt in die Freiheit Jura und führte oder führt eine Reihe von Prozessen gegen die alte Führung und die Villa Baviera, bei denen es häufig um Schadensersatzansprüche geht. Einige Zeit lang gab es einen runden Tisch zwischen denen drinnen und draußen.

Die zwangsadoptierten Chilenen

Die etwa 20 zwangsadoptierten Chilenen mussten mit disparaten Identitäten zurechtkommen. Menschen wie Schäfers Ziehtochter Rebeca sehen aus wie bäuerliche Chilenen, haben (neben den gekauften exotischen) chilenische Pässe und sprechen das Deutsch der fünfziger Jahre. Matthias Gerlach, der ebenfalls mit Schäfer nach Argentinien gegangen ist, ist der Sohn einer armen chilenischen Bäuerin. Sie wurde 1971 mit ihrem neugeborenen Kind Carlos, das sie noch stillte, wegen einer Lungenentzündung ins Krankenhaus der Colonia Dignidad gebracht, wo sie kurz darauf starb. Die Deutschen behielten das Kind. Als die Familie den Kleinen zurückhaben wollte, wurde sie bedroht, und als dann der Putsch kam, war die Colonia Dignidad für sie völlig unzugänglich. 1974 adoptierte das Ehepaar Baar den kleinen Carlos, der von den Deutschen Matthias genannt wurde. Als die Baars 1985 flohen, ordnete Schäfer eine zweite Adoption durch ein Ehepaar Gerlach an. Matthias war ein intelligenter Junge und wollte Arzt werden. Solche Flausen trieb man bei Schäfer der Jugend aus. Er wurde Baggerfahrer und Schäfers Lieblingsjünger mit allen Vergünstigungen und Vergewaltigungen, die das mit sich brachte. Für Menschen mit solchen Identitäten gibt es auf der Welt kein Zuhause.

Einige schafften es trotzdem. Einer davon ist Efrain Vedder, der 1967 ein paar Wochen nach seiner Geburt wegen eines Fiebers ins Krankenhaus der Siedlung gebracht wurde. Die Deutschen gaben auch ihn nicht zurück. Als Schäfer weg war und die Disziplin sich lockerte, brach er 2002 nach 35 Jahren mit der Sekte. Er gab in einer Gemeindeversammlung bekannt, dass er gehen werde. Da wurde der Schläger, Folterer und Mordgehilfe Mücke blass und bekam einen seiner Zitteranfälle. Er sagte: «Wenn Gottes Geist am nächsten ist, geht der Deibel», aber Vetter ließ sich nicht beirren und ging. Über ein Jahr lang schlug er sich mit Gelegenheitsarbeiten durch, hungerte und übernachtete manchmal im Freien, bis er auf Menschen traf, die die Problematik seiner Herkunft verstanden. Vedder verlangte von der Siedlung eine Entschädigung für die 13 Jahre, in denen er gearbeitet und Lohnzettel unterschrieben hatte, ohne einen Peso dafür zu bekommen. Die Siedlungsleitung ging nicht darauf ein. Daraufhin packte er gegenüber der Kriminalpolizei aus. Als die Medien von seiner Existenz erfuhren, bekam die Colonia Dignidad ein weiteres Mal ungewollte Publizität. Zum ersten Mal trat ein Aussteiger vor die Fernsehkameras. Für Vedder wurde die Lage bald brenzlig. Er wurde zweimal überfallen und trug Platzwunden an Mund und Schädel davon. Beide Male schrien ihn die Angreifer an, dass er zuviel rede. Er flog nach Deutschland, das Land, dessen Sprache er sprach, dessen Pass er nicht hatte und in dem er nicht bleiben konnte. Zusammen mit seinem Koautor Ingo Lenz schrieb er seine Erinnerungen «Weg vom Leben» nieder. Zurück in Chile, deckte er den harten Kern der Siedlung mit Klagen ein. Für Vedder waren Buch, Prozesse und Verhaftungen Therapie; er hatte gelernt, seine früheren Unterdrücker zu hassen.

Die Villa Baviera

Auch nach Schäfers Verhaftung gestaltete sich die Demokratisierung der Siedlung mühselig. Die alte Führung war desorientiert. Hopp blockierte die Vorbereitungen für eine Wahl und sagte «Trachtet am ersten nach dem Reich Gottes». Schließlich wurde der jüngere Michael Müller zum Bürgermeister gewählt. Auch Hopp hatte kandidiert, aber 26 Stimmen weniger bekommen. Daraufhin machte er Müller psychisch fertig. Müller erlitt nach ein paar Monaten einen Nervenzusammenbruch. Reformwillige Siedler verließen die Colonia Dignidad nach und nach, und ein harter Kern von Schäferanhängern blieb. «Wir haben Befehle befolgt, hart gearbeitet und als Gemeinschaft gelebt, wie man uns geheißen hatte», sagten sie (*El Mercurio* 27.8.2005). Der Zaun und das an deutsche Konzentrationslager erinnernde Eingangstor waren tägliche Verweise auf die Vergangenheit. Das Eingangstor wurde schließlich abmontiert und zum Alteisen gelegt – eine unfreiwillig symbolische Geste der Vergangenheitsentsorgung.

Besucher wurden nur selektiv eingelassen. Im August 2005 wollte der ehemalige Generalsekretär der deutschen Sektion von *Amnesty International*, Helmut Frenz, die Siedlung besuchen und stand vor einem verschlossenen Tor. Sogar ehemaligen Bewohnern ging es so.

Da eine komplette Generation fehlt, ist die Alterspyramide extrem ungünstig. Die Mehrzahl sind Alte und Pflegefälle. Mittlerweile sind viele der jüngeren Siedler verheiratet und haben Kinder. Die Erwachsenen, die noch arbeiten können, rackern sich auf Besitz ab, der wegen Steuerschulden und offener Ansprüche auf Schadensersatz beschlagnahmt worden ist. Sie bezahlen von ihren Tageseinnahmen die Alten, die Kinder, laufende Ausgaben, einige Ausbildungen und Rechtsanwälte. 2005 hatte die Villa Baviera fünf Rechtsanwälte, die monatlich 15.000 € kosteten. Ganz gleich, was geschah, diese Rechtsanwälte waren die Gewinner.

Freuds Aufsatz *Massenpsychologie und Ich-Analyse* gibt einen Hinweis darauf, was mit der hirtenlosen Herde ohne Hilfen und Stützen von außen hätte passieren können. Der «Verlust des Führers» kann, so Freud, Panik auslösen. Wenn die von der gemeinsamen Liebe zum militärischen Führer gestifteten «gegenseitigen Bindungen» wegfallen, wird eine «riesengroße, sinnlose Angst» frei. Für religiöse Massen nimmt Freud, ohne mit einem realen Beispiel aufwarten zu können, bei deren Zersetzung «rücksichtslose und feindselige Impulse gegen andere Personen» an (Freud 1999 S. 101 ff). Eben das trat in der Colonia Dignidad ein. Es verbreitete sich Weltuntergangsstimmung. Nach einer Initiative von Bundestagsabgeordneten im Jahre 2001 schrieb die Villa Baviera, das Leben von 300 Menschen, «von Neugeborenen und noch nicht Geborenen bis zu Alten in den letzten Tagen ihres Lebens» solle zerstört werden, dies sei «der Stil des faschistischen Holocaust». Nach Schäfers Abtauchen und vor allem nach seiner Verhaftung fingen die Siedler an, untereinander alte Rechnungen zu begleichen. Vor allem aber rechnet Freud mit Panik bei Zerfall «künstlicher Massen» wie Kirche und Heer. Wenn es im Falle der Colonia Dignidad keine Anzeichen von kollektiver

Panik gab, dann doch Verfolgungswahn, unbegründete Ängste, übersteigerte Sicherheitsbedürfnisse, Selbstmordgefahr und persönliche Zusammenbrüche. Situationen, in denen nicht alles erkennbar organisiert war, lösten bei Einzelnen panische Momente aus. Es gab eine Phase der «Anarchie», so eine damalige Bewohnerin. Jeder nahm sich, was zu holen war, und machte es, wenn möglich, zu Geld. Die Kleiderkammer, in der aufbereitete Kleider aus Sammlungen in Deutschland zum Verkauf an eine chilenische Ladenkette hingen, wurde geplündert. Die Waren wurden säckeweise in Concepción verkauft. Der Container, in dem sich Schäfer bei Durchsuchungen versteckt hatte, wurde ausgegraben und ebenfalls verkauft. Einen kollektiven Zusammenbruch zu verhindern war nach Schäfers Verhaftung das Gebot der Stunde.

Die deutsche Botschaft wusste um diese Gefahr und begann eine Serie von Konsularsprechtagen. Sie war in einem Dilemma. Die älteren Siedler wussten, dass die Botschaft während der Diktatur mit Schäfer gekungelt hatte, und alle wussten, dass sie jetzt etwas gegen die frühere Leitung der Colonia Dignidad unternahm, mit der sie in Hassliebe verbunden war. Im verwirrten Bewusstsein des Siedlerkollektivs, das wegen seiner verzerrten Zeitökonomie keine Phasen unterscheiden konnte, wurde dieser Widerspruch zu einem *double bind*.

Die deutsche Botschaft hatte jedes Jahr einen Brief an die Villa Baviera geschickt und einen Konsularsprechtag angeboten. Nun schlug der neugewählte Bürgermeister Michael Müller vor, das Angebot anzunehmen. Die Alten waren dagegen, aber Müller setzte sich in einer Versammlung durch. Der Konsularsprechtag sollte sich als Zäsur in der Geschichte der Siedlung erweisen. Im August 2004 besuchten acht Botschaftsmitarbeiterinnen und -mitarbeiter die Villa Baviera. An Schreibtischarbeit gewöhnt, waren sie plötzlich mit dem Zerfall der Psychosekte konfrontiert. Bald nach der Begrüßung löste sich, wie die Siedler berichten, ein Bann. Etwa 30 Siedler berichteten zum ersten Mal in ihrem Leben von ihren Erfahrungen. Gudrun Müller, die an diesem Tag Pfortendienst hatte, empfing die Botschaftsmitarbeiter. Bei der anschließenden gemeinsamen Sitzung durften die Siedler zum ersten Mal unkontrolliert reden. Gudrun Müller berichtete als erste. Sie sprachen zweieinhalb Stunden lang. Der Name Paul Schäfers fiel an diesem Abend nicht, und in Dokumenten der Villa Baviera aus dieser Zeit wird er zum neutralen «P. S.» oder zu «dem Betreffenden» oder zu «O» (von Onkel). Schließlich beendete Hopp die Versammlung mit einer Verteidigungsrede, in der er sagte: «Ich habe mich noch nicht von meiner persönlichen Schuld für das Geschehene überzeugen können.» Der Besuch der Botschaftsmitarbeiter musste auf drei Tage verlängert werden. Dann legte sich der alte schäfersche Säureschleier wieder über die Siedlung. Hopps Frau Dorothea Witthahn soll ein paar Tage später gesagt haben, das «aus Anlass des Konsularsprechtags Geschehene (sei) der größte Verrat an der Gemeinschaft (gewesen), der jemals geschehen sei». Botschaftsmitarbeiter Martin Schäfer schrieb einen Bericht über seinen Besuch, der das hellsichtigste Dokument zur Colonia Dignidad im Archiv des Ministeriums ist. Schäfer schlägt in dem Bericht zur Weiterarbeit vor:

- Intensivierung der Fahndung nach Paul Schäfer
- Psychologische Betreuung und Therapierung der Bewohner
- Seelsorgerliche Arbeit
- Konsularische Betreuung, um den Informationsfluss aufrechtzuerhalten, Vertrauen aufzubauen und Einfluss zu gewinnen
- Eine Stellungnahme der Botschaft zur Wiederaufnahme der Rentenzahlungen

Bundesaußenminister Fischer billigte die Vorschläge, und sie wurden umgesetzt. Den Botschaftsangehörigen Martin Schäfer und Ulrich Fischer gelang es, die von Paul Schäfer gezüchteten Aversionen gegen die Botschaft abzubauen. Das war bei einer Serie von Konsularsprechtagen, bei denen vor allem nach Schäfers Verhaftung Hilfeleistungen für die Bewohner griffen. Die Botschaft organisierte und finanzierte psychologische Betreuung. Die beauftragten Psychologen mussten sich mit dem einmaligen Fall einer von einer kollektiven psychischen Krankheit befallenen Gruppe von Menschen auseinandersetzen. Die Psychologen konnten kaum mehr tun als den Wahnsinn in kontrollierten Bahnen zu halten.

Das Auswärtige Amt hatte mit der Evangelischen Kirche von Deutschland (EKD) vereinbart, dass ein Seelsorger sich um die Siedler kümmern sollte. Der Bremer Pfarrer Timm Lohse versuchte, eine Alternative zu Schäfers Hassreligion anzubieten. Die Bewohner konnten sich Bücher wünschen, auch Bibeln, die sie ja bis dahin nicht haben durften. Lohse organisierte die Sendung.[69]

Lohse schlug auch vor, die Villa Baviera («verseuchtes Gelände») zu schließen und die pflegebedürftigen Alten in deutsche diakonische Ein-

69 Eine Siedlerin berichtet, Gerd Seewald habe einen Teil der Bücher in seiner Schrumpfbibliothek eingeschlossen.

richtungen zu bringen (Gespräch Lohses mit dem Autor). Das geschah nicht.

Nach Lohses Besuch in der Siedlung kümmerten sich die jeweiligen von der EKD nach Chile entsandten Pfarrer um Schäfers Herde ohne Hirt. Nur wenige wollten ihnen zuhören. Das mittlerweile reuige Ehepaar Gisela und Gerd Seewald gehörte dazu. Ich war bei einer dieser Andachten dabei: etwa 15 Menschen, in der Mehrzahl Kinder.

Das Auswärtige Amt finanzierte weiterhin eine wirtschaftliche und technische Beratung durch die Gesellschaft für internationale Zusammenarbeit (GTZ, dann GIZ). Die gesamte Hilfe belief sich auf etwa eineinhalb Millionen Euro. Es war eine haushaltsrechtlich gewagte Konstruktion. Zweck war «die Integration der Villa Baviera in die chilenische Gesellschaft» – faktisch ging es um ihr Weiterbestehen. Diese Hilfe trug dazu bei, dass die Villa Baviera ihre Insolvenz verschleppte, und verfestigte die Funktion der neuen Führung, statt die Siedlung zu öffnen. Seelsorge und Therapie, auch die Hilfe für die Schule, waren sinnvoll, aber ob willentlich oder nicht, die deutschen Steuergelder wurden für die Notbeatmung einer Siedler-Restgemeinschaft verbraucht, die wegen ihres anhaltenden Sektierertums das wirtschaftliche Potential der Siedlung nicht nutzen konnte.[70]

Den Beratern von GTZ/GIZ gelang es nicht, sich Klarheit über die absichtsvoll verwickelten Unternehmen auf dem Gelände der Villa Baviera zu verschaffen. Die GIZ schlug vor, den Waldbestand zu kartieren, die Villa Baviera ging nicht darauf ein. Stattdessen verkaufte sie eine Holzfällkonzession an ein privates Unternehmen, das illegale Wege in den Wald schlug und sich an den guten Stämmen bediente. Die Maschinen und Fahrzeuge der Siedlung waren überaltert und wurden mit viel Phantasie und Mühe repariert. Gebäude verfielen. Die de facto-Manager der Siedlung sperrten sich gegen Ratschläge der Experten. Unter der Überschrift «Marktstrategie» steht unterstrichen die reichlich angestaubte Empfehlung: «Wichtig: Die Kunden nicht belehren, sondern manipulieren!» Die Welt hinter dem Zaun wurde also weiter als feindselig wahrgenommen.

Schäfers Strategie der wirtschaftlichen Autarkie hatte nur unter Bedingungen von Sklavenarbeit funktioniert, die Verschlankung zu einem

70 Die aus AA-Mitteln bezahlte wirtschaftliche, seelsorgerische und psychologische Betreuung begann 2005/2006. Ab 2008 wurde im Haushalt des AA der Posten «Maßnahmen zur Unterstützung der Villa Baviera in Chile» mit 250.000 Euro aufgeführt. Diese Mittel liefen in ähnlicher Höhe jährlich bis Ende 2013 weiter.

normalen kapitalistischen Unternehmen stand in einem Dauerkonflikt mit dem Sektierertum in den Köpfen. Die kapitalistische Inwertsetzung (Marx) der Siedlung und der Konkurrenzdruck von außen stellten die ans Improvisieren gewöhnten Siedler vor Aufgaben, denen sie nicht gewachsen waren. In dieser Situation bildete sich eine mafiose Führungsclique heraus, zu der einige Kinder der alten Führung gehörten. Sie kauften die Aktien, die Schäfer gegen Ende der Diktatur nach dem Gießkannenprinzip verteilt hatte, unter dem mutmaßlichen Wert auf. Die neue Führung herrschte nicht durch Gewalt und Misshandlungen, sondern durch den «stummen Zwang der Verhältnisse» (Marx). Die Villa Baviera schaffte es nicht, zu einem effektiv und rational arbeitenden Unternehmen zu werden, und stand immer wieder vor der Insolvenz, was sich bis heute nicht geändert hat. Der damalige Leiter der GIZ in Chile resümierte, dass der deutsche Staat sich die wirtschaftliche Hilfe hätte sparen können.[71]

Konterkariert wurde ihre Arbeit von GTZ/GIZ durch den privaten bundesdeutschen Berater Falk Spahn. Spahn tauchte regelmäßig in der Siedlung auf. Er hatte kein Amt inne und keine Arbeitserlaubnis, kommandierte aber herum. Spahn hatte sich bei Insolvenzen früherer DDR-Firmen einen zweifelhaften Namen gemacht und vervielfachte nun auch die Schuldenlast der Villa Baviera. 2013 ging er nach Deutschland zurück.

Die chilenische Regierung traf eine minimale Rentenregelung für die chilenischen Bewohner der Colonia Dignidad, ignorierte aber die Deutschen. Der Vorschlag der «Not- und Interessengemeinschaft für die Geschädigten der Colonia Dignidad» die Siedlung zu einer Genossenschaft zu machen, sie für ihr eigenes Überleben wirtschaften zu lassen und einen

71 Es wurden Aufträge über insgesamt 380.000 Euro an die GIZ erteilt. Dieses Geld wurde nach Abzug der Verwaltungskosten im Wesentlichen für Beratungen durch Experten und lokale Gutachter ausgegeben. Investitionszuschüsse gab es für eine Maschine zur Vakuumverpackung (von Fleisch- und Wurstwaren sowie Käse), eine Maschine zur Wärmeversiegelung und einen Backofen (Kombi Steamer). Der finanzielle Umfang dieser Hilfen war zu gering, als dass sie nachhaltig hätte wirken können. Größer war ihre psychologische Wirkung. Die Villa Baviera konnte sich bei Verhandlungen mit Banken auf die Rückendeckung durch die deutsche Botschaft berufen. Da die deutsche staatliche Hilfe den dubiosen Firmen der Villa Baviera zu Gute kam, stärkte sie deren Geschäftsführer, die zu anerkannten de facto-Vertretern der Siedlung wurden. Zugleich ging die Hilfe nicht mit einer Aufarbeitung der Vergangenheit einher.

Fonds für alle Opfer, also auch für die gefolterten Chilenen und die Angehörigen der «Verschwundenen» einzurichten, wurde nicht aufgegriffen.

Der chilenische Staat beendete, wie erwähnt, im August 2005 mit einem polizeilichen Großaufgebot, an dem Panzerwagen, Wasserwerfer und ein Hubschrauber beteiligt waren, den Sonderstatus der Siedlung. Nach Schäfers Verhaftung und den Waffenfunden im selben Jahr trat ein 1999 vom Rat zur Verteidigung des Staates (CDE) eingeleitetes Untersuchungsverfahren wegen der Bildung einer kriminellen Vereinigung in das entscheidende Prozessstadium und gab einer Richterin die Handhabe, einen staatlichen Zwangsverwalter für die Sektensiedlung und ihre zahlreichen Tarnfirmen einzusetzen, der sofort begann, mit acht Mitarbeitern die Bücher zu prüfen. Neun dem Militär nahestehende Rechtsanwälte legten Rechtsmittel ein. Der Staatssekretär im Innenministerium Jorge Correa besuchte die Siedlung und kündigte an, dass dort alle üblichen öffentlichen Dienstleistungen eingerichtet würden. Nach 23 Tagen kassierte ein Richter das Urteil, das die Einsetzung des Zwangsverwalters ermöglicht hatte, wogegen wiederum ein Rechtsanwalt des Innenministeriums Berufung einlegte. Dieses Kompetenzgerangel über den Köpfen einer Opfergruppe, die dringend stabile Verhältnisse brauchte, war Teil des staatlichen Unvermögens gegenüber der Schäfer-Sekte.

Die Polizeiaktion sollte «die Arbeiter und die einfachen Leute befreien», begründete die Richterin am CDE den operettenhaft-militärischen Einmarsch durchs offene Tor. Der schäferhörige Teil der Siedler wollte aber nicht befreit werden. Diese Menschen verloren nun die Geborgenheit ihrer Zwangsgemeinschaft. Normale Bürger waren sie jetzt, sagte die Richterin, aber dieser Einbruch der Normalität in den hinter dem Zaun kultivierten Wahnsinn machte ihre Lage nur noch komplizierter. Es gab für sie keine Heimat mehr. Kurz vor der Einsetzung des Zwangsverwalters hatte eine größere Zahl von Sektenmitgliedern versucht, nach Deutschland zu fliegen. Am Flughafen in Santiago hinderte die Polizei den nach Schäfers Verhaftung gewählten Sektensprecher Michael Müller wegen schwebender Untersuchungsverfahren an der Ausreise. Müller hatte wegen psychischer Probleme die Siedlung verlassen. Er und etwa 40 Deutsche, gegen die ein Ausreiseverbot bestand, saßen nun in der Falle. Chile war für sie ein unvertrautes Transitland zur unbekannten Heimat Deutschland. Hopp erlitt einen Infarkt und musste aus seiner Zelle ins Krankenhaus verlegt werden.

Die Staatsintervention hatte die mit Mühe aufgebauten neuen Strukturen ins Wanken gebracht. Nun bekamen die zum Siedlerkollektiv gehörenden Chilenen die Oberhand. Sie hatten nicht den Ausweg, nach Deutschland gehen zu können. Sie und einige technische Kader machten nun die wichtigsten Arbeiten. Siedlungssprecher wurde Dennis Ricardo Alvear, den Hopp als Spion in den Dorfrat geschleust hatte und der nun mit dem Reformflügel arbeitete. Die Episode eines «Dorfrates» unter Beteiligung der chilenischstämmigen Siedler war ein unbeholfener Versuch, mit den alten Strukturen zu brechen. Es dauert nicht lange, und die Kinder der alten Führungsriege saßen wieder an den Schaltstellen. Diese neue Generation vollzog einen Kompromiss zwischen Tradition und Öffnung. Was sie Neuanfang nannten, war der Versuch, eine geläuterte Gemeinschaft am entkontaminierten Tatort fortzuführen. Ihren Enklavencharakter hat die Colonia Dignidad – Villa Baviera bis heute behalten. Die Integration in die chilenische Gesellschaft, für die die BRD 1,5 Millionen Euro ausgegeben hat, ist missglückt.

Der Reformflügel war immer in einer Minderheitsposition von etwa einem Drittel, denen die unverbesserlichen Schäferanhänger gegenüberstanden. Er arbeitete mit der deutschen Botschaft, dem vom Auswärtigen Amt beauftragten deutschen Pfarrer und dem deutschstämmigen Chilenen Herman Schwember (ab 2005 für eineinhalb Jahre Beauftragter der chilenischen Regierung für die Siedlung) zusammen. Schwember sollte durch ein Paket wirtschaftlicher und sozialer Maßnahmen den Zerfall der Siedlung verhindern. Er besuchte die Siedlung einmal in der Woche. Bei einem dieser Besuche durfte ich ihn begleiten. Das Auto wurde von Kriminalpolizisten des *Quinto* gesteuert.

Schwember hat seine Erfahrungen in dem Buch *Delirios e Indignidad: El Estéril Mundo de Paul Schäfer (Delirien und Unwürde: die sterile Welt Paul Schäfers)* niedergeschrieben. Es wurde 2009 nach dem Tod des Autors veröffentlicht. Kaum jemand hatte zuvor so guten Zugang zu den Bewohnern der Siedlung gehabt. Der deutsche und der chilenische Staat strebten an, sie in der Villa Baviera zu belassen und ihnen eine verlässliche Zukunftsperspektive zu bieten. Als Schwember sah, dass die chilenischen Behörden alle praktischen Vorschläge ignorierten oder sabotierten, trat er von seinem Amt zurück und schrieb sein Buch. Es ist voller Bitterkeit. Wegen der vielen persönlichen und direkten Erfahrungen, die darin eingehen, möchte ich hier seine Schlussfolgerungen wiedergeben.

Schwember versucht, in Schäfers unvergleichlichen Verbrechen eine Logik zu finden. Ein Schlüssel ist der Missbrauch der Religion. Was in der Colonia Dignidad geschah, war weder konspirativ noch nationalsozialistisch inspiriert noch «das persönliche Programm eines Heruntergekommenen» (denn das war Schäfer nach Ende des Zweiten Weltkriegs). Schwember findet eine «Gewaltkultur als Teil der Gewohnheitsbeziehungen zwischen den Mitgliedern der Gemeinde». Die Siedler waren «ein Haufen verschreckter Kranker, die mit dem Schrecken, in dem sie lebten, glücklich waren». Ihre Überlebensstrategien waren Heuchlerei und Oberflächlichkeit. Die richtige Antwort war die, die einem die wenigsten Schläge einbrachte; wer auffiel, gefährdete sich selbst. Schwember deutet an solchen Stellen an, dass die Colonia Dignidad als ein System funktionierte, an dem Unterdrücker und Unterdrückte aktiv mitarbeiteten.

Nach Schäfers Flucht und seiner Verhaftung entwickelte die bis dahin mit Zwang zusammengehaltene Sekte eine zentrifugale Dynamik. Da die Besitzverhältnisse unklar waren, begannen Verteilungskämpfe. Wenn aber Druck von außen kam – etwa durch juristische Schritte –, hielten alle wieder zusammen und befolgten einen «Pakt des Schweigens».

Schwember weiß auch, wovon er spricht, wenn er sagt: «Die deutschen Behörden wollten, dass das gesamt Thema so bald wie möglich der Vergangenheit angehören sollte, dass die Grundrechte der deutschen Staatsbürger garantiert sein würden, und dass das Thema aus der öffentlichen Debatte in Deutschland verschwinden würde. In der Praxis hatten sie kein wirkliches Interesse, dass Schäfer und seine Komplizen bestraft würden, sondern vielmehr, dass sie vergessen würden.» (S. 117, 283) Immerhin sagt er, die deutsche Botschaft in Chile habe sich kohärent verhalten. Um die Menschenrechte, und besonders die der chilenischen Opfer, habe sie sich nicht gesorgt. Der chilenischen Seite wirft Schwember Unfähigkeit, Bürokratie und sogar Lügen vor. Niemand im chilenischen Staat habe irgendein Risiko eingehen wollen. Die deutsche Diplomatie habe deswegen schließlich resigniert: Es geschehe eben nichts, und das schaffe auch keine Probleme in Deutschland, so Schwember.

Eine Lösung für die Bewohner der Villa Baviera wurde an so gut wie jeder Stelle von chilenischer Seite verhindert. Nach Schwember hätte eine koordinierte und sachbezogene Problemlösung ein Fortschritt für die Menschenrechte bedeutet. Opfer hätten entschädigt und Verbrechen aufgeklärt werden können. Schwembers Fazit: «Ein intelligenterer, professionellerer, systematischerer und mehrdimensionalerer Umgang (mit der Colonia Dignidad, D. M.) hätte bereits viel mehr Information erbracht und den Bereich der möglichen Wahrheit erweitert, wenn er auch immer begrenzt sei wird.» (S. 326). Soweit Schwember.

Die Reformer lockerten die noch immer strenge Kleiderordnung. Einige Frauen trugen das Haar jetzt etwas offener. Kaum eine wagte, etwas anderes als die aus der Gründungszeit stammende Schwesterntracht anzuziehen. Jeans und T-Shirts konnten zu einer Zerreißprobe zwischen den Frauen werden. Schmuck blieb verpönt, er «brannte auf der Haut».

Die Führungsstruktur blieb diffus. Jede neue Verhaftung von Führungspersönlichkeiten wirbelte das Gefüge durcheinander. Anfang 2006 wurde Mücke, der aus der Untersuchungshaft entlassen worden war, erneut verhaftet und kurz darauf nach einem Teilgeständnis auf eine Kaution von 100.000 Pesos (etwa 170 €) freigelassen. Seine und Kurt Schnellenkamps Anwesenheit in der Siedlung kamen dem archaischen Bedürfnis nach einem Führer entgegen und bildeten eine Barriere gegen die Demokratisierung. Die Ärztin Gisela Seewald wurde verhaftet, legte ein umfassendes Geständnis ab und kam bald wieder frei. Sie glaubte weiter, dass sie den Teufel mit Elektroschocks und Psychopharmaka austreiben musste, gestand sich aber ein, dass sie ihren ärztlichen Eid verletzt hatte. Gerd Seewald, der Buchhalter des Bösen, wurde verhaftet und bald darauf wieder entlassen. Ich sah beide bei einer Andacht des evangelischen Pfarrers, sie zusammengefallen in einem uralten Rollstuhl, den sie wegen eines Unfalls vor vielen Jahren, bei dem Hopp am Steuer gesessen hatte, benutzen musste; er vom Alter gebeugt. Beide gehörten dem Reformflügel an.

Richter Zepeda ließ einige Zeit lang keinen klaren Kurs erkennen. Er behandelte Fege und Malessa als Kronzeugen, was nach chilenischem Recht nicht geht. Das 2005 aufgefundene Archiv der Colonia Dignidad erklärte er zum Staatsgeheimnis und gab erst unter dem Druck anderer ermittelnder Richter im April 2006 Teile davon für andere Prozesse frei. Zepeda hatte im September 2005 ein Verfahren gegen die Colonia Dignidad wegen Bildung einer kriminellen Vereinigung an sich gezogen, aber erst 2014 ein Urteil gefällt, als mehr als die Hälfte der 18 Beschuldigten tot oder geflohen waren. Wiederum wurden Gisela Seewald und einige Männer der Führungsclique verhaftet. Mücke, den ich wenige Wochen zuvor aufrecht gehend, mit festem Händedruck und befehlsgewohnter Stimme erlebt hatte, erschien nun im Rollstuhl, wie es Pinochet und Schäfer vor ihm gehalten hatten, wenn sie der Justiz gegenüberstanden.

Die Verurteilten legten Berufung ein. Im Dezember 2015 bestätigte das Appellationsgericht in Santiago das Urteil. Es fasste alle Verbrechen der Colonia Dignidad, also Waffenhandel und -schmuggel, Kindesmissbrauch, Mord und Folter und Misshandlung der Sektenmitglieder zusammen. Kurt Schnellenkamp, Gerhard Mücke, Karl van den Berg (einer von Schäfers Sicherheitsleuten) und zwei DINA-Offiziere erhielten lächerliche vier Jahre Haft.

Die Verteidigung ging in die Berufung. Erst Ende Dezember 2016 verkündete der chilenische Oberste Gerichtshof nach 17 Jahren Verfahrensdauer das letztinstanzliche Urteil in Sachen «Bildung einer kriminelle Vereinigung»: Drei ehemalige Führungsmitglieder der Colonia Dignidad und zwei Mitglieder der DINA wurden zu jeweils fünf Jahren und einem Tag Haft verurteilt. Der Oberste Gerichtshof erhöhte damit die in erster und zweiter Instanz verhängten Haftstrafen von vier Jahren. Die verurteilten Colonia-Mitglieder waren Karl van den Berg (wegen Beteiligung an der Herstellung von und Handel mit Kriegswaffen), Kurt Schnellenkamp und Gerhard Mücke. Schnellenkamp und Mücke verbüßten bereits eine Haftstrafe und dürften deshalb das Gefängnis zu Lebzeiten nicht mehr verlassen. Van den Berg wurde im Februar 2017 inhaftiert. Die verurteilten Chilenen waren Pedro Espinoza und Fernando Gómez, die beide schon wegen zahlreicher Urteile einsaßen. Vier weitere Mitglieder der deutschen Sekte wurden freigesprochen.

Während der langen Verfahrensdauer waren sechs der Angeklagten verstorben. Drei hatten sich dem Verfahren entzogen, indem sie nach Deutschland geflohen waren (Hartmut Hopp, Hans Jürgen Riesland und der bereits verstorbene Albert Schreiber).

Das Urteil befasst sich zum ersten Mal juristisch damit, dass Führungsmitglieder der Colonia Dignidad gemeinsam mit Agenten der DINA eine kriminelle Vereinigung gebildet hatten, die hierarchisch organisiert war und jahrzehntelang systematisch geplante Verbrechen beging. Zu diesen Verbrechen gehörten das Entführen, Foltern und Ermorden von GegnerInnen der chilenischen Militärdiktatur, die Herstellung von und der Handel mit Kriegswaffen, das Ruhigstellen von Sektenmitgliedern durch Psychopharmaka und Elektroschocks (schwere Körperverletzung) und der sexuelle Missbrauch. Colonia Dignidad und DINA kooperierten eng miteinander, Sektenmitglieder installierten Funkanlagen in verschiedenen DINA-Dependancen, und auf dem Gelände der Siedlung wurden Folter- und Sprengstoffkurse für chilenische Agenten abgehalten, so das Urteil.

Opfervertreter und Menschenrechtsanwälte zogen nach der Verkündung des Urteils eine gemischte Bilanz. Myrna Troncoso von der Angehörigenorganisation der Verschwundenen (AFDD) in Talca sagte: «Dies ist ein immens wichtiges Urteil, das leider sehr spät kommt. Die chilenische Justiz hat bislang nur die Spitze des Eisbergs der Verbrechen der Colonia Dignidad untersucht, und bis heute kennen wir noch nicht einmal die Namen derjenigen, die in der Colonia Dignidad ermordet wurden.» Rechtsanwalt Hernán Fernández, der seit zwanzig Jahren Opfer der Colonia Dignidad vertritt, äußerte: «Dutzende Verbrechen der Colonia Dignidad wurden bis heute nicht untersucht. Alle Taten müssen von der chilenischen und deutschen Justiz aufgeklärt und die Verantwortlichen bestraft werden. Dass Täter der Colonia Dignidad wie Hartmut Hopp heute in Deutschland straflos leben, ist ein Skandal. Wir erwarten, dass auch die deutsche Justiz endlich ernsthaft ermittelt.» (aus einer Pressemitteilung FCDL-Berlin, Dezember 2016)

Mit dem Urteil wurde die Colonia Dignidad 26 Jahre nach dem Ende der Diktatur endgültig als das bezeichnet, was sie schon immer war: eine kriminelle Vereinigung.

Gestohlene Sprache

Die Bewohner der Villa Baviera hatten Mühe, zu einer eigenen Sprache zu finden. Aus Schäfer hatte, wie sie meinten, Gott gesprochen, und gegen diesen übermächtigen Anspruch mussten sie wie Kinder sprechen lernen, um sich ihrer Umwelt verständlich zu machen. Viele Formulierungen, die die Siedler nach Schäfers Verhaftung benutzten, waren der schäferschen Privatreligion verhaftet. Zwei Texte aus den ersten Jahren nach Schäfer setzen sich kritisch mit der eigenen Vergangenheit auseinander: «Junge Ehepaare aus Villa Baviera erklären» (unveröff., 2005) und die «Öffentliche Erklärung an unsere Mitbürger in Chile und Deutschland» vom April 2006.[72]

Der Text der Ehepaare stammt von einer Minderheit und ist der kritischere. Der wesentliche Teil wurde vermutlich von Gerd Seewald beigetragen, dann von einer kleineren Gruppe «mehrmals durch die Mangel gedreht» und ging schließlich an Rechtsanwälte und den Psychiater Biedermann und an den deutschen Konsul Ulrich Fischer. Am Ende unterschrieben ihn die Ehepaare. (s. Anhang: Junge Ehepaare aus Villa Bavi-

72 s. www.villabaviera.cl

era erklären). Dieses Verfahren zeigt, wie mühselig die Deutungskämpfe um die Vergangenheit waren. Die vom *Mercurio* groß angekündigte «Öffentliche Erklärung» ist das Ergebnis vielfacher Verhandlungen und Redaktionen, bei denen Schwember vermitteln musste. Sie betont die Ambivalenz des schäferschen Unternehmens: eine gute Absicht («der Hauptsinn der Auswanderung») und gleichzeitigen Missbrauch. Mord und Folter an Chilenen werden im ersten von 17 Punkten angedeutet, aber erst in Punkt 12 beim Namen genannt. Die Deutschen fühlen sich als die Hauptopfer. «Wir Siedler waren alle Opfer, mal mehr, mal weniger», stellte Gerd Seewald die Erklärung klar.

Anders der Sprecher der Siedlung, der gebürtige Chilene Victor Briones, der die Menschenrechtsverletzungen an den chilenischen Gefangenen für ebenso wichtig hielt wie die an den Deutschen, der aber keine direkte Beteiligung Deutscher an Folter und Mord sieht – Schäfer habe der DINA die Colonia Dignidad nur zur Verfügung gestellt. «Wir, die Bewohner, hatten keine Kenntnis von den Tatsachen», sagt Briones. Niemand will etwas gewusst haben von den Autos, die mit abgeblendeten Scheinwerfern zum Folterkeller fuhren, von der ausgedehnten Waffenproduktion und den Hunderten von Soldaten, die zur Operation am *Cerro Gallo* in der Siedlung stationiert waren. Zur Selbstrechtfertigung diente das Argument, dass Schäfers Umtriebe eine Prüfung Gottes gewesen seien, um festzustellen, ob die Gemeinde dem Glauben treu bleibe. Alles in allem betreibt das verängstigte und wie eh und je auf sich selbst bezogene Häuflein mit dem mea culpa seine Entschuldung. Die gemeinsame «Erklärung» mit ihrem häufigen «Wir ...» verdeckte einen Widerspruch, an dem sich die Siedler in der Praxis täglich aufrieben: Sie waren tief zerrissen, gaben aber vor, mit nur einer Zunge zu reden.

Eine Delegation der Siedler wollte die «Erklärung» der sozialistischen Präsidentin Michele Bachelet überreichen, die gerade erst ein paar Wochen im Amt war, aber sie wurden nicht empfangen. Ein Regierungssprecher sagte, man zweifle nicht an der guten Absicht der Ex-Colonia – das war nichts weiter als eine Höflichkeitsgeste. Die chilenische Öffentlichkeit und die Menschenrechtsorganisationen reagierten mit ostentativem Schweigen. Der Text war ihnen zu sektiererisch und zu wenig selbstkritisch. Sie wussten nichts von der Mühe, die die Siedler damit hatten, eine neue und allgemein verständliche Sprache zu finden. Die «Erklärung» war mit Herzblut geschrieben, sie kam aber zu spät und war zu schwach formuliert.[73]

73 Der Architekt Fernando Castillo, der Entwürfe zum Bau von Häusern in der

Der erste gemeinsame Versuch der post-schäferschen Gemeinde, mit der Welt hinter dem Zaun zu kommunizieren, war ein laut geführtes Selbstgespräch und so gründlich misslungen, dass Herman Schwember – der einzige Chilene, zu dem sie Vertrauen gefasst hatte – von seinem Amt als Regierungsbeauftragter zurücktrat. Kurz darauf konferierten Schwember und der Psychologe Nils Biedermann mit Präsidentin Bachelet. Schwember überreichte ihr nun die «Erklärung» persönlich, begründete seinen Rücktritt mit der fehlenden Unterstützung des Innenministeriums und trat auf ausdrückliche Bitte der Regierungschefin sein Amt erneut an, bis er dann endgültig abtrat.

Die Villa Baviera ist bis heute eine ethnische Insel in Chile. Die Kommunikation ist etwas flüssiger, aber immer noch unbeholfen und introvertiert. Im März 2006 erschien die erste Nummer der Zeitschrift der Villa Baviera, das «Dorfecho». Die Villa Baviera hat auch eine Website (www.villabaviera.cl).

Die Endphase von Colonia Dignidad und die ersten Jahre der Villa Baviera waren eine schmerzhafte Annäherung an die Wirklichkeit. Schäfer hatte seinen Anhängern mit seiner utopischen Landnahme eine verzerrtes Weltbild aufgezwungen: Um des heiligen Werkes willen mussten Teufel und Kommunismus immer brutaler ausgetrieben werden, bis die wohltätige Absicht im Verbrechen endete. Alles, was die Siedler an Wirklichkeit erlebten, stand in diesem unauflöslichen Widerspruch zwischen Heiligkeit und Menschenverachtung. Die Realität hatte hinter dem Siedlungszaun ihre Funktion als Korrektiv verloren. Schäfer machte Glauben, Hoffnung, Liebe zu Requisiten seiner Inszenierungen. Bei ihm gab es keine Erlösung. Er ließ zerbrochene Biographien, Streit, Spaltung, Krankheiten und Tod zurück.

Im Dezember 2002 resümiert einer der Alten: «Sechs Jahre ist es jetzt her, dass Überfälle, Durchsuchungen, Inspektionen, Durcheinander, Fragen, Trostlosigkeit, Zerrissenheit das Leben in Villa Baviera gestaltet, geformt und umgeformt haben. Ein Schiff ohne Kapitän, ohne Übergabe seinem Schicksal und den Wellen überlassen. Gealtert, meist über 70 Jahre, sind viele Mitglieder unserer Gemeinschaft, die harte Kriegszeiten, Aufbaujahre, Dienste an Hilflosen fast 40 Jahre lang hinter sich gelassen haben. Krankheit und Tod sind durch die Reihen gegangen, und ehrbare weiße Häupter haben versucht, dem Schiff eine langsame

Villa Baviera entworfen hatte, bedauerte in einem Leserbrief an den *Mercurio* (3.5.2006) das Schweigen der Menschenrechtsorganisationen und Kirchen zu der «Erklärung».

Wende zu geben.» Zwei Jahre später sieht es nicht besser aus: «Um erhebliche Geldsummen betrogen, in inneren und äußeren Auseinandersetzungen, durch Abwanderung von Mitgliedern geschwächt, suchen wir zu überleben, wozu wir zum Glück jetzt die unbedingt nötige staatliche Hilfe von Chile und Deutschland erhalten.» (Brief eines Siedlers von 2004). Kein Wort von Reue, nur Resignation!

Die wirtschaftliche Lage der Villa Baviera

Die finanzielle Situation der aus mehreren Gesellschaften bestehenden Villa Baviera ist undurchschaubar. Die Villa Baviera hat Geld für Flüge und Rechtsanwälte. Dann aber legten ihre Anwälte «aus wirtschaftlichen Gründen» ihr Mandat nieder (*La Nación* 18.10.2007). Das Elektrizitätswerk stellte der Siedlung wegen unbezahlter Rechnungen den Strom ab, dann aber wieder an. Heute sind Stromlieferungen aus Turbinen auf dem Siedlungsgelände eine solide Einnahmequelle.

Die chilenische Justiz hatte den Besitz der Villa Baviera beschlagnahmt, damit diese nach Abschluss der Prozesse Steuerschulden und Schadensersatzansprüche bedienen sollte. Dann handelte der Staatssicherheitsrat aus, dass die neue alte Siedlung einen hinreichenden Teil ihrer Immobilien als Sicherheit hinterlegte und die Beschlagnahmung aufgehoben wurde. Die Siedlung sollte wieder wirtschaften können. Dieses Abkommen läuft 2017 aus, ab dann gibt es keine Entschädigungen mehr. Die gibt es faktisch auch heute nicht, denn die Villa Baviera schönte Bilanzen, um neue Kredite aufnehmen zu können. Sie gründete eine Immobiliengesellschaft *Inmobiliaria Bergneustadt Limitada*, deren Startkapital aus Hypotheken auf die als Sicherheit hinterlegten Landstücke bestand. Chefs dieser Firma sind Hans Schreiber (Sohn von Albert Schreiber) und Reinhard Zeitner, der zum Sicherheitsapparat Schäfers gehörte und mit Pistole und scharfem Hund am Zaun patrouillierte. Möglicherweise besteht ein Zusammenhang zwischen der Firma *Inmobiliaria Bergneustadt Limitada* und Bergneustadt im Bergischen Land, denn dort lebte und starb Hugo Baar.

Die Villa Baviera ist pleite, sie hat nicht einmal Benzin für den LKW, der ihre Waren ins Tal bringen soll. Die «Neue Villa Baviera, im Geiste errichtet von den Jungen und Mädchen, die während einer langen Gefangenschaft geboren wurden», möchte mithilfe dieses neuen Geistes (und des alten Personals) die alten Lasten tilgen. Geld für die Opfer soll es keines geben.[74]

Die Siedlung hat mittlerweile ihren Steinbruch verkauft. Ihre Bewohnerzahl ist auf etwa 65 Erwachsene in der Villa Baviera und 20 Erwachsene in Bulnes *(casino familiar)* geschrumpft (Stand Ende 2016). Die Zahl der arbeitsfähigen Erwachsenen ist so gering, dass sie als deutsche Siedlung nicht mehr lange zu halten sein wird.

Ungefähr ein Viertel der Gemeinschaft trägt die restlichen drei Viertel, die aus Kleinkindern, Kindern, Rentnern, Greisen und Behinderten bestehen. Dadurch ist es einem nicht abnehmenden Dauerstress unterzogen und muss außerdem die ganze Last der Gegenwart und die Aufarbeitung der Vergangenheit tragen. «Dadurch sind wir sozusagen eine kranke, altgewordene Gesellschaft», klagte ein Siedler.

Ein früherer Bewohner, der sich nach Südchile abgesetzt hat, fasst zusammen: «Man kann in der Siedlung sehr billig leben und selbst mit einem abgebrochenen Studium einen Chefposten bekleiden. Sie melken die Kuh, solange sie noch lebt.» (Jörg Schnellenkamp in Spiegel Online, 24.2.16). Und sie versprechen sich ein kleines Stück Land, wenn sie lange genug durchhalten und die, die weg sind, keine Ansprüche mehr erheben. Diese Idee abgegrenzter Privatparzellen mit eigenem Häuschen als später Lohn für lebenslange Sklavenarbeit ist das genaue Gegenteil der totalen Gemeinschaft Colonia Dignidad. Die Siedlung war eine vorkapitalistische Insel im von Pinochet entfesselten Neoliberalismus gewesen und hat sich nie ihrem wirtschaftlichen Umfeld angepasst. Sollte es, wider alle Erwartung, zur Parzellierung kommen, würde Schäfers Traum von der Eigentumslosigkeit in einer Kleingartenkolonie enden. Die Sklavenhaltersekte würde sich in einer nicht konkurrenzfähigen Subsistenzwirtschaft auflösen.

Im März 2017 verurteilte der Oberste chilenische Gerichtshof die Nachfolgeorganisationen der Colonia Dignidad zur Zahlung von 1,5 Mio. € für sexuell misshandelte Chilenen.

---

74 Erklärung vom Oktober 2015, http://ciperchile.cl/2015/10/19/lideres-de-villa-baviera-niegan-validez-de-acuerdo-para-indemnizar-a-victimas-de-schafer/

Geteilte Erinnerung

Mit ihrer Vergangenheit befasst sich die Villa Baviera auf sehr unterschiedliche Art. Nach anfänglicher Verdrängung meldete sie sich zurück. Es gab Proteste der überlebenden chilenischen Gefangenen und der Angehörigen «Verschwundener», Gerichtsurteile und immer neue Presse. Anfang 2013 versteigerte die Villa Baviera Utensilien Schäfers und Hopps Auto mit der Begründung, sich von der Vergangenheit zu trennen und zu Geld zu kommen. Sie betreibt einen Tourismuspark, indem die Vergangenheit des Ortes als Haft- und Folterstätte lange Zeit nicht thematisiert wurde. Besucher machen Selfies im Kartoffelkeller, wo zu Pinochets Zeit gefoltert wurde. Die Bewohner der Villa Baviera lassen diesen Gruseltourismus gedankenlos gewähren und werden begafft, als wären sie Tiere im Zoo. Die Villa Baviera veranstaltete «Oktoberfeste», die die Integration in die chilenische Gesellschaft fördern und außerdem Geld bringen sollten. Das hat ihr wütende Proteste von Menschenrechtsgruppen eingebracht.

Im Mai 2015 verurteilte Richter Zepeda den chilenischen Staat dazu, vor dem Eingang der Villa Baviera eine Museum zum Gedenken an die Opfer der Colonia Dignidad einzurichten. In dem Museum soll die systematische Beteiligung der Colonia Dignidad an Folter und Mord dokumentiert werden. Im selben Urteil wies der Richter den Staat an, die auf dem Gelände der Siedlung gefundenen Massengräber zu erhalten und zugänglich zu halten.

Im Februar 2016 fand in Berlin ein vom «Haus der Wannseekonferenz» (Elke Glyglewski) organisiertes und vom AA finanziertes Seminar zu einem zukünftigen Gedenkort oder Mahnmal in der Villa Baviera statt. Neben chilenischen Behördenvertretern, Mitgliedern chilenischer Menschenrechtsgruppen nahmen die drei Zeugen der Amnesty-Broschüre von 1977 und BewohnerInnen der Villa Baviera und weitere Personen teil.

Das Seminar sollte den angereisten Chileninnen und Chilenen, die unterschiedliche und zum Teil gegensätzliche Perspektiven einbrachten, Beispiele deutscher Gedenkkultur zugänglich machen. Es war ein erster Schritt, die Beteiligten in einen Dialog über einen zukünftigen Gedenkort Colonia Dignidad einzubinden. Konkrete Ergebnisse waren zu diesem Zeitpunkt nicht zu erwarten. Adriana Bórquez (eine der Zeuginnen der Amnesty-Broschüre von 1977), wandte sich gegen die

Historisierung des Ortes, an dem sie gefoltert worden war. Sie schlug vor, «die gesamte Colonia Dignidad in einen Erinnerungsort zu verwandeln», denn dort seien nicht nur chilenische politische Gefangene misshandelt, sondern «die Unschuld sei gemordet worden, Menschen seien als Sklaven gehalten worden, Männer, Frauen und Kinder seien dem Terror unterworfen gewesen». Die gesamte Siedlung müsse gereinigt werden, jeder Winkel. Sie solle mit ihren Wirtschaftsbetrieben für das Gemeinwohl produktiv gemacht werden. Die gegenwärtigen Bewohner sollten bleiben und daran mitwirken können. «Ich will und kann nicht vergessen: Colonia Dignidad hat mein Leben in ein Davor und ein Danach zweigeteilt. Sie hat mich aber nie zum Hassen gebracht! Niemals! Im Gegenteil, sie hat mich gelehrt, den Nächsten zu lieben, hat meine Prioritäten verändert, hat mich nach dem Guten streben lassen, mir den Weg zum inneren Frieden geöffnet.» (Reflexiones en torno a Colonia Dignidad, von Adriana Borquez, unveröffentlicht, Berlin 22.2.2016)

Menschenrechtsorganisationen wie die *Asociación por la Memoria y los Derechos Humanos Colonia Dignidad* (AMCD) fordern seit Langem die Umwandlung der Deutschensiedlung in eine Gedenkstätte. Die Villa Baviera betrieb indessen die Deutung der Vergangenheit auf ihre Weise. Sie improvisierte eine Art Kolonialmuseum und bietet eine *tour colonial* an, einen Rundgang durch das Gelände mit eigenen Erklärungen. Die noch dort lebenden Siedler fühlen sich als privilegierte Opfer. Eine Sensibilität gegenüber den chilenischen Opfern haben sie nicht ausgebildet. Bezeichnend ist, dass die Villa Baviera bei einer Demonstration der chilenischen Opfer und ihrer Angehörigen zum 40. Jahrestag des Putsches auf deren Bitte hin, das Gelände betreten zu dürfen, Eintritt verlangen wollte.

Es gab mehrere Demonstrationen chilenischer Menschenrechtsgruppen. Sie endeten am Eingang des Geländes. Einer dieser Proteste fand im März 2013 gleichzeitig mit einer *funa* vor Hopps Haus in Krefeld statt (s. Anhang). Das war eine der vielen Einzigartigkeiten, die es zum Thema Colonia Dignidad gab und gibt. In Chile warfen überlebende Opfer und Angehörige von «Verschwundenen» rote Nelken in der Fluss Perquilauquen, in den die Colonia Dignidad während der Diktatur die Asche der Leichen geworfen hatte, die auf ihrem Gelände vergraben und dann wieder ausgegraben worden waren. Sie brachten eine Gedenkplakette an einer Brücke über dem Fluss an. Sie ketteten sich am Tor der Siedlung fest. Damit führten sie die Symbolik der Menschenrechtsproteste während der Repression fort. Die Siedler hingegen kommentierten, sie seien dadurch ein weiteres Mal eingesperrt worden wie unter Schäfer.

Eine gemeinsame Sprache und Symbolik fanden Siedler und chilenische Protestierer nicht. Die *Asociación por la Memoria y los Derechos Humanos Colonia Dignidad* besuchte die Colonia Dignidad zum ersten Mal im April 2015. Zum 42. Jahrestag des Putsches, am 11.9.2015, veranstalteten etwa 30 Chilenen einen Gedenkakt an dem Massengrab, dessen Leichen ausgegraben und verbrannt worden waren, und machten danach einen Rundgang durch die Siedlung. Der bisher letzte dieser Proteste fand im Juni 2016 am Tor der Siedlung statt. Die chilenischen Menschenrechtsgruppen forderten die Schließung der Siedlung. Anna Schnellenkamp, die mittlerweile halb unfreiwillig zum Gesicht der Villa Baviera geworden war, diskutierte mit den Protestierenden, von denen sie einige auf dem vom «Haus der Wannseekonferenz» veranstalteten Seminar im Februar 2016 kennengelernt hatte. Sie versprach die Oktoberfeste einzustellen. Das ist mittlerweile geschehen. Sie werden aber unter großem logistischen Aufwand in einigen Städten der Umgebung weitergeführt.

Die Colonia Dignidad war während der Diktatur ein frühes Beispiel für eine Allianz zwischen staatlicher und privater Repression. Die Erinnerung daran ist in der Demokratie in analoger Weise aufgespalten. Die Villa Baviera übt sich in privater Erinnerungsarbeit und sieht sich als Opferkollektiv. Die chilenischen Menschenrechtsgruppen sehen die Colonia Dignidad als Teil des staatlichen Unterdrückungsapparats und versuchen mit einigem Erfolg, die Terrorsiedlung in den größeren Zusammenhang der gesamtgesellschaftlichen Erinnerungsarbeit zu stellen. Sie verorten die Colonia Dignidad primär auf der Täterseite. Beide Sichtweisen haben ihre subjektive Berechtigung. Eine gemeinsame Erinnerungskultur der chilenischen und deutschen Opfer liegt in weiter Ferne. Voraussetzung dafür wäre, die Vermengung von privaten und staatlichen Anteilen und die Täter-Opfer-Verquickung aufzuarbeiten. Dem steht entgegen, dass die früheren und heutigen Siedler Mühe haben, ihre Identitätsspaltungen und das gelernte Vergessen der Schäfer-Zeit zu überwinden.

Die Colonia Dignidad praktiziert eine nachgeholte *transición*. Als die chilenische Gesellschaft diesen mühevollen Übergangsprozess bereits hinter sich gebracht hatte, funktionierten viele Institutionen und Praktiken der Villa Baviera wie zuvor in der Colonia Dignidad. Mental ist die Villa Baviera den 17 Jahren der Diktatur verhaftet. Schäfers Verhaftung 2005 und sein Tod 2010 wurden nicht als Befreiungsschlag erlebt, vielmehr wurde ihm jetzt alle Schuld zugeschoben und man kapselte sich so weiter ab. Aber die offenen Rechnungen von früher waren damit nicht beglichen. Das System Schäfers, in dem jeder schlagen und schuldig werden musste, haben die heutigen Bewohner der Siedlung nie aufgearbeitet. Die kollektive Opferrolle vereinfacht die Deutung. Und Gott hat es so gewollt, er hat ihnen diese Prüfung auferlegt – das genügt als Erklärung. Die Therapeuten, die mit den Siedlern zu tun haben, staunen immer wieder über die fehlenden Schuldgefühle.

«Privatisierung» hieß das neue Zauberwort, mit dem die Villa Baviera ihre trostlose wirtschaftliche Lage lösen wollte. Anstelle der verworrenen Einzelunternehmen, die Schäfer zum Ende der Diktatur gegründet hatte, sollten klare Besitzverhältnisse treten. Jeder, der das wollte, sollte ein Stück Land bekommen, das ihnen selbst gehörte und das er oder sie selbst bewirtschafteten. Aber wie verkauft man Land an Menschen, die kein Geld haben? Im Februar 2016 versuchten die Strippenzieher der Villa Baviera (Hans Schreiber und Thomas Schnellenkamp für die *Inmobiliaria Neidenburg*), Parzellen von einem halben Hektar Größe gegen die persönliche Biografie der zukünftigen Besitzer zu tauschen. Schäfers böser Geist, der alles Individuelle auslöschen wollte, war wieder am Werk.

Der Vertragsentwurf sah vor, dass die Käufer «vollständig, definitiv, total und für immer» alle ihre Rechte, auch auf die ihres Leidens, ihre persönliche Erfahrungen und Gruppenerfahrungen seit Ankunft oder Geburt in der Colonia Dignidad («im Folgenden ‹Lebenserfahrungen›», so der Vertragsentwurf) exklusiv an die *Inmobiliaria Neidenburg* zur publizistischen Verwertung abtreten sollten. Wenn verlangt, sollten sie «schriftlich und detailliert und so vollständig wie möglich ihre Lebenserfahrungen» übergeben. Die Käufer sollten über diesen Vertrag «absolute Vertraulichkeit» wahren. Es wird nicht klar, ob hier Schweigen erkauft werden oder unter Berufung auf die erworbenen Rechte gegen zukünftige Verwertung ein Film oder ein Buch verhindert werden sollte. Oder wollte das Immobilienunternehmen die Verwertungsrechte tatsächlich nutzten? Immerhin lief gerade Florian Gallenbergers Film *Colonia Dignidad – es gibt kein Zurück* in deutschen Kinos an.

Das kleiner gewordene Siedlerhäufchen empörte sich, dass bei dem Film materielle Interessen im Spiel seien, mochte aber den Wunsch verspürt haben, sich an diesem Spiel zu beteiligen. Am Ende platzte das Geschäft Biografie-gegen-Parzelle. Auf eine parlamentarische Anfrage der Partei *Die Linke* antwortete die Bundesregierung, sie habe am 12. April 2016 von dieser Angelegenheit erfahren. Die Botschaft habe Hans

Schreiber umgehend aufgefordert, von solchen «aus hiesiger Sicht sittenwidrigen Vereinbarungen Abstand zu nehmen». (Frage Nr. 7–104, 105, 106, Juli 2016)

Das Subsystem Villa Baviera steht zur chilenischen Gesamtgesellschaft im Modus der dauernden Verzögerung. Seine private *transición* entspricht der vorangegangenen staatlichen in Vielem: Es gab keinen Bruch mit der Vergangenheit, sondern eine Vielzahl abgefederter Übergänge; das ökonomische System wurde weitergeführt; die juristische Aufarbeitung ist bis heute (2016) nicht abgeschlossen. Der Unterschied besteht darin, dass im heutigen chilenischen Machtapparat die alten Pinochetanhänger eine marginale Rolle spielen, während die alte Garde um Schäfer in der Villa Baviera heute noch Strippen zieht. Die chilenische Gesellschaft entwickelt solide Ansätze einer Erinnerungskultur; während die Villa Baviera ihre Vergangenheit noch nicht deuten kann. In Schäfers Duschkeller wurde ein Karaoke-Singen veranstaltet (Spiegel Online, 24.2.16). Der Kartoffelkeller, der als Folterort gedient hatte, wurde für einige Zeit zur Rumpelkammer (ARD-die story, 14.11.2016).

Gründe für dieses Hinterherhinken sind der resistente Sektencharakter und die staatlich geförderte Ortsgebundenheit der Villa Baviera. Der Pinochetismus hat dagegen keine Zufluchtsstätte. Pinochets Familie hat notgedrungen das eigens auf einem öffentlichen Friedhof errichtete Mausoleum leer gelassen und den Diktator auf dem Familienbesitz beigesetzt. Die Grabschändungen hätten sonst kein Ende genommen. Schäfers Reich muffelt am alten Ort vor sich hin. Wer diese Geisterbahn besuchen will, muss Eintritt zahlen.

Die Erinnerungsarbeit, die die Villa Baviera aus eigener Kraft nicht leistet, wird mittlerweile von außen angestoßen. Im August 2016 erklärte der Rat für Nationale Denkmäler (*Consejo de Monumentos Nacionales)* den Kernteil des Siedlungsgeländes zum Nationaldenkmal. Die Illusion, dass die Siedlung exterritorial sei, war nun nicht mehr zu halten. Die Villa Baviera war deutlicher als je zuvor ein Teil Chiles, über den keine «Gemeinschaft» mehr zu entscheiden hatte. Die panische Vorstellung einer erneuten «Vertreibung» durch den Rat für Nationale Denkmäler dürfte auf die geplatzte Illusion von der unberührbaren deutschen Enklave zurückgehen. «Vertreibung», das war die Erfahrung der Gründergeneration, die zum Teil aus osteuropäischen Ländern und den deutschen Ostgebieten vertrieben worden war. Die, die in der Villa Baviera jetzt das Sagen hatten, hatten Vertreibung nicht selbst erlebt, es war nur ankonditionierte Angst vor dem Verlust einer Heimat, in der sie durch den Siedlungszaun festgehalten worden waren. Die Immobiliengesellschaften, die in der Villa Baviera wie Pilze aus dem Boden geschossen waren, legten Rechtsmittel gegen das Dekret des Rates für Nationale Denkmäler ein. Das chilenische Verfassungsgericht verwarf im November 2016 diese Einsprüche. Wie die ewig klamme Siedlung die Rechtsanwälte bezahlte, blieb auch diesmal im Dunkeln.

Ein happy end im Rahmen des schäfer-frankschen Weltbildes (Privatisierung, Häuschen mit Garten) war ausgeschlossen. Die Bewohner mussten sich auf eine Zukunft als Gedenkort einstellen, und Gedenken bedeutet Einschnitt, das Ende der Epoche, über die nachgedacht werden soll. Der Phantomschmerz, den der abwesende Schäfer ausgelöst hatte, kann nun der Trauerarbeit weichen.

Die Täter der Schäfer-Zeit quälen sich mit privater Aufarbeitung ab. Ein Beispiel ist Kurt Schnellenkamp, der aus der Gefängniszelle heraus auf eine Anschuldigung von Gudrun Müller reagierte. Die Frau hatte in der Schäfer-Zeit die Siedlung verlassen wollen. Man machte ihr Hoffnung, dann bat man sie in einen Raum, Schnellenkamp kam hinein und verprügelte sie wortlos, bis sie fast ohnmächtig wurde. Er nahm sie auf die Schulter und trug sie weg. Gudrun Müller erzählte das im Februar 2016 in Deutschland einem Bewohner der Villa Baviera, und Schnellenkamp erfuhr offenbar unmittelbar von dem Gespräch und schrieb ihr am selben Tag. In dem Brief heißt es, er fühle sich nicht persönlich schuldig, und dass er «bei vielen Jugendlichen eine Prügelstrafe auf den Befehl von Paul Schäfer gemacht habe ... Ja, ich war ein willenloses Werkzeug, immer nur den bequemen Weg gegangen. Ich ware ein Feigling ... Meine ganze Vergangenheit muss ich bereinigt haben. Ich will nicht über etwas hinweghuschen. Ich weiß leider nichts mehr. Mein Gedächtnis ist bei mir fast weg. Bei dem HERRN aber besteht meine Freveltat. ... Hilf mir, diese Greueltat an dich (!) zu bereinigen. Leider weiß ich nichts mehr von der Grausamkeit. Ich habe nur die Bitte, beim HERRN rein und untadelig zu erscheinen.» Dann bittet er die Frau «sehnsüchtig» um einen «kleinen Hinweis», um beim Jüngsten Gericht bestehen zu können.[75]

75 Schäfer hatte die Angst vor dem Jüngsten Gericht systematisch geschürt: «Sieh zu, dass du Gnade bei deinem Herrgott findest, denn eines Tages ist der Ofen aus, dann kannst du sagen ... ‹ich war ja da in Chile›, ... dann sagt der Jesus zu dir: ‹... das war ein bisschen von Wahrheit, was du eben gesagt hast, und du willst jetzt sagen, dass du in Chile gearbeitet hast? Du warst zu was anderem berufen als zur Arbeit›.» Vor Jesu Richterstuhl bestand nach Schäfer nur, wer dessen Wahrheit gedient hatte. Oder ein spätes Gedicht der Villa Baviera: Danach dann die Waage, sie wiegt das

Der Brief bittet um Vergebung, enthält aber kein eigenes Wort der Entschuldigung. Er äußert kein Mitleid, aber Selbstmitleid dafür, dass Schnellenkamp feige war. Die chilenischen Opfer kommen gar nicht erst vor. Der Brief ist nur vor dem Hintergrund von Schäfers ambivalenter Privatreligion verständlich. Schnellenkamp ist zugleich unschuldig und schuldig. Nur Gott kann diesen Knoten lösen. Aber die Sekte kannte keinen gnädigen Gott, nur einen strafenden. Ohne tätige Reue auf Erden würde der Täter der Verdammniss anheimfallen. Nach dieser Logik wird das Opfer zum Werkzeug der Entschuldung des Täters. Die tätige Reue erschöpft sich in dem Wunsch, das eigene Sündenkonto zu bereinigen. Der spontan in Höllenangst geschriebene Brief zeigt mehr über das Erinnern der früheren Schäfer-Anhänger als die vielfach redigierten Verlautbarungen.

Die früheren Siedler in Deutschland

Deutschland war längst keine Heimat mehr für die Siedler. Die Anpassung an die neue Umgebung war schwierig. In Deutschland fielen die ehemaligen Siedler schon nach einem kürzeren Gespräch auf. Sie waren ruppig, wie sie es gewohnt waren, und sprachen ein altmodisches Deutsch. Sie hatten keine Schule oder Ausbildung abgeschlossen und nie gelernt, selbstständig Entscheidungen zu treffen. Sie gehörten nirgendwohin. Es konnte passieren, dass sie in Unkenntnis ihres Anrechts auf Sozialhilfe zeitweise wie Obdachlose lebten.

Die Ex-Siedler litten unter der Vorstellung «einen an der Waffel zu haben», wie es einer von ihnen ausdrückte. In der Welt, in der sie jetzt leben mussten, konnten sie sich nicht orientieren. Anpassung mussten sie als Abfall von Gott und Verrat an der gemeinsamen Sache deuten. Wer sich in die Denkweise der Sekte zurückzog, merkte bald, dass sie oder er als Spinner wahrgenommen wurden. Neue Partnerschaften gingen in die Brüche, wenn die oder der andere von der Herkunft der Ex-Kolonisten erfuhr. Arbeitgeber und Vermieter suchen routinemäßig im Internet nach den Bewerbern. Das bekamen die früheren Colonia-Bewohner schmerzhaft zu spüren. Wenige drehten ostentativ den Spieß um und arbeiteten gegen die Villa Baviera. Der Normalfall war, sich ein paar Freunden anzuvertrauen und ansonsten in die eigenen vier Wände zurückzuziehen. Einige verlangten, dass deutsche Behörden, darunter

---

Gewicht / und dann kommt der Tod – das Gericht!

das AA, das längst nicht mehr zuständig ist, sie für alles Entgangene und Erlittene entschädigen, schrieben wütende Briefe, tobten in Amtszimmern.

Traumatisierungen, Krankheiten, Gedächtnislücken und chronische Schmerzen machten es schwer, eine Arbeit zu finden. Phasen von Sucht nach Geld und Sex wechselten sich mit angepasster Bravheit ab. Beziehungen und Ehen kriselten oder gingen kaputt. Einige kamen so wenig zurecht, dass sie nach Chile zurückgingen, andere flohen in kleinste deutsche Dörfer. Es gab Panikattacken, bei denen die Wohnungseinrichtung zu Bruch ging, peinliche Auftritte an der Kasse von Supermärkten, Verfolgungswahn («Ich bin von einem KZ ins andere gekommen.»). In der Hölle ist Verdrängung eine psychische Überlebensstrategie. Aber das Verdrängte meldet sich im Leben nach der Hölle zurück. Ein ehemaliges Sektenmitglied sagte in einem Atemzug, es sei doch ganz schön gewesen und sie hätten ihr vieles aus dem Gedächtnis gelöscht, weil alles so schrecklich gewesen sei. Das klingt nach dem Wunsch, sich nach einem verlorenen Leben noch einen Rest von Identität zu bewahren. Andere frühere Siedler in Deutschland haben ihre Identität bewusst geändert. Mindestens drei Kinder der alten Führung haben ihre Namen geändert.

Mittlerweile leben etwa 100 frühere Colonia-Siedler in Deutschland. Sie wissen viel über die von der Sekte begangenen Verbrechen gegen die Menschlichkeit. Aber sie sind zu sehr mit ihrer kümmerlichen Existenz beschäftigt, als dass sie ihr Wissen vergleichen und dokumentieren könnten. Das versprengte Kollektiv, von dem kaum jemand alleine leben gelernt hat, sammelt sich um den Prediger Ewald Frank in Krefeld. Viele der Ex-Siedler besuchten einmal im Monat seinen Gottesdienst. Bei Frank traf man sich oder mied einander, denn die von Schäfer verlassene Herde hatte untereinander einige Rechnungen zu begleichen.

Einige Jahre lang agierte in Deutschland eine Art Untergrund-Colonia, die mit Einschüchterung und religiösem Druck versuchte, das für die ehemaligen Führer der Siedlung gefährliche Wissen früherer Siedler unter dem Teppich zu halten. Dennoch haben deutsche Opfer Schäfers ihre Erfahrungen dokumentiert. Vedders Buch entstand in Deutschland aufgrund einer Serie von Interviews. Klaus Schnellenkamp, der Sohn des hier häufig erwähnten SS-Mannes und Schäfergetreuen Kurt Schnellenkamp, kam im Dezember 2005 völlig mittellos in Deutschland an, hungerte und fror tagelang, bis er langsam Fuß fasste. Er hat in seinem im

März 2007 erschienenen Buch *Geboren im Schatten der Angst: Ich überlebte die Colonia Dignidad* (Herbig, München 2007) ein Zeugnis persönlichen Leidens in der Sekte gegeben. Sein Buch reflektiert den Wahnsinn der von Schäfer geschaffenen Welt bis in kaum erträgliche Details hinein. Im Zentrum steht die Auseinandersetzung Schnellenkamps mit seinem Vater, den er nur als «Onkel Kurt» gekannt hatte und der ihn, als er noch Kind war, ohne ein Wort zu sagen brutal zusammenschlug. Kurz darauf prügelte ihn «Tante Elisabeth» blutig, seine Mutter, wie er elf Jahre später erfuhr. Kurz vor der Ausreise besuchte Schnellenkamp seinen Vater im Hochsicherheitsgefängnis von Santiago, wo er Anfang 2013 seine Haft angetreten hatte. Der Sohn bot eine Aussöhnung an. Der Vater gab sich reuelos und unschuldig, sagte aber Sachen wie «... aber wenn nur ein Konto gefunden wird, dann fliegt der ganze Laden hier auf.» Das Gespräch endete im Streit.

Die Bücher Vedders und Schnellenkamps sollte man als stark redigierte Psychogramme lesen. Ulla Fröhlings *Unser geraubtes Leben – die wahre Geschichte von Liebe und Hoffnung in einer grausamen Sekte* ist dagegen gründlich recherchiert und analytisch anspruchsvoll. Es geht um eine alte Jugendliebe zwischen Gudrun Wagner und Wolfgang Müller, die auf den Zeltlagerfreizeiten der Sekte in Deutschland in den 50er-Jahren begann und nach der Auswanderung nach Chile mit strengsten Mitteln wie Geschlechtertrennung, Sprechverbot, Schlägen, Elektroschocks und zwangsweiser Medikamentierung unterdrückt werden sollte. Das Buch stellt zum ersten Mal das Schicksal der Frauen in der Sekte dar. Weibliche Sexualität war Teufelswerk, und deshalb unterdrückte das medizinische Personal die Pubertät (auch die der Jungen) mit Mitteln, die bis zur grausamen Zwangssterilisierung der Mädchen reichten.

Einige der sterilisierten Frauen wollten Kinder bekommen, aber es klappte nicht. Die Ärzte waren ratlos. Eine Frau erinnerte sich an die Sterilisation mit einem Elektroschockgerät, wie man es für Vieh benutzt, erinnerte sich auch an die Stimme eines Mannes, der mittlerweile ebenfalls in Deutschland lebte. Der musste nun erzählen, was er tief in seiner Seele eingeschlossen hatte. Schäfer hatte ihm die Augen verbunden, Schweigen geboten und ihm befohlen, sich auf ein Mädchen zu legen und es zu penetrieren (Fröhling gibt die Szene, die sie sich ausführlich hat schildern lassen, wieder, S. 231). Sie vermutet, dass durch die Vergewaltigung getestet werden sollte, ob die Sterilisation gelungen war. Sadismus und Voyeurismus dürften dazu kommen. Und schließlich steht die Episode für Schäfers radikale Destruktivität, die ihn dazu gebracht hatte, sein eigenes Reich aussterben zu lassen.

Nach Schäfers Flucht nach Argentinien kamen sich die Liebenden langsam näher, obwohl Schäfers Schatten immer noch über der Siedlung lag. Die Führungsclique führte weiter ein scharfes Regiment, auch wenn die schlimmsten Misshandlungen aufgehört hatten. Der Medikamentenmissbrauch hielt an, und unter dem Einfluss starker Psychopharmaka stürzte Wolfgang Müller von einem Dach und brach sich den Fuß. Die Einlieferung in ein Unfallkrankenhaus hätte ihn beinahe das Leben gekostet. Die Ärzte der Siedlung machten sich nicht die Mühe oder wagten es nicht, das Krankenhaus von den Überdosen, die sie dem Mann aufgezwungen hatten, zu unterrichten, oder sie wollten ihre Methoden vertuschen, was einen lebensgefährlichen kalten Entzug bewirkte. Müller litt für den Rest seines Lebens an den Folgen der Fußverletzung. Er war ursprünglich stark und als Karatekämpfer gefürchtet gewesen. Hopps Medikamentierung hat ihn zum Wrack gemacht.

2001 durften die beiden heiraten, aber dennoch nicht zusammenleben. 2005 verließen sie die Sekte und gingen nach Deutschland. Sie brachen den Schweigepackt, an den sich fast alle Ex-Kolonisten hielten. Fröhling beschreibt auch die Leiden eines weiteren Paares, das dieses Schweigen ebenfalls gebrochen hat.

Wolfgang Müller starb 2016 im Alter von 69 Jahren als körperlich gebrochener Mann. Als er schon im Sterben lag, hatte er noch Angst vor Schäfer, der ihm als Neunjährigem eine Pistole an den Kopf gehalten und zu schweigen geboten hatte.

Ulla Fröhling schrieb in einem Nachruf:

> «Schon als kleines Kind wurde er schwer verletzt an Körper und Seele und schließlich zerstört von gewalttätigen, machthungrigen Menschen ohne Reue. Sie benutzten ihn gewissenlos, manipulierten ihn, beuteten ihn aus, vergifteten ihn und trieben ihn in den Tod.
>
> Der Sektenführer Paul Schäfer und seine Führungsclique in der Colonia Dignidad wurden 50 Jahre lang schuldig an Wolfgang Müller. Für Wolfgang gab es keine Wahl und kein Entkommen: Er war zehn, als seine Mutter ihn Schäfer zum sexuellen Missbrauch auslieferte. Er war 15, ein kräftiger, junger Mann, als Schäfer ihn nach Chile entführte. Er war 59, als er 2005 nach Deutschland zurückkehrte und zum ersten Mal ein wenig Freiheit spürte. Aber er war ein gebrochener Mann. Die Vergangenheit verfolgte ihn auch hier. Sein Leben war gezeichnet von körperlichen und seelischen Folgen von Folter, von

Zwangsmedikation und Psychoterror. Er litt unter Flashbacks erlebter Gewalt; Schlaganfälle und viele körperliche Folgeschäden machten ihm das Leben zur Qual. Am Montag, den 30. November 2015, starb er an den Folgen eines Herzinfarkts, bis zum Schluss umsorgt von seiner Frau Gudrun Müller, die ihn die letzten 14 Jahre begleitet und selbst in der Colonia Dignidad schwer gelitten hatte.

Nie hat sich einer der Täter bei Wolfgang Müller entschuldigt. Nicht die, die noch in Chile leben. Nicht die, die in Deutschland ein gutes Auskommen haben.

Auch nicht der deutsche Staat, der vieles hätte verhindern können, aber lange nichts tat, sogar zuließ, dass sich Wolfgang und Gudrun und viele andere Colonia-Heimkehrer in Deutschland von dem ernähren mussten, was ‹die Tafeln› des Wohlstands für sie übrig ließen.» (Aus: www.unser-geraubtes-leben.de)

Justizflucht nach Deutschland

Die Strafvereitlungspolitik der chilenischen Justiz erlaubte es einigen Tätern der Colonia Dignidad, vor Eröffnung eines Strafverfahrens oder Haftantritt in die Bundesrepublik zu fliehen. Das dürfte es nicht mehr gegeben haben, seit NS-Täter, die im Ausland verurteilt wurden, in der jungen Bundesrepublik Zuflucht fanden. Die chilenische Justiz ermittelte gegen oder suchte nach Hans-Jürgen Riesland, Reinhard Döring und anderen; darunter gab es die spektakulären Fälle Schreiber und Hopp, die alle zu politischen Justizflüchtlingen wurden.

Schreiber wurde in Chile wegen der Verweigerung der Übergabe Minderjähriger (von Schäfer missbrauchter Jungen) und Widerstands gegen die Staatsgewalt angeklagt. Er hatte sich 1996 von der Colonia Dignidad abgesetzt, als Schäfer wegen des Missbrauchs eines vom Ehepaar Schreiber adoptierten Jungen angeklagt worden war. Er hielt sich mit dem Jungen auf dem Grundbesitz «Santa Matilda» der deutschstämmigen Familie Stegmeier[76] versteckt und beging damit Strafvereitlung. Außerdem war er wegen Steuerflucht zu einer hohen Geldstra-

76 Miguel Stegmeier war einer der Fluchthelfer der Colonia-Täter. Er war 2010 als Gouverneur der chilenischen Provinz Bio Bio vorgesehen. Das gab einen öffentlichen Aufschrei. Der neu gewählte chilenische Präsident Piñera reagierte innerhalb von Stunden und zog die vorgesehene Ernennung Stegmeiers zurück (*El Mostrador* 19.3.2010).

fe verurteilt. Er floh zusammen mit seiner Frau Lilli, dem Sohn Erich und dem von Schäfer missbrauchten Kind. Lilli Schreiber nannte sich in Deutschland Cornelia Reimer.

Schreiber soll bei seiner Flucht einen hohen Geldbetrag mitgenommen haben. Er war seit 1986 für die aus Deutschland überwiesenen Rentenzahlungen an Bewohner der Colonia Dignidad zuständig, die er für Schäfer in der chilenischen Bank Banchile investierte. Dort reichte er 19 Schecks im Gesamtwert von annähernd 400.000€ ein, die er unter Umgehung der Steuer außer Landes brachte. *El Mercurio* (15.10.2000) berichtet, Schreiber habe deutsche Rentenzahlungen im Wert von 2,5 Millionen US-Dollars in die Gemeinschaftskasse der Sekte umgeleitet.

Schreiber war vielfach in die Verbrechen der Colonia Dignidad verwickelt. Als 1985 der US-Amerikaner Boris Weisfeiler für immer in der Nähe der Colonia Dignidad «verschwand» und FBI und CIA seinen Verbleib untersuchten, setzte sich Schreiber für einige Zeit aus der Siedlung ab. Sektenchef Paul Schäfer ließ die Täter nach gravierenden Straftaten immer einige Zeit untertauchen. Schreiber war der Empfänger eines Koffers mit Laborartikeln, mit denen die DINA das Giftgas Sarin herstellte. Der Absender war Michael Townley, der für die DINA an dem Giftgasprojekt mitarbeitete. (*El Mercurio* 5.5.2005)

2004 sickerte durch, dass Schreiber mit Frau und Sohn unter falschem Namen in Deutschland war. Eine Interpol-Fahndung («rote Ecke») lief seit April 2005. Da Schreiber sich mit rechtskräftig verurteilten Terroristen abgegeben und Wirtschaftsvergehen in großem Maßstab begangen hatte, ermittelten die Staatsanwaltschaften Bonn und München gegen ihn. Ende Januar 2006 beschloss der oberste Gerichtshof Chiles, Deutschland um die Auslieferung Schreibers zu bitten. Eine Auslieferung Deutscher aus Deutschland ans Ausland ist allerdings nicht möglich. Es gab auch nie einen deutschen Haftbefehl gegen Schreiber. Die chilenische Zeitung *La Nación* (9.6.06) berichtet, dass zwei hochrangige chilenische Polizisten zu Besuch beim BKA waren, um einen deutschen Haftbefehl zu erwirken. Die deutsche Justiz wusste, wo Schreiber sich aufhielt, konnte ihn aber mangels in Deutschland strafbarer und nicht verjährter Delikte nicht verhaften. Nach ihrer Flucht nach Deutschland lebte die Familie Schreiber in Ferienwohnungen (z. B. in Nürnbrechts im Bergischen). Schreiber benutzte die Adressen der ahnungslosen Verwandten von Peter Schmidt in einem Dorf im Steigerwald. Schmidt stieg dort ab, wenn er von Schäfers argentinischem Versteck aus auf Reisen ging.

Am 30. September 2006 veranstalteten MenschenrechtsarbeiterInnen vor der Volksmission Krefeld eine *Funa*. «Funa» ist im chilenischen Spanisch ein volkstümliches Wort für Rambazamba, Putz, Rabatz. Nach dem Ende der Diktatur Pinochets waren die Folterer und Mörder seiner Geheimdienste durch eine Amnestie geschützt. Auch als schließlich eine Strafverfolgung möglich war, erwiesen sich viele Richter als Komplizen der Pinochet-Diktatur. Deshalb begannen Menschenrechtsgruppen, vor den Häusern und Arbeitsstätten der Folterer, Mörder und ihrer Komplizen *Funas* zu veranstalten. Diese *Funas* sind die Antwort der Zivilgesellschaft auf das Versagen der Justiz. Sie sind karnevaleske Aufzüge, die ahnungslose Nachbarn und Kollegen aufklären sollen, wer da wohnt. Deshalb ist der Protest laut. Funas sind keine Selbstjustiz. Wer unschuldig ist, kann sich öffentlich wehren. Wer schuldig ist, wird von nichts anderem getroffen als von der eigenen Schuld. Funas sollen die Justiz zum Handeln bewegen.

Die *Funa* gegen Albert Schreiber war eine Mahnwache während eines Gottesdienstes der «Volksmission». Es war die erste *Funa* Europas, wenn auch viel kleiner als die chilenischen. Schreiber war nicht dort oder zeigte sich nicht. Der Bruder eines in der Colonia Dignidad «verschwundenen» politischen Gefangenen fragte alle Gottesdienstbesucher, ob sie Herrn Schreiber fragen könnten, wo die Leiche seines Bruders sei. Die Mitglieder der «Volksmission» reagierten verärgert. Einer allerdings sprach mit den Demonstranten und zeigte Verständnis. Später stellte sich heraus, dass Schreiber ganz in der Nähe der «Volksmission» wohnte. Diese Wohnung hatte ein Bruder Franks vermittelt.[77] Etwa um diese Zeit bekam Schreiber einen Schlaganfall. Er starb im September 2008 in Krefeld an Krebs. Ewald Frank beerdigte ihn vor einer großen Trauergemeinde auf einem Krefelder Friedhof.

Der prominenteste Flüchtling ist Hartmut Hopp, der sich im Mai 2011 nach Deutschland absetzte. Dorchen (Dorothea Witthahn), die Frau, die Schäfer für ihn ausgesucht hatte, war ihm vorausgereist, um die Flucht vorzubereiten. Wenn frühere Colonia-Dignidad-Bewohner Deutschland besuchten, kamen sie gewöhnlich über Zürich, logierten im Haus des Frank-Missionars Urs Graf, nahmen am Monatsendgottesdienst der Züricher Niederlassung der Volksmission teil und fuhren dann zum Monatsanfangsgottesdienst in Krefeld. Das war in etwa die Route von Udo

77 Aus einer Mail Franks: «Nachdem Geschwister Szurgelies ihren Wohnsitz in Krefeld genommen haben, bat auch Bruder Schreiber darum, dass wir uns nach einer Wohnung für sie umschauen sollen.»

Hopp (Hartmuts Bruder) und seiner Frau Hildegard 2010. Die beiden wollten die Aktienmehrheit der Villa Baviera sichern, denn Schäfer hatte seine Siedlung in mehrere Aktiengesellschaften umgewandelt, um der Auflösung nach dem Ende der Pinochet-Diktatur zuvorzukommen. Auch Winfried Schmidtke, einer von Schäfers Männern fürs Grobe, kam über die Schweiz, wo er in der Nähe von Zürich eine Zeit lang gewohnt hatte, nach Deutschland. Auf der gegenüberliegenden Seite der Schweizer Grenze, in der Region Memmingen, haben sich ebenfalls Ex-Siedler niedergelassen, die es vorzogen, sich den chilenischen Strafverfolgungsbehörden zu entziehen.

Das Ehepaar Hopp ging nach Krefeld, wo viele Colonia-Deutsche Zuflucht fanden. Als die Presse davon erfuhr und Alarm schlug, hatte Deutschland den Skandal, der Schäfer 1960 zur Flucht nach Chile gezwungen hatte, zurück. Seit Hopps Flucht erfährt die Colonia Dignidad wieder Aufmerksamkeit. Die exotische Mischung aus Sex, Folter und Sektenwesen, die die Siedlung zum publizistischen Dauerbrenner hatte werden lassen, war bereits etwas abgestanden, bevor Hopp ihn in seiner Person mitten in Deutschland aktualisierte. Es war der Einbruch des Ungeheuerlichen ins deutsche Normalmilieu.

Aber die Zeiten hatten sich geändert. In den fünfziger Jahren wurde Missbrauch von Kindern unter den Teppich gekehrt. Die Kirchen vertuschten ihn. Deshalb war Schäfer bei kirchlichen Arbeitgebern ohne Aufsehen zu erregen rausgeflogen und konnte woanders weitermachen. Im Jahr 2011 war Kindesmissbrauch ein heftig diskutiertes Thema. Hopp, der sich für erwachsene Frauen interessierte, aber in Chile wegen Beihilfe zu Kindesmissbrauch verurteilt worden war, bekam das zu spüren. Die Straßen des Stadtteils bei Krefeld, wo er lebte, waren ungewöhnlich leer. Kinder durften nicht mehr draußen spielen. Nachbarn sammelten Unterschriften gegen ihn, Eltern demonstrierten mit an Kinderwagen gehefteten Plakaten «Hopp muss raus». Hopp kündigte seine Wohnung, bekam aber eine Kündigung für die neue, in die er ziehen wollte, da er den «Hausfrieden» störe. Die Presse fotografierte ihn, wo sie ihn traf. Dann zog er mit Dorchen in eine kleine Krefelder Wohnung in einem Haus mit Menschen, die ihn vehement verteidigen.

Zu Frank gingen neben Schreiber der an Krebs verstorbene Alfred Matthusen, ein Vertrauensmann Schäfers, der vor der chilenischen Justiz nach Deutschland geflohen war, und viele andere. Aber es war Hopp, der Franks christlich-fundamentalistischer Sekte mediale Aufmerksamkeit verschaffte. Selbst Sektenkundler konnten bis dahin mit diesem Relikt aus den fünfziger Jahren nicht viel anfangen.

Nachdem Hopp die Volksmission in die Schlagzeilen der lokalen Presse katapultiert hatte, musste Frank Stellung beziehen. Bei den ungewohnten Pressekontakten geriet er ins Schlingern. Frank antwortete auf die Frage, ob er Ex-Kolonisten Geld gegeben habe: «Absolut nicht, vor Gott.» (SZ 1.9.2011) Aber er zahlte ihnen eine Art Begrüßungsgeld und erstattete Reisespesen, half bei der Wohnungssuche und -einrichtung. Frank sagte, er kenne seinen Täufling Hopp nicht, aber vom Faxgerät der Volksmission aus wurde ein Brief von Hopp verschickt. Hopp besuchte Gottesdienste der «Volksmission», wenn auch vorsichtshalber durch den Hintereingang, denn Franks Sekte hatte vor Gericht bestritten, dass er je dort gewesen sei, und er sang bei einem Traugottesdienst. Frank wollte auch Albert Schreiber nicht gekannt haben. Aber eine von Schreibers Töchtern ist mit einem Mitarbeiter Franks verheiratet. Die Familie Frank hatte, wie erwähnt, den Schreibers bei der Wohnungssuche geholfen.

Hopp wurde zur Belastung für Franks Volksmission. Mitglieder fragten, warum er denn überhaupt in Krefeld sei. Frühere Siedler gingen wegen Hopps Anwesenheit nicht mehr in Franks Gottesdienste. Hopp wurde zum Problem, wo immer er auftauchte. Er hat schwache Momente. Er ist Täter und Opfer, Tiger und Lamm in einem. Er hat nicht nur Menschen mit Psychopharmaka und Elektroschocks ruiniert, er interessiert sich auch für sanfte chinesische Medizin. Er war einige Male kurz vorm Auspacken, aber er fing sich immer wieder. Seine früheren Opfer bat er privat um Verzeihung. In Deutschland spielte er jetzt den unschuldig Verfolgten, ging von sich aus zum Staatsanwalt, verschickte Mails: «Während der Jahre 1990 bis 1995 bin ich lediglich als Verteidiger der sozialen Arbeit des Hospitals ... aufgetreten».

Hopp ist gewieft. Er hat in Schäfers Auftrag mehrere Kontinente geschäftlich bereist, Angriffe gegen die Colonia Dignidad abgewehrt, viel Schwarzgeld bewegt, 1985 die Leiche des sehr wahrscheinlich ermordeten Alfred Schaak nach Chile gebracht, lange Nächte in seiner Giftküche verbracht, und er hat die Politik der Straflosigkeit der Colonia Dignidad mitgestaltet. Die Siedlung hatte darin schon Übung, als die Pinochet-Diktatur sich noch für unangreifbar hielt. Für Hopp ist die Kultur der Straflosigkeit Alltagsroutine. Er praktiziert jetzt in Deutschland, was er in Chile gelernt hat. Aber auch hier haben sich die Bedingungen geändert. Es waren die Erfahrungen vor allem der argentinischen und chilenischen Diktaturen, die einen neuen politischen Akteur hervorbrachten: international vernetzte Menschenrechtsgruppen. Eine solche Gruppe stellte im August 2011 Strafanzeige gegen Hopp.

Die deutsche Justiz muss jetzt unter viel schwierigeren Bedingungen Straftaten aufarbeiten, die die chilenischen Behörden aktiv ignoriert oder durch systematische Verschleppung straffrei gelassen haben. Die Staatsanwaltschaft Krefeld ermittelt gegen Hopp. Verurteilt werden kann er nur für Taten, die nach deutschem Recht strafbar und nicht verjährt sind. Die chilenische Justiz hat beantragt, dass Hopp seine dortige Haftstrafe in Deutschland absitzt. Als dieses Buch in Druck ging, wurde der Antrag noch geprüft.

Hopps Anwalt ist Helfried Roubicek, geboren 1950 in Wien. Er hat mit seinen Eltern neun Jahre in Chile gelebt und ging dort zur Schule. 1982 wurde er Hauptgeschäftsführer der Deutsch-kolumbianischen Handelskammer in Bogotá. Hopp wurde auf ihn durch den deutschen Geschäftsmann Falk Spahn (s. o.) aufmerksam. Roubicek vertrat auch den Entführer des Hamburger Mäzens und Wissenschaftlers Jan Philipp Reemtsma, Thomas Drach, vor Gericht.

Offene Fragen

Die Colonia Dignidad ist Geschichte. Die Villa Baviera besteht seit mehr als einem Vierteljahrhundert und kann auf eine eigene Tradition zurückblicken. Aus dieser Perspektive ist die Colonia Dignidad sogar Vorgeschichte. Aber sie wird immer wieder zur Gegenwart. In keinem Fall ist sie genügend aufgearbeitet. Vor allem die chilenische Seite hat hier eine Bringschuld. Wichtige Archivbestände sind nicht freigegeben, andere einfach nie durchgearbeitet worden. Dieses Buch kann nur eine Zwischenbilanz ziehen. Die Colonia Dignidad gehört zwar zu den am besten dokumentierten Repressionsagenten der lateinamerikanischen Diktaturenepoche, aber wichtige Fragen bleiben offen:

- Was geschah mit den chilenischen politischen Gefangenen, die in der Colonia Dignidad «verschwanden»? Wer waren sie?
- Welchen Umfang hatten Waffenhandel und -produktion in und mit der Colonia Dignidad? Was geschah mit den Waffen?
- Was geschah mit dem Millionenvermögen der Colonia Dignidad? Wie kam es zustande?
- Was geschah mit Boris Weisfeiler?

Diese Defizite und offenen Fragen stehen einer abschließenden Bewertung entgegen. Vorläufig läßt sich konstatieren, was der frühere Konsul Dieter Haller ein «multiples Organversagen» nannte (Diskussion in Tegel, Mai 2016). Eine ganze Reihe von Behörden, nichtstaatlichen Institutionen und Individuen haben lange und systematisch versagt. Ein Lager wie die Colonia Dignidad darf es nie wieder geben. Wo immer sich solche Anfänge zeigen, ist Prävention Pflicht.

Anhang:

Rede von Außenminister Frank-Walter Steinmeier anlässlich der Veranstaltung «Colonia Dignidad» im Auswärtigen Amt am 26.04.2016

Vor Steinmeiers Rede war der Film «Colonia Dignidad – es gibt kein Zurück» gezeigt worden.

Liebe Kolleginnen und Kollegen,
liebe Freunde und Gäste,
meine Damen und Herren!
Ich hoffe, dass diejenigen, die den Film heute zum ersten Mal gesehen haben, inzwischen einmal durchatmen konnten. Denn das sollte sein, bevor wir gleich mit Zeitzeugen ins Gespräch kommen wollen. Davor aber mein herzlicher Dank an den Regisseur, Florian Gallenberger, dafür, dass Sie hier sind, und für einen so wichtigen und überaus bewegenden Film! Ohne Sie säßen wir heute wahrscheinlich nicht hier im Weltsaal des Auswärtigen Amtes. Es war der künstlerische Anstoß, den offensichtlich auch wir brauchten, um uns des Themas Colonia Dignidad und der Rolle der deutschen Botschaft in Chile noch einmal neu anzunehmen.

Der Film, den wir gesehen haben, ist kein Dokumentarfilm. Manches ist Fiktion, wie die Liebesgeschichte von Daniel Brühl und Emma Watson, auch der Lufthansa-Held am Ende. Dennoch ist der Film erdrückend wahr. Und für den Zuschauer vermutlich deshalb in manchen Passagen kaum auszuhalten.

Mit anderen Worten: Der Film ist der Anlass. Aber wir wollen nicht über den Wahrheitsgehalt einzelner Szenen reden. Wir wollen über die Rolle der Diplomatie und der handelnden Personen reden. Das ist kein leichtes Unterfangen, wie Sie sich vorstellen können. Wer redet schon gerne über die dunklen Seiten der eigenen Geschichte, insbesondere dann, wenn diese Geschichte gar nicht so weit zurückliegt.

Nein, der Umgang mit der Colonia Dignidad ist kein Ruhmesblatt, auch nicht in der Geschichte des Auswärtigen Amtes. Über viele Jahre hinweg, von den 60er- bis in die 80er-Jahre haben deutsche Diplomaten bestenfalls weggeschaut – jedenfalls eindeutig zu wenig für den Schutz ihrer Landsleute in dieser Kolonie getan. Auch später – als die

Colonia Dignidad aufgelöst war und die Menschen den täglichen Quälereien nicht mehr ausgesetzt waren – hat das Amt die notwendige Entschlossenheit und Transparenz vermissen lassen, seine Verantwortung zu identifizieren und daraus Lehren zu ziehen.

Warum das passiert ist, soll uns heute beschäftigen – wer einfache Antworten erwartet, den muss ich vermutlich enttäuschen.

Sie haben eben die Bilder von der Kolonie gesehen, darüber muss ich nicht viele Worte machen. In den frühen 1960er-Jahren wurde ein idyllisches Andental zur Heimat einer Gruppe von Deutschen aus einer freikirchlichen Gemeinde. Die Sekte wurde von Paul Schäfer geleitet, der in Deutschland – und mindestens das hätte man wissen können – wegen Kindesmissbrauchs gesucht wurde. Früh wurden – auch später, nach seiner Übersiedlung nach Chile – Vorwürfe wie Freiheitsberaubung, sexueller Missbrauch und medizinische Zwangsbehandlungen laut.

Der Aufschwung für die Kolonie kam 1973 mit der chilenischen Militärdiktatur unter General Pinochet. Die Colonia Dignidad genoss die Gunst des Regimes, sie besorgte ihm Waffen und ließ den Geheimdienst DINA ein Folterlager errichten. Das ist die Zeit, die Florian Gallenbergers Film aufgreift.

Während Willy Brandt in Europa die Entspannungspolitik propagierte, prägte rund um den Globus der Kalte Krieg das Denken über Freund und Feind. Pinochet hatte mächtige Freunde, für die das Regime nicht in erster Linie eine Militärdiktatur war, die freiheitliche Werte mit Füßen trat, sondern die vor allem ein Bollwerk gegen die kommunistische Bedrohung war und sein sollte!

Die Respektierung von politischen Freiheiten, die Wahrung der Menschenrechte auf anderen Kontinenten war ein Thema in politischen Zirkeln und an den deutschen Universitäten – aber nicht zentraler Gegenstand in der Außenpolitik der Europäer, von denen viele zu dieser Zeit um den Umgang mit dem kolonialen Erbe rangen – auch nicht in der deutschen Außenpolitik. Vielleicht hilft uns dies zu verstehen, dass ein Mitarbeiter der deutschen Botschaft Santiago de Chile 1977 den Zustand in der Colonia Dignidad mit den Worten beschreibt: «Ordentlich und sauber – bis zu den Schweineställen.»

So kam es, dass der deutsche Botschafter Erich Strätling öffentliche Ehrenerklärungen für die Kolonie formulierte, während es gleichzeitig Berichte gab, nach denen Minderjährige, die aus der Kolonie flohen und in der Botschaft in Santiago um Schutz baten, unter Verweis auf das Sorgerecht zurückgeschickt wurden. In der chilenischen Öffentlichkeit war der Name Colonia da schon mit Kindesmisshandlung, Freiheitsberaubung und Folter verbunden.

Nur sehr langsam hat das Auswärtige Amt die Dimension des Problems Colonia Dignidad verstanden.

Dass das überhaupt passierte, lag weniger an einem politischen Kurswechsel in Bonn, denn an Einzelpersonen: Kollegen wie Dieter Haller, der hier vorne sitzt. Er war als junger Mann in den 80ern in Chile auf Posten. Die in der «Colonia Dignidad lebenden deutschen Staatsangehörigen» seien vermutlich «Opfer fortgesetzter Freiheitsberaubung», schrieb er 1987. Nach einem Besuch in der Kolonie schrieb er sein Erschrecken in den Worten nieder: «So muss Theresienstadt gewesen sein.»

Dieter Haller, damals zweiter Mann an der Botschaft, und die wenigen, die ihn unterstützten, haben damals auch gehandelt. Die Praxis der pauschalen Rentenbewilligungen wurde eingestellt. Aber für uns heute kaum mehr vorstellbar: die unglaubliche Auseinandersetzung um die Einführung einer sogenannten «Konsularsprechstunde». Wir werden vielleicht gleich mehr dazu hören. Es ging um die Frage, wie man den Bewohnern der Colonia Gelegenheit gibt, gegenüber der Botschaft ihre Sicht der Dinge, ihre Bedrängnisse und seelischen Nöte vorzutragen, und das ohne die Begleitung der Handlanger Paul Schäfers. Als Gegenzug der Kolonie musste Dieter Haller sich mit Dienstaufsichtsbeschwerden der Anwälte der Kolonie herumplagen. Die Zudringlichkeiten des chilenischen Geheimdienstes wurden so unangenehm, dass er sich früher als geplant von seinem Posten ablösen lassen musste.

Damals war es um den Ruf der deutschen Botschaft nicht gut bestellt. Ein Ehepaar, das aus der Kolonie geflohen war, hatte sich bei der kanadischen Botschaft gemeldet, aus Angst, die Deutschen würden sie doch nur wieder ausliefern. Dieter Haller hat das Ehepaar dann in einem Altenheim in Santiago versteckt.

Wir haben heute eine Gruppe von Menschen versammelt – viele von Ihnen wissen besser und genauer Bescheid über die Colonia Dignidad, die heute Villa Baviera heißt. Ich will nur stellvertretend Gudrun Müller, Anna Schnellenkamp, Peter Rahl, Esther und Michael Müller nennen, die ihr gesamtes Leben oder einen großen Teil davon dort verbracht haben. Wolfgang Kneese hat es geschafft, als einer der ersten 1966 im dritten Anlauf aus der Colonia zu fliehen, und kämpft seither mit seiner Frau um Aufklärung, an der Seite von Hernán Fernandez, Menschenrechtsanwalt aus Santiago, den ich auch als unseren Gast begrüße. Dieter Maier hat 1977 für Amnesty International in Frankfurt einen aufsehenerregenden Bericht über die Kolonie veröffentlicht. Margarita Romero kämpft seit vielen Jahren für die Rechte der so vielen chilenischen Opfer und ist heute bei uns. Auch Ihnen ein herzliches Willkommen!

Sie und andere mehr haben sich – jeder auf seine Weise, aber jeder mit Mut und Entschlossenheit – große Verdienste darum erworben, dass am Ende die Wahrheit doch ans Licht gekommen ist.

Lassen Sie mich versuchen zu erläutern, wie ich die Rolle des Amtes und seine Verantwortung sehe – noch mehr: welche Lehren wir daraus ziehen wollen. Natürlich müssen wir der Versuchung widerstehen, mit leichter Hand Urteile zu fällen.

Das Auswärtige Amt ist nicht daran schuld, dass es in Chile einen Militärputsch und 17 Jahre Militärdiktatur gab. Es trägt auch keine Verantwortung für das Unwesen, das Paul Schäfer und seine Spießgesellen trieben, teilweise in Verbindung mit den Militärs und Diktatoren.

Aber das Amt hätte entschiedener «Deutschen nach pflichtgemäßem Ermessen Rat und Beistand gewähren» müssen, wie es das Konsulargesetz vorsieht. Und es hätte früher versuchen können, durch diplomatischen Druck die Spielräume der Colonia-Führung zu verengen und juristische Schritte zu erzwingen.

Die Botschaft hat es zu lange versäumt, darauf zu beharren, dass deutsche Staatsangehörige – und das waren die Bewohner der Colonia ja ganz überwiegend – frei mit Konsularbeamten reden können. Im Spannungsfeld zwischen dem Interesse an guten Beziehungen zum Gastland und dem Interesse an der Wahrung von Menschenrechten ging Amt und Botschaft offenbar die Orientierung verloren.

Wir denken bei Außenpolitik in der Regel an den Umgang von Staaten und Regierungen miteinander. Aber die Wahrheit ist: Diplomatie ist nicht abstrakt. Außenpolitik wird von Menschen gemacht. Es geht deshalb nicht nur um den Kompass eines Staates, wie er seine Interessen definiert und abwägt. Es geht auch um den Kompass eines jeden Einzelnen. Deshalb steckt in unserer Diskussion heute, deshalb steckt im Fall Colonia Dignidad auch die Frage an jeden Einzelnen, der handelt oder handeln müsste. Wie hätte ich mich wohl verhalten? Wie konnte das passieren? Und: Wie können wir verhindern, dass uns ähnliche Dinge wieder passieren?

Diese Fragen sind zu wichtig für unsere Arbeit, um sie mit einer einmaligen Veranstaltung gewissermaßen abzuhaken. Wir haben intern viel darüber diskutiert, wie wir mit dem Fall «Colonia Dignidad» für die Zukunft umgehen.

Zunächst einmal müssen wir mehr Transparenz schaffen. Die gesetzliche Schutzfrist für die Öffnung der Akten des Politischen Archivs beträgt 30 Jahre, Akten bis 1985 sind also bereits zugänglich. Ich habe entschieden, diese Schutzfrist um zehn Jahre zu verkürzen. Damit machen wir die Akten der Jahre 1986 bis 1996 für Wissenschaftler und Medien zugänglich. Dabei müssen die Persönlichkeitsrechte der Opfer natürlich ausreichend geschützt werden.

Der Colonia-Forscher Dieter Maier hat einmal darüber nachgedacht, warum deutsche Diplomaten die Lügenmärchen von Schäfer und Co. geglaubt haben. Vielleicht hätten sie sich «so viel Verstellung, Grausamkeit und Destruktivität» nicht vorstellen können, mutmaßte er. Vielleicht sollte «das AA angehende Diplomaten zu einem Praktikum bei irgendeiner Mafia schicken, um ihre Wachsamkeit gegenüber dem Bösen zu schärfen».

So weit würde ich nicht gehen, aber Wachsamkeit ist ein Begriff, den wir uns merken sollten. Das Auswärtige Amt will Lehren aus dem Umgang mit der Colonia Dignidad ziehen. Das Aktenmaterial soll aufgearbeitet werden – nicht einfach, um es zu haben oder um Vergangenes zu veurteilen, sondern um es für die Aus- und Fortbildung unserer jungen Mitarbeiter zu nutzen.

Was wurde versäumt, was hätte man besser machen können? Wie würde man heute denkbaren ähnlichen Konfliktsituationen vorbeugen? Für unsere Anwärterinnen und Anwärter aller Laufbahnen soll die Fallstudie «Colonia Dignidad» den Kern einer neuen Unterrichtseinheit in der Ausbildungsstätte Tegel bilden. Entsprechendes gilt für die Fortbildung: Die Diskussion über den «inneren Kompass» und die nötige «Wachsamkeit» soll anhand des Falles «Colonia Dignidad» fester Bestandteil des Curriculums unserer Führungsseminare werden.

Die Frage des ethischen Maßstabs für unser Handeln ist keine historische Frage, sondern sie stellt sich jeden Tag neu, wenn wir abwägen müssen zwischen guten Beziehungen zum Gastland und der Kritik an kritikwürdigen Zuständen.

Es gibt Fälle, in denen das Handeln nach Recht und Gesetz nicht reicht. Fälle, in denen uns die Verantwortung, die wir alle tragen, gebietet, mehr zu tun. Die fehlende Weisung darf nie Rechtfertigung für Wegschauen oder Untätigkeit sein. Herz und Verstand und der Mut, danach zu handeln, sollten ausreichend Orientierung geben, um das Notwendige und damit Richtige zu tun.

In diesem Sinne bedanke ich mich bei allen Beteiligten für diesen Abend. Ich verneige mich vor den Opfern des Zwangssystems Colonia

Dignidad. Frau Schnellenkamp, Herr Kneese: danke, dass Sie bereit waren, öffentlich über Ihr Schicksal zu sprechen, und danke, dass Sie heute hier sind! Und Dank nochmal an den Regisseur. Herr Gallenberger, Sie sehen, wie wichtig Anstöße aus der Kultur für die Politik sein können, auch für die Außenpolitik. Vielen Dank.

Anmerkung:
Im Gesetz über die *Konsularbeamten, ihre Aufgaben und Befugnisse* (Konsulargesetz),§ 5 *Hilfeleistung an einzelne* heißt es:
(1) Die Konsularbeamten sollen Deutschen, die in ihrem Konsularbezirk hilfsbedürftig sind, die erforderliche Hilfe leisten, wenn die Notlage auf andere Weise nicht behoben werden kann. Dies gilt nicht für Deutsche, die ihren gewöhnlichen Aufenthalt in einem ausländischen Staat haben, wenn sie gleichzeitig die Staatsangehörigkeit dieses Staates besitzen und auch ihr Vater oder ihre Mutter sie besitzt oder besessen hat sowie für ihre Abkömmlinge; diesen Personen können die Konsularbeamten jedoch Hilfe gewähren, soweit es im Einzelfall der Billigkeit entspricht.

Junge Ehepaare aus Villa Baviera erklären:

Wir sind uns bewusst, dass das Handeln der älteren Generationen in der Geschichte von Villa Baviera vielen Menschen Leid, Schmerzen und Sorgen bereitet hat. Wir denken vor allem an unsere Verwandten in Deutschland, die wir verlassen haben, und unsere Freunde in Chile, die uns vertraut und sich für uns verbürgt haben. Wir Jüngeren sind in diese Schuldverstrickung hineingewachsen und tragen nun mit daran. Es ist uns ein tiefes Anliegen und Bedürfnis, heute öffentlich für diese Schuld um Vergebung zu bitten. Wir erklären uns außerdem solidarisch mit dem Schmerz chilenischer Mütter und ihrer Kinder, die in unserer Nachbarschaft lebten, denn es gibt in unserer Gemeinschaft Eltern und Kinder, die dasselbe Leid tragen müssen.

Mit der folgenden Erklärung versuchen wir, zu unserer Vergangenheit Stellung zu nehmen.

Nachdem Paul Schäfer Villa Baviera verlassen hatte, haben wir Jahre gebraucht – in denen wir neue Formen des Zusammenlebens suchten –, um die inneren und äußeren Zusammenhänge unseres vergangenen gemeinsamen Lebens zu erkennen und sie nun aufzeigen zu können.

Wir sehen heute, daß unsere Gemeinschaft eine typische religiöse Sekte war, die durch geistige Kontrolle die Persönlichkeit ihrer Mitglieder umgeformt hat, indem sie sie unfähig machte, eigene Entscheidungen zu treffen, vor allem solche, die sich von der Haltung und dem Denken der Gruppe entfernt hätten. Die Haltung und das Denken aller wurde von ihrem Leiter, Paul Schäfer, bestimmt, gestaltet und gelenkt.

Die Gruppe deutscher Einwanderer, die 1961 mit Paul Schäfer nach Chile kam, hatte den Krieg und sein Ende erlebt, die Zerstörung der äußeren Strukturen und das Versagen der inneren Werte, beides als Folge der politischen Irreführung. Durch die katastrophale Not und vielfache Schuld war man damals in Deutschland sehr offen für Besinnung und religiöse Fragen. Unsere Eltern – die keine Nazis waren und unter dem Dritten Reich vielfach gelitten hatten – erkannten ein neues Ziel in der gemeinschaftlichen sozialen Hilfe für Bedürftige, als Dienst am Nächsten. Sie hatten sich freiwillig zu einer Glaubensgemeinschaft von Familien und Einzelpersonen zusammengeschlossen, um die soziale Arbeit wirksamer zu gestalten, als es dem Einzelnen möglich war. Das war der Sinn ihres Auswanderungsplans, zu dessen Verwirklichung sie all ihren Besitz zur Verfügung stellten. Aber die versprochenen Familienhäuser wurden in Chile nie gebaut. Schon hier am Anfang hatte Paul Schäfer einen anderen, geheimgehaltenen Beweggrund: die Flucht vor der deutschen Justiz.

In Chile haben sie in einer abgelegenen Gegend der Gemeinde Parral Fuß gefasst und sofort, Hand in Hand mit dem Aufbau, medizinische und sachliche Hilfe für die umwohnende Land- und Bergbevölkerung geleistet.

Der harte Anfang erforderte persönliche Beschränkungen, das Zusammenleben in männlichen und weiblichen Altersgruppen und einen allgemeinen einheitlichen Arbeitseinsatz, der bald zu sichtbarem Erfolg führte. Die von der Notwendigkeit geforderten Beschränkungen erschienen nun als Dauergrundlagen bestätigt und begünstigten die Diktatur eines Einzelnen, Paul Schäfers, die auch religiös untermauert wurde, weil alle ihn als den geistlich Überlegenen anerkannten.

Der Vortrag und der Inhalt seiner Predigt waren ansprechend und beeindruckend. Viele bezeugen noch heute, dass sie bei ihm den Glauben an Gott gefunden und Wichtiges für ihr Leben gelernt haben.

Aufgrund dessen haben alle sowohl ihr Gewissen wie ihren Verstand seinem Urteil unterstellt. Auf dieser Grundlage konnte er sich zum alleinigen und ständigen Seelsorger der Gemeinschaft machen. Dabei engte er aber die Seelsorge inhaltlich ein, so dass nur ein immerwährendes Sündenbekennen vor ihm übrigblieb. Dadurch erlangte er eine genaue Kenntnis jedes einzelnen, die er dann wieder als Herrschaftsmittel ausnutzte.

Dann hat er die religiöse Macht bald auch auf die Gegebenheiten des täglichen Lebens übertragen, so dass sich bei sachlichen Verhandlungen zuletzt sein Urteil auch gegen fachliche Bedenken durchsetzen konnte. Nachdem Paul Schäfer einmal die Führungsrolle eingeräumt worden war, hatte dies die verhängnisvoll-schuldhafte Folge, dass er alle und alles nach seinem Gutdünken dirigieren konnte.

Die Bestimmung des gemeinschaftlichen Denkens hat Paul Schäfer mit großer Intelligenz und unglaublicher Raffinesse durchgeführt. Er hat unser gemeinsames Leben stets als Hingabe für die Sache Gottes dargestellt, während alles – auch die Wohltätigkeit – zugleich eine umfassende Planung war, die zu seinem eigenen Schutz diente und in der er alle bedenken- und rücksichtslos missbraucht hat, um ungestört seinem verbrecherischen Laster weiter frönen zu können.

Um zu seiner unbeschränkten Machtstellung zu gelangen, hat er uns nach außen abgeschirmt: Er hat auf den Abbruch der Beziehungen zur

Familie und Verwandtschaft hingearbeitet, soweit sie in Deutschland verblieben waren und uns kritisch gegenüberstanden; das hat sehr viel Leid verursacht. Er hat die Informationen von außen eingeschränkt und ausgewählt. Er hat in Schwarzweißmalerei Innen und Außen als Gut und Böse gegenübergestellt, glaubensmäßig und politisch Feindbilder geschaffen. Kritik von außen wurde stets abgewiesen und als Neid, Bosheit oder Glaubensverfolgung hingestellt. Dabei waren wir nach seinen Behauptungen in jeder Beziehung nicht nur die Guten, sondern die einzig Richtigen.

Eine weitere Abschirmung ergab sich aus der an sich normalen Einzäunung des Wohngebiets, die jedoch einen doppelten Zweck verfolgte. Sie sollte einmal das unbefugte Eindringen von Mensch und Tier vermeiden, zugleich aber auch das unerlaubte Verlassen des Geländes verhindern. Außer denen, die Beziehungen zur Außenwelt pflegen mussten, hatte niemand Personalpapiere und Geld bei sich.

Paul Schäfer hatte unter allen die Überzeugung zustande gebracht, dass er und die Grundlage unseres Zusammenlebens gut und gesund wären. Dabei war aber der Kern verfault und krank!

Wer diese Lüge durchschaut hatte und ihm die Wahrheit sagte, wurde vor den andern herabgesetzt, lächerlich gemacht, als unzurechnungsfähig und minderwertig hingestellt und innerhalb der Gemeinschaft isoliert, so dass er keine Aussicht hatte, gehört zu werden. Wen Paul Schäfer abgewertet hatte, der galt den meisten als Mensch zweiter Klasse, eine Einstufung, die leider bei vielen bis heute passiv und aktiv nachwirkt.

Es war Paul Schäfer Befriedigung und Genugtuung, Menschen leiden zu lassen und leiden zu sehen; besonders solche, die ihm nicht gefielen oder die er als Gegner betrachtete. Darin sehen wir heute einen sadistischen Zug seiner Persönlichkeit.

Teilen, um zu herrschen, war seine Richtschnur. Niemand wusste alles, niemand außer ihm hatte einen Überblick; vieles, was innerhalb der Gruppen geschah, blieb den anderen verborgen. Den Gegensatz von Jung und Alt hat er bald von einer, bald von der andern Seite für sich ausgespielt. Wenn er jemand zu Recht oder zu Unrecht beschuldigte, wusste er es stets so einzurichten, dass alle anderen zu ihm und gegen den Einzelnen standen, ohne dass jemand gewagt hätte, für den Betroffenen einzutreten. Wenn sich angebliche Notwendigkeiten ergaben, hat er es immer verstanden, zu dem gemeinsamen Beschluss zu kommen, der ihm genehm war. Die Last der täglichen Arbeit und die immer wieder offiziell ausgefüllte Freizeit gaben niemand Gelegenheit zur Besinnung oder zu ruhiger Überlegung.

Da Paul Schäfer keine Vielfalt, sondern die Einförmigkeit anstrebte, wurde auch die Sprache formelhaft vereinfacht. Für bestimmte Situationen wurde eine Überschrift geprägt, und diese Schlagworte wurden von ihm und anderen als feste Formeln gebraucht, um jedes eigene, d. h. kritische Denken abzuwürgen. An die Stelle des Gesprächs, der klärenden Auseinandersetzung wurde der, der eine abweichende Meinung vertrat oder etwas für sich erbat, sofort ins Unrecht gesetzt.

Das Schlagwort: «Wer sich verteidigt, klagt sich an», zielte z. B. darauf ab, jeden zu entwaffnen, der sich gegen ungerechte Vorwürfe verwahren wollte.

Solche anscheinend frommen Parolen, die von allen – auch den Betroffenen – hingenommen wurden, erlaubten Paul Schäfer, seine unbedingte Herrschaft vor jeder Beeinträchtigung zu bewahren.

Ganz starken Wert legte Paul Schäfer auf sittliche Reinheit allgemein und Bewahrung der Jugend vor sexuellen Versuchungen im Besonderen. Dazu diente die strenge Trennung der Jungen- und Mädchengruppen. In Jugendliteratur und ebenso Religionsbüchern wurde jede Aussage oder auch nur Andeutung überklebt, die sich auf Liebe, Ehe, Zeugung und Geburt bezog, sei es von Mensch oder Tier, und genauso jedes entsprechende Bild. Über diesen Themenkreis durfte nie gesprochen werden. Bibeln wurden daher für die Jugend nicht ausgegeben. Paul Schäfers negative Äußerungen über das Heiraten vermittelten der Jugend die Vorstellung, daß die Ehe eine sündige Angelegenheit sei.

Eheschließungen fanden zunächst in Catillo, später vorzugsweise in Santiago statt. Die jungen Ehepaare bemühten sich im täglichen Leben nicht als solche zu erscheinen und hatten nicht einmal ein eigenes Zimmer. Frauen, die guter Hoffnung waren, wurden aus dem Verkehr gezogen und innerhalb oder außerhalb des Grundstücks bis zur Geburt isoliert untergebracht.

Alle akzeptierten diese Maßnahmen, weil sie anscheinend dazu dienten, die Reinheit der Jugend zu bewahren. Niemand wagte, Paul Schäfers Aufrichtigkeit in dieser Hinsicht anzuzweifeln. Tatsächlich aber verhinderte diese übertriebene Bewahrung das normale Verarbeiten der jugendlichen Probleme und damit das Reifwerden durch ihre Bewältigung.

Die Überbetonung strikter Moral war jedoch die Schutzmauer, hinter der Paul Schäfer seine krankhafte Abartigkeit auslebte. Unter den Jungen, die er ohnehin schon so erzogen hatte, dass er für sie die einzige und ausschließliche Autorität bildete, wählte er die Opfer seiner krankhaften Neigung aus. Diesen verbot er aufs Schärfste, jemals jemand irgendetwas von ihrer sexuellen Beziehung zu ihm zu sagen. Er gab sie vor ihnen als erzieherisch notwendige Maßnahme aus und bereitete sie von klein auf vor, wie sie eventuelle Fragen der Eltern beantworten sollten. Obwohl er in seinen Predigten häufig forderte: Lass los, wen du gebunden hast!, band er selber die Jungen so fest an sich, dass er seine Absicht erreichte und niemand von den Erwachsenen Kenntnis von seinem Kindesmissbrauch erlangte.

Alle Krankheitssymptome der kriminellen Pädophilie waren bei Paul Schäfer vorhanden. Die Machtausübung, das angeblich Erzieherische, die Unkontrollierbarkeit seiner Sucht und die Verpflichtung der Opfer zum Stillschweigen.

Die Kinder wurden möglichst bald nach der Geburt in eine Jungen- oder Mädchen-Kleinkindergruppe eingegliedert. Dadurch war die Mutter wieder für die Arbeit frei, und zugleich wurde die enge Verbindung zwischen Mutter und Kind verhindert. So wurde auch erreicht, dass Kinder sogar ihre Eltern und eigenen Geschwister nicht als solche kennenlernten. Diese Auflösung der Familie wurde religiös verbrämt. «Wer ist mein Vater und meine Mutter? Die den Willen Gottes tun», wiederholte Paul Schäfer wieder und wieder in gezielter Verfälschung des Bibelworts. Heute noch begreifen viele Eltern nicht, wie sie dazu kommen konnten, auf die Verantwortung für ihre Kinder zu verzichten.

Zu anderen Vorgängen, wie Menschenrechtsverletzungen und Waffen, die noch in anhängigen Prozessen untersucht werden, können wir wegen der Geheimhaltung der Untersuchung verständlicherweise hier keine Erklärungen abgeben, außer das wir über diese uns bisher unbekannten Tatbestände sehr erschrocken sind. Offensichtlich sind schwere Delikte begangen worden, deren endgültige Klärung wir von der Justiz erhoffen. Wir verstehen und achten den Schmerz aller, die den Verlust naher Verwandter in den Jahren nach dem September 1973 erlitten haben, besonders derer, die um das Schicksal ihrer Angehörigen noch immer im Ungewissen sind.

Aufs Ganze gesehen war nicht alles nur Angst, Furcht und Schrecken in Villa Baviera. Das Zusammenleben und -arbeiten unter Gleichgesinnten, das Entdecken der landschaftlichen Schönheit unseres Grundstücks bei Wanderungen und Ausflügen und auch die tägliche Freude, in solch ländlicher Umgebung leben zu dürfen, fröhliches Singen und Musizieren, Vorträge in Wort und Spiel auf der Bühne im Gemeinschaftssaal,

Darin zeigte sich die andere Seite unseres Lebens. Im Laufe der Jahre entstanden viele Gedichte von Alten und Jungen, in denen die Verbundenheit mit der neuen Heimat und das Lob ihrer Schönheit echten Ausdruck fanden.

Und wenn man auch sagen muss, dass selbst das Krankenhaus eine Tarnung für Paul Schäfer war: Für die, die sich Tag und Nacht um die kranken Kinder und Erwachsenen bemühten, die aus der Nachbarschaft wie aus weit abgelegenen Orten der Kordillere kamen, für sie war ihre Arbeit ein Dienst am Nächsten. Das werden auch heute noch sehr viele Patienten bezeugen können. Wer diese Wohltätigkeit leugnen wollte, wird unser Leben nie verstehen können. Gutes und Schlechtes lag verhängnisvoll nebeneinander – und oft im gleichen Menschen – und beides gehörte zur Lebenswirklichkeit in Villa Baviera.

Unsere Eltern sind zu der Einsicht gekommen, dass sie in eine Schuldverflechtung geraten sind, weil sie als Einzelne nicht die Kraft und den Mut aufbrachten, sich der Diktatur Paul Schäfers weder in allgemeinen noch in konkreten Fällen zu widersetzen. Sie hatten sich leider daran gewöhnt, Anordnungen und Befehlen selbstverständlich zu gehorchen, und dabei die ruhige Überlegung, den Verstand und das Gewissen weitgehend beiseite zu lassen. Damit haben sie dazu beigetragen, ihre eigene Menschenwürde zu untergraben.

Mit dieser Erkenntnis und der dadurch geschenkten Wachsamkeit sehen wir jetzt, dass unser Weiterleben nur in der Zusammenarbeit mit dem chilenischen Staat und durch die Integration in die chilenische Gesellschaft Zukunft hat.

In diesem Sinn wagen wir zu bitten und zu hoffen, dass uns Verständnis und Hilfe entgegengebracht wird, um unsern neuen Weg zu finden und zu gehen.

Helmut Schaak Jabs
C.I. 6.267.855-0

Christel Tymm Dreipelcher
C.I. 6.267.884-4

Harald Lindemann Brunzlow
C.I. 6.268.519-0

Astrid Tymm Dreipelcher
C.I. 6.267.888-7

Werner Schaak Jabs
C.I. 6.268.221-3

Ingrid Baar Köhler
C.I. 6.268.204-3

(Dieser Text stammt vom September 2005, D. M.)

Rede von Dieter Maier am 23.3.2013 in Krefeld bei der Protestveranstaltung *(funa)* vor Hartmut Hopps Haus

Liebe Freundinnen und Freunde, liebe Krefelderinnen und Krefelder! Wir stehen hier ganz in der Nähe des Wohnhauses von Hartmut Hopp. Hartmut Hopp war ein wichtiges Führungsmitglied der Deutschensiedlung Colonia Dignidad in Chile, in der jahrzehntelang schwere Verbrechen gegen die Menschenrechte begangen wurden. Dort wurden über hundert Menschen ermordet, hunderte gefoltert, andere wurden sexuell missbraucht oder mit Psychopharmaka gequält. Hartmut Hopp war der Krankenhausdirektor der Colonia Dignidad und deren Vertreter nach Außen. Er war ein enger Vertrauter des Sektenchefs Paul Schäfer.

Hopp wurde am 25. Januar 2013 vom Obersten Gerichtshof Chiles rechtskräftig zu fünf Jahren Haft verurteilt als Mittäter von systematischem sexuellem Missbrauch von Kindern. Er wurde auch in Chile schon wegen Verstoßes gegen das Waffengesetz verurteilt. Er ist angeklagt in Verfahren wegen Mordes an politischen Gefangenen und wegen Bildung einer kriminellen Vereinigung. Vor dieser – und voraussichtliche weiteren Haftstrafen ist Hartmut Hopp im Mai 2011 von Chile nach Deutschland geflohen. Chile hat seine Auslieferung beantragt, jedoch liefert Deutschland keine eigenen Staatsbürger aus. Die Krefelder Staatsanwaltschaft hat Ermittlungen gegen ihn aufgenommen, die noch andauern.

Was Sie heute hier erleben, ist eine *funa*. Das Wort kommt aus dem chilenischen Spanisch. In Chile ist die Aufarbeitung der während der Pinochet-Diktatur begangenen Menschenrechtsverbrechen langwierig und lückenhaft. Viele Mörder und Folterer sind nie oder nur zu geringen Strafen verurteilt worden. Angehörige von verschwundenen politischen Gefangenen führen deshalb *funas* durch, um die NachbarInnen der Täter und die Öffentlichkeit auf diese Tatsache hinzuweisen, während von Staat und Justiz Aufarbeitung und Gerechtigkeit gefordert wird. Im Anschluss an unsere *funa* in Krefeld, am 24.3., werden in Chile Folteropfer und Angehörige von in der Colonia Dignidad ermordeten Personen an den Toren der Ex-Colonia Dignidad eine Mahnwache durchführen und die Einrichtung einer Gedenkstätte auf dem Gelände fordern. Wir fordern von der Bundesregierung eine Beteiligung an der Errichtung dieses Gedenkortes.

Veranstaltungen wie diese heute müssen harten Kriterien genügen. Solange ein Beschuldigter nicht rechtskräftig verurteilt ist, gilt für ihn die Unschuldsvermutung. Wir maßen uns nicht an, jemanden kurzerhand an den Pranger zu stellen. Wir wissen sehr genau, welche politischen Gefahren das mit sich bringen kann. Das ist auch nicht unser Ziel. Wir bezwecken keine Vorverurteilung. Hopp ist aber nicht nur ein Beschuldigter in mehreren deutschen und chilenischen Ermittlungsverfahren, bei denen die Unschuldsvermutung gilt, sondern er wurde vom Obersten Gerichthof Chiles zu fünf Jahren Haft verurteilt. Dieses Urteil ist rechtskräftig. Die zusammen mit Hopp Verurteilten haben ihre Haftstrafen bereits angetreten, wobei ihre Zelleneinrichtung und Versorgung besser ist als die der chilenischen Gefangenen. Hopp hat sich jedoch durch illegale Ausreise – die chilenische Justiz hatte ihn mit einem Ausreiseverbot belegt – dieser Haftstrafe entzogen.

Die bilaterale Rechtshilfe ist ein mühsamer Weg, insbesondere, wenn die betroffenen Staaten kein Rechtshilfeabkommen unterzeichnet haben, was bei Deutschland und Chile der Fall ist. Eine Vollstreckung der chilenischen Haftstrafe in Deutschland ist möglich, aber sie ist auch eine Frage des politischen Willens. Nicht nur die Justiz ist damit betraut, sondern auch eine Anzahl weiterer staatlicher Stellen beider Länder. Hopp ist Justizflüchtling und nutzt eine Lücke zwischen deutschem und zwischenstaatlichem Recht. In Deutschland sind die Verjährungsfristen kürzer und die Beweiserhebung schwieriger als in Chile, wo die ihm vorgeworfenen Taten begangen wurden. Das macht Hopp sich zum Vorteil, und darum ist der Fall Hopp ein Politikum. Und darum hat hier die Zivilgesellschaft eine Funktion. Ein fehlendes Auslieferungsabkommen und die Unterschiede zwischen nationalen Rechtssystemen dürfen nicht zur faktischen Straffreiheit führen.

Neben der Vollstreckung des chilenischen Strafurteils begrüßen wir natürlich auch rasche Ermittlungen seitens der Krefelder Staatsanwaltschaft, die hoffentlich bald zu einer oder mehreren Anklagen gegen Hopp führen werden. Wie die deutsche Justiz dann entscheidet, liegt bei ihr selbst. Und es liegt bei Hartmut Hopp, vor der Staatsanwaltschaft auszusagen. Er gehörte zur Führung der Siedlung und hat vieles mitbekommen. Wenn er unschuldig ist, soll er die Vorwürfe entkräften, wenn nicht, darf er hier nicht unbehelligt leben. Ähnliches gilt für seine Frau, die in dem Krankenhaus gearbeitet hat, in dem viele der Folterungen geschehen sind.

Mit unserer Kundgebung wollen wir die Hoffnung der Opfer auf Gerechtigkeit bestärken und die zuständigen politischen Entscheidungsebenen dazu auffordern, dem Fall Colonia Dignidad höhere Priorität einzuräumen. Was dort an Folter und Mord, an Entwürdigung und Erpressung geschah, geht aber über das hinaus, was Gerichte und andere staatliche Institutionen sanktionieren oder wieder gutmachen können, so notwendig ihre Urteile auch sind. Die Justiz kann nicht sagen, was gesagt werden muss: Nie wieder, *nunca más*. Die Justizsysteme und politischen Systeme Chiles und Deutschlands sind verschieden und können nicht mit *einer* Stimme sprechen; wir, die wir heute hier demonstrieren, und diejenigen, die morgen vor der Ex-Colonia Dignidad demonstrieren, fordern mit *einer* Stimme: kein Vergessen und zügige und gerechte Urteile.

Menschenrechtsarbeit ist notwendigerweise international. In einer Diktatur ist die Zivilgesellschaft zu geschwächt, um der Repression wirksam entgegenzutreten. Sie braucht den Rückhalt demokratischer Länder. Wenn Deutschland zum sicheren Hafen für Menschen wird, die in anderen Ländern in Menschenrechtsverbrechen verwickelt waren, dann ist ein weiteres Mal die internationale Solidarität gefragt. Bilaterale Beziehungen zwischen Staaten sind so langwierig und von so vielen diplomatischen Rücksichten und Bedenken geprägt, dass die Zivilgesellschaften der betreffenden Länder sich als freiere Akteure einmischen müssen. Unsere Aktion heute soll ein kleiner Beitrag zum internationalen Menschenrechtsschutz werden.

Die Bundesregierung wusste schon früh von den kriminellen Machenschaften der Colonia Dignidad. Seit den sechziger Jahren flüchteten Sektenmitglieder in die deutsche Botschaft in Santiago de Chile und berichteten von den Verbrechen, die in der Siedlung begangen wurden. Pinochets Geheimdienst DINA folterte und ermordete in der Siedlung politische Gefangene. Während der Diktatur gab es freundschaftliche Beziehungen zwischen einigen Mitarbeitern der Botschaft und der Colonia Dignidad. Erst Ende der achtziger Jahre distanzierte man sich. Gerhard Mertins, einer der wichtigsten deutschen Waffenhändler, der im Auftrag der Bundeswehr Waffen verkaufte, ging in der Colonia Dignidad ein und aus. Die Bonner Staatsanwaltschaft ermittelte von 1985 bis 2010 gegen Schäfer, Hopp und andere. Alle Verfahren wurden jedoch ergebnislos und mit z. T. fadenscheinigen Begründungen eingestellt.

Während der schlimmsten Unterdrückung unter Pinochet hat der deutsche Staat (BRD) eine Stellungnahme gegenüber der Colonia Dignidad verweigert mit der Begründung, dass ein laufendes Gerichtsverfahren anhinge und er sich nicht einmischen dürfe. Ohne diese «äußerste Zurückhaltung» (so ein Dokument des Auswärtigen Amtes) hätte viel Leid verhindert werden können. Wir sagen Nein zu dieser Zurückhaltung.

Hopp ist nicht das erste per Interpol-Haftbefehl gesuchte Führungsmitglied der Colonia Dignidad, das sich nach der Flucht vor der chilenischen Justiz in Krefeld niederlässt. Zuvor kamen schon Albert Schreiber (verstorben) mit Familie und weitere Täter der Colonia Dignidad nach Krefeld. Der Grund für die Wahl ihres neuen Wohnsitzes Krefeld dürfte die «Freie Volksmission Krefeld» sein, deren Leiter Ewald Frank die mittlerweile umbenannte Colonia Dignidad mehrfach besucht hat.

Die Täter wollen das Vergangene vergangen sein lassen, die Opfer können das nicht. Die Erinnerung an die Misshandlungen, die sie erdulden mussten, verschwindet nie. Vor wenigen Wochen hat die Villa Baviera ihre Vergangenheit loswerden wollen und hat sie versteigert. Sie haben richtig gehört: versteigert – in einer öffentlichen Versteigerung und mit der Begründung, sich von der Vergangenheit zu trennen und zu Geld zu kommen. Rasierapparate Paul Schäfers, der Krankenwagen, in dem politische Gefangene zur Folter gefahren wurden, Hopps Mercedes, all das kam unter den Hammer. Wir sind es den überlebenden Opfern und den Angehörigen der in der Siedlung «Verschwundenen» schuldig, gegen diesen Versuch der Selbstreinwaschung und Vergangenheitsentsorgung zu protestieren. Wir tun es hier und heute. Ein in Deutschland lebender Bruder des in der Siedlung ermordeten Hernán Sarmientos wäre unter uns, wenn er nicht gerade in Chile wäre. Er hat mich gebeten, Euch zu grüßen. Einige ehemalige Bewohner der Colonia Dignidad wären heute gerne hier, sind aber körperlich und seelisch so misshandelt worden, dass sie es nicht schaffen zu kommen.

Heute leben noch etwa 160 Personen in der früheren Colonia Dignidad. Zu ihr gehören ein Hotel, ein Restaurant, Lebensmittelproduktion, Forstwirtschaft und ein Steinbruch. Die dem Bundesministerium für wirtschaftliche Zusammenarbeit unterstellte GIZ (Gesellschaft für Internationale Zusammenarbeit) unterstützt diese Unternehmen technisch und administrativ. Die Siedlung feierte noch 2012 ein deutschtümelndes Oktoberfest. Mit keinem Wort werden die dort begangenen Verbrechen erwähnt. Folteropfer und Angehörige von «Verschwundenen» in Chile fordern, dass die finanzielle Unterstützung der Ex-Colonia-Dignidad seitens der Bundesregierung eingestellt und stattdessen die Errichtung einer Gedenkstätte an oder in der Siedlung gefördert wird.

Auf den Straßen von Krefeld begegnen sich heute Täter und Opfer der Colonia Dignidad. Diese unfreiwillige Verbindung von Krefeld mit einem Verbrechen, das bis heute nicht vollständig aufgearbeitet ist, ist aus unserer Sicht auch ein Grund, sich klar zu positionieren. Deutschland darf kein sicherer Rückzugsort für Menschen werden, die in anderen Ländern in die Repression einer Militärdiktatur verwickelt waren, und Krefeld sollte nicht wortlos dabei zuschauen.

Wir haben diesen Platz gewählt, weil er in Sichtweite der beiden Hopps ist. Sie sollen wissen, dass Normalität nicht einfach so zu haben ist, nicht durch Flucht und nicht durch Unschuldsbeteuerungen und nicht dadurch, dass ein Prediger, der unterschlägt, dass der Vergebung tätige Buße vorausgehen muss, sie von ihrer Schuld freispricht. Wir können Hopp nicht zur Rede stellen, denn er schweigt und versteckt sich wie Kain nach dem Brudermord. Hopp soll reden, auspacken, aussagen, dann läuft ein geregeltes Gerichtsverfahren ab, dann gibt es keine Funa mehr. Aber er will, wie seine Mittäter, das begangene Unrecht durch Rückzug ins Private neutralisieren. Die Opfer aber können ihr Leid nicht als Privatangelegenheit mit sich herumschleppen, denn die Erinnerung verfolgt sie jeden Tag. Wenn der Staat ihr Leid nicht anerkennt – und weder der deutsche noch der chilenische hat das bis heute getan –, dann tun wir es, die Staatsbürger beider Länder. Und da es nur Opfer gibt, wenn es auch Täter gibt, tun wir das in Krefeld, der Stadt, die dabei ist, sich dadurch einen Namen zu machen, dass in ihr Opfer und Täter leben und sie dazu nichts zu sagen hat, außer wir tun es heute hier.

Das Unrecht geschah mithilfe des chilenischen Staates und unter den Augen des deutschen. Deshalb fordern wir die öffentliche Aufarbeitung. Wir wissen nicht, ob Hopp einem seiner Opfer in die Augen sehen könnte, denn er entzieht sich. Deshalb ist uns der Blickkontakt zu seinem Haus wichtig. Wir sehen hin. Und als symbolische Handlung wird jetzt eine von uns ein Flugblatt in jeden Briefkasten dieses Hauses (einer trägt keinen Namen) stecken.

WIR FORDERN:

- Konsequente und rasche Strafverfolgung der Täter der Colonia Dignidad in Chile und in Deutschland!
- Vollstreckung der chilenischen Haftstrafe von Hartmut Hopp in Deutschland!
- Errichtung einer Gedenkstätte an/auf dem Gelände der ehemaligen Colonia Dignidad! Umwidmung der bundesdeutschen Steuergelder, die bis heute zur wirtschaftlichen Stütze der Villa Baviera eingesetzt werden, zu diesem Zweck!

Don Carlos de la Mancha (Erinnerung an Carlos Liberona)

Carlos Liberona war mein ständiger Koautor, wollte aber nicht mit seinem Namen genannt werden. Da er nun tot ist, möchte ich dieses Buch mit einer persönlichen Erinnerung an ihn beschließen. Sie wirft ein Licht auf unsere gemeinsame Arbeit, ohne die ich die Colonia Dignidad nicht verstanden hätte.

Ein paar Mal haben wir dieses Gespräch geführt: Nein, du bist doch nicht Sancho Pansa, sagte Carlos Liberona. Ich bestand aber darauf. Die Don Quixotes seid ihr, die Idealisten mit eurem Kampf gegen die Diktatur. Ich kümmerte mich, wie der Realist Sancho Pansa, um die Gefangenen. Er gehörte zum Zentralkomitee der Untergrundpartei MIR, ich arbeitete bei *Amnesty International* und war für Chile zuständig. Deshalb hatten wir uns kennengelernt.

Er hat die Colonia Dignidad länger als jeder andere beobachtet. Er hatte innerhalb des MIR ein Netz aufgebaut, das er *la orquestrita* nannte, offenbar eine Anspielung auf die «Rote Kapelle», eine deutsche Widerstandsgruppierung während der Hitlerzeit. Dieses «kleine Orchester» beobachtete und infiltrierte rechte chilenische Terrorgruppen, darunter auch *Patria y Libertad*, die mit der Colonia Dignidad zusammenarbeiteten. Carlos infiltrierte die Gruppe von *Patria y Libertad* in der Gegend der Colonia Dignidad und wusste von deren Machenschaften.

Als Pinochets Geheimdienst DINA den MIR aufrieb und der Kontakt zur Parteiführung abbrach, fror Carlos seine Struktur ein, und sie überstand die Repression. Erst 1989 knüpfte er die Kontakte wieder neu.

Er erwähnte gelegentlich einen «viejo Simón», den alten Simon, einen deutschen Juden, der nach Hitlers Machtantritt nach Frankreich floh, dort nach dem deutschen Einmarsch in die *résistance* ging, gefangen und ins KZ gesteckt wurde. Nach 1945 war er an der Selbstjustiz gegen NS-Täter beteiligt und wanderte dann nach Chile aus. Ich weiß bis heute nicht, wer der Mann wirklich war. In Chile beobachtete er die dortigen Nazis, darunter die Colonia Dignidad (die, wie ich gegenüber Carlos jedes Mal korrigierend hinzufügte, im Kern keine Nazi-Siedlung war. Wir wurden uns darüber nicht einig.). «Simón» hatte ein Netz von etwa 70 Personen. Als der israelische Geheimdienst Mossad, mit dem «Simón» nichts zu tun hatte, begann, die Nazis in Lateinamerika auszuspionieren, stellte «Simón» seine Struktur auf eine Art Passivmodus um: Sie beobachteten, ohne ins Geschehen einzugreifen. Sie heftete sich an die Spur von Walther Rauff, dem Judenmörder, der nach Chile geflohen war. «Simón» hatte herausgefunden, dass Rauff direkt nach dem Krieg für den israelischen Geheimdienst MOSSAD gearbeitet hatte. Das war eine der wenigen Informationen, die ich Carlos nicht abnahm. Jahre später bewahrheitete sie sich.

Ulla, eine blonde deutsche Studentin, die aus Neugierde oder Abenteuerlust kurz vor dem Putsch nach Chile gekommen war, war völlig unpolitisch. Sie lernten sich kennen, als Carlos (damals «Ricardo») «für ein paar Tage» einen Unterschlupf brauchte. Als er verhaftet wurde, sagten die gut angezogenen jungen Männer, die ihn mitnahmen, sie solle sich keine Sorgen machen – *no se preocupe*, er sei am nächsten Tag wieder da. Carlos konnte ihr noch zuflüstern, sie solle abhauen. Als sie dann zurückkamen, um auch Ulla zu holen, kamen sie zu spät. Ulla ging zu Carlos' Mutter. Die las in den Karten und sagte, es gehe ihm schlecht, aber er werde leben. Als europäischer Rationalist schmunzele ich über solche Episoden. Aber warum passen sie so gut zu seinem Leben?

Nach einer seiner riskanten Operationen sagte er mir in einem deutschen Krankenhaus, er habe zehn Leben. Am Putschtag, dem 11.9.1973, glaubte er, sie würden ihn erschießen. Dann seine beiden Verhaftungen, eine Schießerei mit den Militärs, bei der er beinahe von einer zusammenstürzenden Mauer erschlagen worden wäre. Ich habe vergessen, ob er die Episode mitzählte, als er an einer Straßenecke in Santiago von einer Militärstreife kontrolliert wurde und eine Pistole in der Tasche hatte. Hätten sie sie gefunden, hätte er geschossen oder zu schießen versucht und wäre dann selbst erschossen worden. Dann ein schwerer Autounfall und eine Serie schwerster Krankheiten.

Über seine Folter hat er kaum je geredet. Danach sei kein Tag mehr so gewesen wie zuvor, sagte er. Das nächste Mal passiert mir das nicht mehr. Bei den Mapuches, den Ureinwohnern im Süden Chiles, kann ich mich verstecken, die fragen nichts. Es seien einige «leichte Foltersitzungen» gewesen – tatsächlich wurde er gefoltert wie andere auch. Als Intellektueller hätte er dem nicht standhalten können, schrieb er mir einmal. Er war mit Schlägen aufgewachsen, kannte von früh auf die Gewalttätigkeit der Straße. Als halber Mapuche und Sohn armer Leute hatte er ein anderes Verhältnis zu Schmerz und Tod als die bürgerlichen Revolutionäre um ihn herum, konnte sie anders verarbeiten. Die Frage, wie Menschen zu so etwas überhaupt fähig sein können, die den Bürgertöchtern und -söhnen bei der ersten Foltersitzung die halbe Widerstandskraft raubte, stellte sich ihm nicht. Carlos kannte den Fatalismus der *campesinos* und die Mystik der Mapuches, die List derer, die als kleine Kinder zu überleben lernten, und er beherrschte virtuos das Spiel unterschiedlicher Identitäten. Deshalb konnte er sich aus der Haft in dem Geheimgefängnis *Villa Grimaldi* herauslügen. Er bewies ihnen, dass er Christdemokrat und Ulla eine Verwandte von Franz Josef Strauß war. Sie fragten ihn nach Plänen, die die christdemokratische Partei gegen die Junta schmiedete, und sie fragten ihn, ohne zu wissen, wen sie vor sich hatten, nach seinem Untergrund-Alias, denn er war mit seinem richtigen Namen verhaftet worden. Er bestätigte Einzelheiten der christdemokratischen Pläne, die er aber selbst entworfen und der Christdemokratie als Kuckucksei ins Nest gelegt hatte, um einen Keil zwischen sie und die Junta zu treiben. Die DINA ließ ihn laufen.

Die Folter ist am ehesten mit einer Extremtraumatisierung vergleichbar. Wenn sie mit der Gefahr des Verschwindenlassens verbunden ist, wird sie zum Nahtoderlebnis. Carlos hatte auch nach der Haft lebensbedrohlichen Erfahrungen. Für die meist sehr jungen Überlebenden von Pinochets Geheimgefängnissen steht der Rest des Lebens, der der weit größere Teil ist, unter dem Bann dieser Erfahrungen. Sie sind an Intensität nicht überbietbar. Was danach kommt, unterliegt einem dauernden Trivialitätsverdacht. Carlos hat noch mehr als drei Jahrzehnte dieser Scheinnormalität erlebt, in der nur seine Familie ein zuverlässiges Kontinuum und ein emotionales Rückzugsgebiet war. Für junge Überlebende ist jeder Tag ein neues Geschenk, eine Chance, die man bewusst nutzt oder verpasst. Diese Zukunft ist ohne Ränder, weniger strukturiert als gängige Biografien, bei denen die familiären und beruflichen Abfolgen in langen Phasen aufeinander aufbauen. Für Menschen wie Carlos waren alle Wege Annäherungen an ein unbekanntes Ziel.

Immerhin war die Partei lange Zeit der Kompass. Wie er mir den MIR schilderte, hatte er wenig mit Marxismus und Materialismus zu tun. Die Protagonisten kamen aus dem Bürgertum und aus Priesterseminaren. Vorbilder waren der revolutionäre Priester Camilo Torres und der Cubaner Che Guevara, die Theologie der Befreiung und der «neue Mensch» der cubanischen Revolution. Meinen Einwand, dass schon Paulus vom neuen Menschen redete und die Menschheit dennoch die gleiche geblieben sei, dass man einem Arbeiter nur einen Farbfernseher zu geben brauche, damit er den Mund hält, beantwortete er mit einem geistesabwesenden «ja, ja».

Pinochet war der Materialist. Er führte den Klassenkampf von oben und dekorierte seine Umverteilungs- und Modernisierungspolitik mit idealistischen Phrasen. Dem hatten die durch Folter und Mord geschlagenen Revolutionäre fast nichts entgegenzusetzen. Aber sie blieben sich treu und wendeten ihre Visionen auf sich selbst an als dauernden Vorbehalt gegen die konsumistische Gesellschaft, die sie umgab. Das machte Carlos' Charisma aus. Er war selbstlos bis zur Selbstverleugnung, half anderen, auch wo er sich selbst nicht helfen konnte. Es ging ihm um die Sache. Aber um welche? Sicher, um die der Entrechteten, Entwürdigten, Ausgebeuteten. Konkreter: die der Hungrigen, der vergessenen Folteropfer, der unterdrückten Mapuche. Solange es den MIR gab, war dieser der gemeinsame Referenzpunkt eines disparaten Programms. Als er austrat und die Partei sich auflöste, geriet er in das notwendige Paradox des Don Quixote, stets von Neuem ausreiten zu müssen, um seine Identität zu bewahren.

Der MIR entstand in einer Zeit, als die Krise des Sozialismus neue Antworten erforderte. Im wilden Rhythmus der drei Jahre Allendes war er eine Synkope. In dieser Zeit erlangte er sein politisches Profil und seine Bedeutung. Die Regierungszeit Allendes war ihrerseits eine historische Ausnahme. Die Unidad Popular artikulierte den Klassenkampf, der überall sonst bereits der Vergangenheit anzugehören schien. Der MIR spitzte diese Situation zu. Mit dem Putsch war die chilenische Linke, der MIR eingeschlossen, historisch erledigt, aus der Zeit gefallen. Jetzt war die Pinochetdiktatur der Motor der gesellschaftlichen Bewegung. Ihre Allianz mit dem Neoliberalismus stand unangreifbar auf der Höhe der Zeit, sich mit den alten Parolen dagegenzustemmen war anachronistisch. Carlos sagte mir fast 30 Jahre später, dass der MIR nie eine Chance hatte zu siegen. «Wir hatten Gitarren und Stöcke, die *milicos* (Bullen, Militärs) hatten Maschinenpistolen», sagte er (und ich fügte die auf ihre Weise effektiven Schreibmaschinen von *Amnesty International* hinzu). Aber das wollten die Miristen damals nicht wahrhaben. Im Rückblick sagten mir alle, dass sie um ihre Ehre gekämpft hatten. Der MIR, obwohl organisatorisch dem leninistischen Parteitypus verpflichtet, stand für postmaterialistische Werte wie Verantwortung und Konsequenz. Bei einem Hungerstreik wegen des «Verschwindenlassens» politischer Gefangener in Frankfurt kamen die Vertreter der anderen chilenischen Parteien einmal am Tag anstandshalber vorbei, die Miristen hungerten.

Die linken chilenischen Parteien waren eine zweite Heimat, Ersatzfamilien, Schmieden der Solidarität und des Vertrauens. In der Verfolgung wurden sie zum kollektiven Subjekt, dem jede und jeder Einzelne trotz gelegentlicher Zweifel, die auch Carlos befielen, sich unterzuordnen hatte wie einem religiösen Orden. Partei und Orden hatten gemeinsam, dass sie einer nicht hinterfragbaren Logik huldigten. Mich hat immer Carlos' Sprache gewundert, wenn er in der Wir-Form von der Partei redete: *Caimos en el error, nos equivocamos en ..., nos encontramos en una contradicción* (Wir haben uns geirrt ...), als hätten sie die Vernunft als verlässlichen Koalitionspartner. Subjektivistische Abweichungen mussten ausgeschlossen sein. Eine weitere Wendung war: *Una sola falla y se pierde todo* (Ein einziger Fehler und alles ist verloren.). Im Untergrund hing das Leben von dieser Fehlerfreiheit ab.

Vertrauen war das Grundprinzip des klandestinen Kampfes. Jeder Zettel war gefährlich, und deshalb mussten sie sich auf ihr Gedächtnis verlassen. Das setzte eingespielten Konsens voraus. Je größer die Abschottung der Partei nach außen und innen (die interne Departamentation der einzelnen Parteizellen untereinander) aus Sicherheitsgründen, desto notwendiger war die innere Kohärenz. Die vier anderen Genossen der Parteizelle und die Verbindung der Zelle zur Partei mussten unfehlbar sein, sonst wurde aus einer Verhaftung eine Verhaftungskette. Das wurde zu Carlos' zweiter Natur und prägte auch unsere Kommunikation. Nach ein paar persönlichen Vorbemerkungen räusperte er sich und spulte ein paar Sätze herunter, von denen ich wohl wusste, dass er sie im Kopf sorgfältig vorbereitet hatte. Ich machte ein paar Notizen und schrieb so bald wie möglich alles ins Reine. Es war einiges dabei, was ich publizistisch verarbeiten konnte, auch viele interessante Anregungen, aber vieles war in einem vagen Sinn für die Nachwelt gedacht. Wir spielten Goethe und Eckermann. Diese Notizen liegen heute im Archiv Dieter Maier des *Museo de la Memoria y de los Derechos Humanos* in Santiago.

Da ich keine Untergrunderfahrung hatte und sein Verhalten als Sprachspielerei einschätzte, stand ich in seiner Zuverlässigkeitshierarchie weit unten. Meine Hingabebereitschaft setzte er hoch an. Er konnte gereizt sein, wenn ich auf einen scheinbar nebensächlichen Hinweis nicht reagierte oder einen unbedachten Kommentar machte. Dann hatte ich Vertrauen aufs Spiel gesetzt. Als ich ihm einmal mitteilen musste, dass eine Stiftung die bereits zugesagte Finanzierung einer Menschenrechtsakademie zurückgenommen hatte, war seine Reaktion am Telefon: «Vertrauen ist unser einziges Kapital.» Unter der Folter wurde das Vertrauen der Untergrundleute auf die härteste

Probe gestellt. Die Gewalt der Folterer und das Vertrauen der Genossen traten in ein Bedingungsverhältnis zueinander, das jede Alltagserfahrung transzendiert. Wie weit konnte jemand sich auf seine eigene Widerstandskraft verlassen? Und auf die der anderen, die gleichzeitig gefoltert wurden? Wenn die Mitwisser von der vorher vereinbarten Version abwichen, tat sich ein Abgrund auf. Zum Heldentum musste die Intelligenz eines Schachspielers kommen. Welches Geständnis der anderen ist ein Scheingeständnis? Heucheln sie Kollaboration, um Zeit zu gewinnen, damit die noch nicht verhafteten Mitkämpfer sich absetzen können? Das Gefangenendilemma stellte sich immer. Ein Vertrauen, das diese Probe bestanden hatte, stand danach außer jedem Zweifel.

Der Alltag verfügt über ein unfehlbares Mittel, um alle Idealisten dieser Welt einzuholen: das Geld. Der Revolutionär Carlos musste schnorren. Ich habe ihn bei solchen Gelegenheiten recht kleinlaut erlebt. Aber er hatte seinen Bettlerstolz. Er warf seine gesamte Existenz in die Waagschale und erwartete von seinen Freunden, dass sie mitzogen. Er musste an ein Modell kommunizierender Röhren gedacht haben: Wenn jemand in seinem Freundeskreis mehr Geld hatte als ein anderer, hatte sich das auszugleichen. Wenn er Förderungsanträge schrieb oder uns schreiben ließ, setzte er eine Grundsolidarität voraus, aus der sich solche Zumutungen von selbst ergaben. Bei seinen häufigen Reisen «borgte» er sich das Geld für den Aufenthalt nach dem Hinflug vor Ort zusammen. Er war oft in Paris. Als ich ihn einmal in ein preiswertes Restaurant zum Tagesmenü einlud, blühte er auf. Offenbar hatte ich ihn von einer endlosen Abfolge belegter Brote erlöst. War es sein erster Restaurantbesuch in Paris? Ich fragte nicht. Und er, der Bittsteller mit erhobenem Haupt, hat Münzen an die Bettler in Santiago verteilt und noch ein paar Wörter mit ihnen geredet, so dass er, wie ein Freund mir erzählte, kaum auf seinem Weg weiterkam.

Carlos war Autor. An welchen Publikationen er als *spiritus rector* beteiligt war, ist kaum noch zu rekonstruieren, denn er tarnte sich und war zudem als Prosaautor auf fremde Hilfe angewiesen. Er schrieb Gedichte, aber keine gute Prosa. Bücher waren für Carlos Mittel zum Zweck. Er arbeitete im Kollektiv, wollte etwas lancieren, insinuieren (wie er gerne sagte), dem Gegner die Botschaft senden, dass sie beobachtet wurden. «Du arbeitest wie ein typischer europäischer Intellektueller», war die schärfste Kritik, die er mir gegenüber einmal äußerte. Es ging um eine geplante politische Biografie Pinochets, die wir gemeinsam konzipierten und die ich nach seinem Tod ohne ihn schrieb. Er hätte wieder seine alten Seilschaften aktiviert, aus Kopien alter Archive ein neues angelegt. Meinen Einwand, dass man irgendwann einmal ans Schreiben gehen müsse, ließ er einfach nicht gelten. Das reale Buch aus Papier konnte immer nur ein Nebenprodukt von irgendetwas Größerem sein. Seine fast immer nur mündlich vorgetragenen Analysen waren produktiv, führten zum Ziel, aber schreiben mussten es andere.

Das Exil ist eine Niederlage. Es wurde sein aufgezwungener Kampfplatz. Der Kampf gegen das Vergessen ist kaum zu gewinnen, am wenigsten aus der Ferne. Die Mehrheit hat ein überwältigendes Bedürfnis nach Normalität. Aber er ist notwendig. Carlos bestieg seinen Rosinante stets von Neuem und ritt in den Kampf gegen das Vergessen. Er erkannte früh die Bedeutung des Folterers Miguel Krassnoff (schreiben mussten Mónica Echeverría und ich. Zu Krassnoff siehe das Kapitel «Der Kosakenenkel» in diesem Buch). Er erzählte mir schmunzelnd, wie er Krassnoff einmal in der Metro von Santiago traf und zu ihm sagte, er sei eine Schande für seine Familie. In diesem Satz lag der ganz Widerspruch der krassnoffschen Existenz: seine von den Bolschewiken gefolterte und ermordete Familie zu rächen und zugleich dieselbe Schuld auf sich zu laden. Die Colonia Dignidad blieb ein dauerndes Thema; er hat mich sehr früh über die Verwicklungen der Sekte mit den A-, B- und C-Waffenplänen der Pinochetdiktatur hingewiesen.

War er überhaupt Flüchtling? Was Chile betraf, ja. Er musste das Land verlassen, als er sich dort nicht mehr halten konnte. Die Liberonas lebten dann in Deutschland, Ullas Heimat. Aus dem kleinlichen Gezänk der anderen chilenischen Flüchtlinge hielt er sich raus, verschonte seine Familie mit der traumatisierenden Identitätspolitik der Exilierten. Seine Haltung dazu war die eines analysierenden Beobachters (wir machten zusammen die erste Studie über chilenische Flüchtlinge in der BRD). Da der MIR mit dem impliziten Nationalismus anderer lateinamerikanischer Bewegungen (*patria o muerte* / Vaterland oder Tod) nichts zu tun hatte, arrangierten sich die Miristen im globalen Exil internationalistisch. Hier stellte sich das Problem neuer Allianzen. Mit den *desperados* der RAF, die die auch vom MIR formulierte Kritik der lateinamerikanischen Linken an der Fokustheorie einfach ignorierten, wollte der MIR nichts zu tun haben. Cuba blieb Referenzpunkt und Teil der Infrastruktur. Carlos bereiste in politischer Funktion viele Länder. Aus Syrien kam er mit dem dort erhaltenen Rat zurück, Fraktionskämpfe trage man mit dem Messer aus. Es mag nicht der einzige Ratschlag dieser Art gewesen sein, den Carlos erhielt. Mir kam der MIR im Getümmel der Weltrevolution immer etwas einsam vor. Gladys Díaz, eine enge Freundin von Carlos, die als Vertreterin des MIR eine Reihe revolutionärer Länder bereiste, erzählte später, sie habe überall dieselben alten Hierarchien und Geschlechterrollen gefunden. Die Weltrevolution steckte fest. Vielleicht waren es solche Einsichten, die eine taktische Allianz zwischen dem MIR und den Frankfurter Spontaneisten («Spontis»), die aus Protest gegen jeden leninistischen Parteityp entstanden waren, und persönliche Freundschaften zwischen Carlos zu einigen Spontis stifteten. Don Quixote ignorierte auf der Suche nach neuen Abenteuern alle Wegweiser.

Carlos flog ab 1984 mehrmals nach Chile, wo er für einige Monate blieb, und kehrte mit seiner Familie 1989 in eine Heimat zurück, die für immer verloren war. Das Land trug den Stempel der Diktatur, auch als diese abgedankt hatte. Das Chile nach Pinochet weckte zunächst eine zaghafte Hoffnung. Wir wollten die offizielle und halbherzige Abrechnung der Demokratie mit den Verbrechen der Diktatur (Rettig-Bericht) durch ein konsequenteres *Nunca Más* (Nie wieder) ergänzen. Wir haben es nicht geschafft. Für Carlos und viele andere ergab sich die alternative Anpassung an den ins Kraut schießenden Opportunismus oder die politische Marginalisierung. Einige seiner früheren Genossen reagierten mit Zynismus, arbeiteten sich mit dem Nimbus der Widerstandskämpfer in Verwaltungen hoch. Für Karrieristen und Kriegsgewinnler hatte er nur bittere Gefühle übrig. Streng genommen war er oft berufs- oder stellenlos und im Untergrund gezwungenermaßen wohnsitzlos, nach bürgerlichen Maßstäben, die er aber nicht gelten ließ, eine gescheiterte Existenz. Er geriet allerdings mehr und mehr ins politische Abseits, und das einfach deshalb, weil er derjenige blieb, der er war. Wer die Kraft hatte, sich der eindimensionalen Dynamik der *transición* (Übergang zur Demokratie) zu entziehen, musste sich in einer Nische halten, und das tat er. Von der Welle linker Bewegungen, die Chávez, Lula und Morales hochbrachte, wurde das dem Gesellschaftsmodell nach stabil pinochetistische Chile nicht erfasst.

Unser letztes Gespräch war in Paris, wenige Jahre vor seinem Tod. Er wirkte resigniert, über Politik sprachen wir nicht. «Ihr Europäer sorgt euch zu sehr», sagte er. Das stimmt. Aber eben diese Sorge hatte er arbeitsteilig an mich und andere delegiert: Anträge stellen, aufbewahren, ordnen, aus genialen analytischen Splittern einen diskutierbaren und publizierbaren Text machen. Deshalb ist der europäische Käse besser als der chilenische, den man kaum essen kann. Er ist sorgfältiger verarbeitet und gelagert. Vision und Systematik kommen selten zusammen. Carlos und ich (als Verarbeiter) haben diese Synthese für kurze Augenblicke geschafft.

Nach seinem Tod hatte ich die traurige Aufgabe sein Archiv zu ordnen. Ich kam mir vor wie die Freunde Don Quixotes, die dessen Bibliothek von Ritterromanen, die ihn in den Wahnsinn getrieben hatten, verbrennen wollten und doch die besten Stücke aufhoben. Er und seine Leute hatten ein merkwürdiges Schrifttum hervorgebracht: Entwürfe, Förderungsanträge, Proklamationen, deren Gemeinsamkeit irgendwo im Schatten des nicht mehr bestehenden MIR lag, Anklagen der Verlierer gegen die Sieger, ein Nachhall des ausgebliebenen Aufstandes derer da unten gegen die da oben, nur dass das imaginierte revolutionäre Subjekt sich in eine Vielzahl realer und deshalb komplizierter Einzelsubjekte aufgelöst hatte. Wer seinen Nachlass hätte sortieren müssen, ohne Carlos gekannt zu haben, wäre verzweifelt. Die Ordnung bestand nur in seinem Kopf. Dass diese zwischen Proklamation und sensibelster Lyrik aufgespannten Textmengen von einer und derselben Person hätten stammen können, hätte nicht eingeleuchtet. In derselben Mappe lagen eine Vorladung als Zeuge in Sachen kriminelle Vereinigung (es ging um einen Mapuchekonflikt) und Gedichte mit Titeln wie *melancolía* (Melancholie) und *alegría* (Freude). Ich fand Kinderzeichnungen neben flammenden Aufrufen und Unikate von höchstem Wert neben unsinnig vielen fotokopierten Büchern, bei denen immer das entscheidende erste Blatt fehlte, denn auf Titel legten er und seine *compañeros* auch in diesem Fall keinen Wert. Oder war es Sparsamkeit oder nie abgelegte Routine des Untergrunds? Wir mussten sie wegwerfen.

Was bleibt von der Revolution, die nicht stattfand? Gladys Díaz sagte mir nach Carlos' Tod: in den Spiegel gucken können, ohne Ekel vor sich selbst zu empfinden. Vielleicht ein paar Bausteine für eine zukünftige Revolution. Oder ist heute jede Revolution zu diesem Scheitern verurteilt wie ein Traum, der abbricht und einem gerade deshalb keine Ruhe lässt?

Ein paar Monate nach Carlos' Tod ging ich in Santiago ins Kolonialmuseum, ein ehemaliges Franziskanerkloster, dessen Glocken die Gefangenen im nahegelegenen Geheimgefängnis der DINA, *Londres 38*, gehört hatten. Mir fiel auf, dass die Engel auf den dortigen Gemälden nicht fliegen können. Sie sitzen in etwas unbequemer Haltung auf Wolken und wissen nicht recht, wohin sie ihre Flügel stecken sollen. Die chilenischen Revolutionäre wollten diese Engel steil in den Himmel steigen lassen. Die Schwerkraft war stärker.
Dieter Maier

Chronologie

- 4. Dezember 1921: Geburt Paul Schäfers
- 1954: Eine Gruppe, die sich als Sekte um den Prediger Schäfer gebildet hat, spaltet sich vom Bund evangelisch-freikirchlicher Gemeinden ab, gründet die *Private Sociale Mission* und baut ein Haus in Siegburg.
- 1961: Die Sekte flieht nach Chile, da die Staatsanwaltschaft wegen sexuellen Kindesmissbrauchs gegen Schäfer ermittelt. In Chile baut die Gruppe ein Landgut auf, das als Colonia Dignidad bekannt wird.
- 1966: Wolfgang Müller und eine weitere Bewohnerin der Colonia Dignidad fliehen und lösen durch ihre Berichte über Misshandlungen an den Siedlern den ersten großen Skandal aus.
- 1970: Salvador Allende wird zum chilenischen Präsidenten gewählt. Militante Rechtsextremisten bereiten seinen Sturz vor und gründen die Bewegung *Patria y Libertad*, die sich der Infrastruktur der Colonia Dignidad bedient.
- 11. September 1973: Putsch des chilenischen Militärs
- 1974: Der chilenische Geheimdienst DINA, der faktisch seit dem Oktober 1973 bestand, wird offiziell gegründet. Er richtet in der Colonia ein Folterlager ein. Pinochet besucht die Colonia Dignidad. Die Siedlung bekommt Konzessionsrechte für Minen für 99 Jahre. Chilenische Militäreinheiten operieren von der Colonia Dignidad aus gegen angebliche Guerilleros *(Cerro Gallo)*.
- 1975: Die Militärregierung versucht, das «Verschwinden» von Gefangenen durch die Veröffentlichung einer «Liste der 119», die sich angeblich im Ausland gegenseitig umgebracht haben, zu kaschieren.
- März 1977: *Amnesty International* in Frankfurt am Main veröffentlicht die Broschüre «Colonia Dignidad – deutsches Mustergut in Chile, ein Folterlager der DINA». Gleichzeitig veröffentlicht der STERN einen Bericht «In den Bergen von Chile – Das Folterlager der Deutschen». Die Veröffentlichungen von *Amnesty International* und des STERN führen zu einer Klage der Colonia Dignidad, die den längsten, erst 1997 abgeschlossenen Zivilprozess in der Geschichte der BRD auslöst.
- Mai 1982: erstes Rechtshilfegesuch der Bundesrepublik Deutschland wegen des Prozesses Colonia Dignidad – *Amnesty International*
- Dezember 1984 / Februar 1985: Hugo Baar, einer der Gründer der Sekte, und das Ehepaar Packmor fliehen aus der Colonia Dignidad.

Ihre Berichte lösen einen weiteren Skandal aus. Das Auswärtige Amt erstattet Strafanzeige gegen Schäfer u. a.

- Januar 1985: Der US-Amerikaner Boris Weisfeiler «verschwindet» in der Nähe der Colonia Dignidad.
- März 1985: Die Ehefrau Pinochets besucht offiziell die Colonia Dignidad.
- Dezember 1987: Eine Delegation des Auswärtigen Amtes versucht, die Colonia Dignidad zu besuchen, und scheitert.
- 1988: Die Colonia Dignidad nennt sich «Villa Baviera». Der Freundeskreis wird umorganisiert.
- 22. Februar 1988: Anhörung des Unterausschusses für Menschenrechte und humanitäre Hilfe des deutschen Bundestages zur Colonia Dignidad
- Oktober 1988: Pinochet verliert ein Plebiszit. Der Übergang zur Demokratie beginnt.
- 1989: In der Colonia Dignidad findet ein Ortstermin statt, der der Beweisaufnahme im Bonner Prozess Colonia Dignidad – *Amnesty International* dient.
- 1990: Die Geschäftsstelle der *Privaten Socialen Mission* in Siegburg wird geschlossen. Die demokratisch gewählte Regierung Patricio Aylwins löst die Pinochetdiktatur ab.
- September 1990: Die Colonia Dignidad feiert mit einem Festakt ihr dreißigjähriges Bestehen.
- Februar 1991: Die chilenische Regierung erkennt der Colonia Dignidad die juristische Person ab. Die Colonia Dignidad legt Rechtsmittel ein. Sie hält auf ihrem Grundstück einige Monate lang rund um die Uhr eine «Dauerwache».
- März 1991: Die zur Aufarbeiten der Menschenrechtsverletzungen unter Pinochet eingesetzte «Nationale Kommission für Wahrheit und Versöhnung» erwähnt die Colonia Dignidad als einen Ort, an dem politische Gefangene gefoltert wurden und «verschwanden».
- Oktober 1991: Bundeskanzler Kohl spricht bei einem Staatsbesuch in Chile das Problem Colonia Dignidad an.
- September 1994: Der oberste Gerichtshof Chiles erkennt der Colonia Dignidad endgültig die juristische Person ab. Das Urteil führt nicht zur Öffnung oder Auflösung der Siedlung. Das Eigentum der Colonia Dignidad wird auf Scheinfirmen verteilt, die den führenden Mitgliedern der Sekte gehören.
- Dezember 1994: Hartmut Hopp gibt die Schließung des Krankenhauses der Siedlung bekannt.

- Ab Juni 1996: Mehrere chilenische Eltern verklagen Schäfer wegen sexuellen Missbrauchs ihrer Kinder. Die chilenische Justiz stellt im August einen Haftbefehl gegen Schäfer aus. Interpol wird eingeschaltet. Die öffentliche Meinung in Chile wendet sich mehr und mehr gegen die Colonia Dignidad.
- 30. November 1996: Erste polizeiliche Durchsuchung der Colonia Dignidad und ihrer Liegenschaften in Santiago und Bulnes, um Schäfer zu finden. Schäfer ist offenbar mit einem Flugzeug geflohen und versteckt sich auf einer Militärbasis.
- 14. Mai 1997: Die fünf Anwälte Schäfers legen ihr Mandat nieder, da dieser sich nicht der Justiz stellt.
- 20. Mai 1997: Die Polizei und andere Behörden beginnen eine Serie größerer und kleiner Durchsuchungen und Inspektionen der Siedlung.
- 3. Juni 1997: Der Rat zur Verteidigung des Staates *(Consejo de Defensa del Estado)* schließt sich allen Klagen (zu diesem Zeitpunkt etwa 40) gegen Schäfer an.
- 7. Juni 1997: Etwa 60 Angehörige «verschwundener» politischer Gefangener, die meisten davon Frauen, demonstrieren vor dem Tor der Siedlung.
- 18. Juni 1997: 269 Polizisten durchsuchen die Siedlung.
- 1997: Schäfer verlässt die Colonia Dignidad
- 18. November 1997: Das Bonner Landgericht weist die Klage der *Privaten Socialen Mission* (inzwischen aufgelöste deutsche Niederlassung der Colonia Dignidad) von 1977 ab, da die Klägerin vereinsrechtlich nicht mehr besteht. Damit hat *Amnesty International* den Prozess gewonnen. Das Gericht geht in seinem Urteil nicht auf die Folterungen und Morde in der Siedlung ein.
- 1998: Verhaftung Pinochets in London.
- März 1998: Das Siedlerehepaar Erwin Fege und Brigitte Malessa verlassen die Colonia Dignidad. 60 Carabineros besetzen die Colonia Dignidad für 40 Tage. Da sie Schäfer nicht finden, vermuten sie ihn nun außerhalb der Siedlung.
- 1999: Durchsuchungen der Siedlung im Januar, April und Oktober.
- 10. März 2005: Verhaftung Schäfers in Argentinien
- Mai 2006: Anklage gegen die Colonia Dignidad als kriminelle Vereinigung
- April 2010: Paul Schäfer stirbt im Gefängnis.
- Mai 2011: Hopp flieht vor der chilenischen Justiz nach Deutschland.
- 2014: Die 2005 auf einem Gelände der Colonia Dignidad gefundenen Karteikarten werden veröffentlicht. Haftantritt Gerhard Mückes

- Februar 2016: Der Film *Colonia Dignidad – es gibt kein Zurück* (Florian Gallenberger) läuft in deutschen Kinos an. In Berlin findet ein vom «Haus der Wannseekonferenz» veranstaltetes und vom AA finanziertes Seminar zu einem zukünftigen Gedenkort oder Mahnmal in der Villa Baviera statt.
- 26.4.2016: Bundesaußenminister Steinmeier äußert sich bei einer Veranstaltung im Auswärtigen Amt zur Colonia Dignidad (s. Kap. Auswärtiges Amt, deutsche Botschaft ... und Anhang)
- Dezember 2016: Der chilenische Oberste Gerichtshof verkündete das letztinstanzliche Urteil in Sachen «Bildung einer kriminelle Vereinigung»
- Dezember 2016: Der chilenische Oberste Gerichtshof fällt das letztinstanzliche Urteil in Sachen «Bildung einer kriminelle Vereinigung»
- Januar 2017: Karl van den Berg tritt wegen dieses Urteils seine Haft an.
- Februar 2017: Karl van den Berg wird wegen dieses Urteils inhaftiert.
- Im März 2017 verurteilte der Oberste chilenische Gerichtshof die Nachfolgeorganisationen der Colonia Dignidad zur Zahlung von 1,5 Mio. € für sexuell misshandelte Chilenen.

Literaturliste

Berggur, Bernd: Colonia Dignidad. Umrisse eines deutschen Kolonisationsprojekts in Chile. In: Babylon, Frankfurt am Main, Heft 5, 1989

Bórquez, Adriana: Un Exilio. 2., überarb. Aufl. Valparaíso Ediciones Inubicalistas, 2015.

Branch, Taylor / Propper, Eugene: Labyrinth. Viking Press, New York 1982

Clarkson, Wensley: The Valkyrie Operation. London 1998

Dinges, John: The Condor Years. How Pinochet and His Allies Brought Terrorism to Three Continents. Pantheon, New York 2004

Frank, Ewald: Was sagt die heilige Schrift. Die christlichen Grundlehren auf dem Prüfstand. Quickprinter, Overath 2006

Freud, Sigmund: Massenpsychologie und Ich-Analyse. Gesammelte Werke Bd. XIII. Frankfurt am Main 1999

Fröhling, Ulla: Unser geraubtes Leben. Die wahre Geschichte von Liebe und Hoffnung in einer grausamen Sekte. Bastei Lübbe, Köln 2012.

Gemballa, Gero: Colonia Dignidad. Ein deutsches Lager in Chile. Rowohlt Verlag. Reinbek bei Hamburg 1988

Gemballa, Gero: Colonia Dignidad. Ein Reporter auf den Spuren eines deutschen Skandals. Campus-Verlag, Frankfurt am Main 1998

Heller, Friedrich Paul: Colonia Dignidad. Von der Psychosekte zum Folterlager. Schmetterling Verlag, Stuttgart 1993, Neuauflage in Vorbereitung.

Heller, Friedrich Paul: Lederhosen, Dutt und Giftgas. Die Hintergründe der Colonia Dignidad. Schmetterling Verlag, Stuttgart, 4. Aufl. 2011

Heller, Friedrich Paul: Pinochet. Eine Täterbiografie in Chile. Schmetterling Verlag, Stuttgart 2012. 344 S.

Heller, Friedrich Paul / Maegerle, Anton: Thule. Vom völkischen Okkultismus bis zur Neuen Rechten. Schmetterling Verlag, Stuttgart 1998

Hevia, Evelyn / Stehle, Jan: Colonia Dignidad.Verdad, Justicia y Memoria. 11./12. Dezember 2014 in Santiago. El Desconcierto, Santiago 2015

Jonuleit, Anja: Rabenfrauen. Roman. 3. Auf. 2016 München. Dtv, 2016 S. 197

Klemperer, Victor: Ich will Zeugnis ablegen bis zum letzten. Tagebücher 1933–1941. Berlin 1995, S. 573

Lateinamerikanachrichten, Berlin, Sondernummer Dezember 1989 (weiterhin Nr. 66 und 166)

Molina Sanhueza, Jorge: Crimen Imperfecto. Historia del quimico DINA Eugenio Berríos y la Muerte de Eduardo Frei Montalva. Santiago : LOM Ediciones, 2000

Schnellenkamp, Klaus: Geboren im Schatten der Angst. Ich überlebte die Colonia Dignidad. Herbig, München 2007

Schwember, Herman: Delirios e Indignidad. El Estéril Mundo de Paul Schäfer. Santiago, LOM, 2009

Vedder, Efrain / Lenz, Ingo: Weg vom Leben – 35 Jahre Gefangenschaft in der deutschen Sekte Colonia Dignidad. Ullstein-Buchverlag. Berlin 2005

Wulfen, Bernd: Deutsche Spuren in Argentinien. Links-Verlag, Berlin 2010

Weitere Quellen:

Colonia Dignidad – die wahre Geschichte. Ein Film von Thomas Schaefer. Spiegel TV, 22.2.2016, 48 Minuten

Tonbandaufzeichnungen sind von der Colonia Dignidad aufgenommene Episoden, die später dort gefunden wurden.

Das 2005 von der chilenischen Polizei auf einem Gelände der Colonia Dignidad gefundene Karteikartenarchiv: http://www.londres38.cl/1934/w3-article-96548.html. Die Oberste Leitung der geheimdienstlichen Polizei (Jefatura de Inteligencia Policial, [JIPOL]) der Kriminalpolizei (PDI) wertete die gesamten gefundenen Dokumente aus. Sie stehen unter: http://www.londres38.cl/1934/articles-97390_recurso_001.pdf

Abkürzungen

AA: Auswärtiges Amt

«AAG»: Außerstaatliche Allianz auf Gegenseitigkeit (span.: AEM = alianza extraestatal mutual)

ChilAlRotary: (Chile-Alemania-Rotary)

CNI: *Central Nacional de Inteligencia* (Nationale Geheimdienstzentrale, Nachfolgeorganisation der DINA)

DINA: *Dirección de Inteligencia Nacional* (Nationale Geheimdienstdirektion, ein chilenischer Geheimdienst)

HSS: Hanns-Seidel-Stiftung

JCR: *Junta Coordinadora Revolutionaria* (Revolutionäre Koordinationsvereinigung), ein Zusammenschluss des chilenische MIR, der argentinischen ERP und der uruguayischen Tupamaros

JIPOL: *Jefatura de Inteligencia Policial*

PA AA: Politisches Archiv des Auswärtigen Amtes

PSM: Private Sociale Mission

UDI: *Unión Demócrata Independiente* (Demokratische unabhängige Union; pinochetistische Partei)